Vulnerabilidade e Proteção: Indicadores na Trajetória de Desenvolvimento do Escolar

Edna Maria Marturano
Maria Beatriz Martins Linhares
Sonia Regina Loureiro
(Organizadoras)

Vulnerabilidade e Proteção:
Indicadores na Trajetória de Desenvolvimento do Escolar

Casa do Psicólogo®
uma empresa PEARSON

FAPESP

1ª Edição
2004

Editor
Ingo Bernd Güntert

Produção Gráfica, Editoração Eletrônica & Capa
Renata Vieira Nunes

Ilustração Capa
Plans verticaux, František Kupka (1912-1913)

Revisão Gráfica
Solange Scattolini

Dados Internacionais de Catalogação na Publicação (CIP)
Angélica Ilacqua CRB-8/7057

Vulnerabilidade e proteção : indicadores na trajetória de desenvolvimento do escolar / Edna Maria Marturano, Maria Beatriz Martins Linhares, Sonia Regina Loureiro (organizadoras). — São Paulo : Casa do Psicólogo, 2013.

1ª reimpr. da 1ª ed. de 2014
Vários autores.
Bibliografia
ISBN 978-85-7396-303-8

1. Crianças - dificuldades de aprendizagem 2. Educação baseada no desempenho 3. Psicologia educacional 4. Psicologia escolar 5. Sociologia educacional

13-0792 CDD 370.151

Índices para catálogo sistemático:
1. Desenvolvimento escolar : Psicologia aplicada

Impresso no Brasil
Printed in Brazil

As opiniões expressas neste livro, bem como seu conteúdo, são de responsabilidade de seus autores, não necessariamente correspondendo ao ponto de vista da editora.

Casapsi Livraria e Editora Ltda.
Avenida Francisco Matarazzo, 1500 - Conjunto 51
Edifício New York - Centro Empresarial Água Branca
Barra Funda - São Paulo/SP - CEP 05001-100
Tel. Fax: (11) 3672-1240
www.casadopsicologo.com.br

• Sumário •

• Apresentação •

As crianças em risco para distúrbio psicossocial representam uma elevada proporção da população jovem contemporânea. Adotando a perspetiva desenvolvimentista para a ocorrência de distúrbios, esta coletânea examina as interações entre fatores de risco e proteção ao desenvolvimento da criança na fase escolar, tendo como referenciais as tarefas evolutivas dessa etapa do desenvolvimento humano.

Temas relevantes da meninice são tratados em uma perspectiva de ciclo da vida, focalizando-se desde precursores biológicos e psicossociais precoces, do período neonatal, até repercussões de experiências vividas na meninice sobre os anos iniciais da adolescência. Em cada capítulo, uma breve exposição sobre o "estado da arte" do tema tratado precede a contribuição das autoras com conhecimentos produzidos em seus respectivos campos de investigação e prática profissional.

Os três capítulos iniciais tratam do risco ao desenvolvimento associado à prematuridade. O Capítulo 1 focaliza crianças biologicamente vulneráveis, devido ao alto risco neonatal, e portanto sujeitas a apresentarem problemas de desenvolvimento e aprendizagem; propõe um modelo de desenvolvimento para a compreensão desse fator de risco, discute o impacto da prematuridade no universo psicológico materno e descreve um programa de apoio ao desenvolvimento psicológico de crianças nascidas prematuras, como estratégia preventiva frente ao risco.

No Capítulo 2, a mediação materna é tratada como processo de proteção ao desenvolvimento da criança nascida prematura. Partindo da concepção de experiência de aprendizagem mediada, as autoras investigam padrões interativos entre pré-escolares e suas mães, estabelecendo relações entre características biológicas, psicológicas e sociais da criança e padrões interativos das díades mãe-criança ex-prematura.

Adentrando a fase escolar, o Capítulo 3 tem como tema o impacto da prematuridade no desenvolvimento psicológico de crianças de 8 a 10 anos. Estudos longitudinais conduzidos pelas autoras, comparando grupos diferenciados quanto ao peso no nascimento, sugerem maior vulnerabilidade das crianças nascidas com muito baixo peso, que apresentam maior dependência da mediação social para resolução de problemas cognitivos, ritmo mais lento de progressão escolar e mais problemas de comportamento. A adversidade pode ser neutralizada por recursos do contexto social.

Nos capítulos subseqüentes, o foco são condições de vulnerabilidade e competência associadas às tarefas evolutivas da fase escolar. O Capítulo 4 aborda a entrevista clínica como recurso para avaliação da produtividade acadêmica. Expõe fundamentos conceituais relativos à técnica e aos indicadores de desempenho acadêmico, apresenta um roteiro para a observação clínica comportamental da criança frente a materiais acadêmicos e relata um estudo empírico em que a técnica se mostrou sensível para detectar diferenças entre crianças com e sem dificuldades escolares, em aspectos qualitativos relevantes do desempenho acadêmico.

Os Capítulos 5, 6 e 7 tratam da associação entre autopercepções e desempenho acadêmico, em diferentes contextos e condições de suporte à aprendizagem escolar. O Capítulo 5 estuda as autopercepções das crianças em relação ao seu autoconceito frente à situação instituída de progressão continuada, na qual o desempenho acadêmico não implica retenção ou reprovação escolar. Nesse contexto, as autoras observaram que a ausência de retenção escolar por si só, sem a implementação de outras medidas psicopedagógicas, não está favorecendo para as crianças com baixo desempenho escolar o desenvolvimento de autopercepções positivas que possam protegê-las da vulnerabilidade associada ao fracasso escolar.

No Capítulo 6, uma síntese dos principais resultados de estudos empíricos sobre a relação entre auto-conceito e desempenho acadêmico precede a apresentação de uma pesquisa focalizando crianças com dificuldades de aprendizagem escolar atendidas em um programa de suporte psicopedagógico na escola. Os dados mostram que as crianças com dificuldades escolares, independente da freqüência ao programa, percebem-se com menor habilidade para aprender e com mais dificuldades para ajustar-se às demandas do meio, comparativamente às crianças com bom desempenho.

O Capítulo 7 introduz o conceito de senso de auto-eficácia, apresentando suas bases teóricas, um procedimento de avaliação e resultados de pesquisa empírica demonstrando que crianças com experiência de insucesso escolar nos anos iniciais do ensino fundamental apresentam baixo senso de auto-eficácia em relação a crianças com bom desempenho.

Efeitos protetores das habilidades de solução de problemas interpessoais, em crianças vulneráveis por apresentarem problemas de comportamento associados a dificuldades escolares, são o foco do Capítulo 8. Esse capítulo explora o potencial preventivo de um programa para desenvolvimento daquelas habilidades, com impacto positivo tanto sobre os problemas de comportamento como sobre o desempenho acadêmico.

Os dois capítulos finais focalizam fatores de risco e proteção no ambiente familiar, em interação com indicadores pessoais de competência e vulnerabilidade nos domínios acadêmico e interpessoal. No Capítulo 9, o foco é a criança com queixas escolares e sua família. Com base no conceito de tarefa de desenvolvimento, indicadores de realização escolar e de competência e vulnerabilidade sócio-emocional nessa população clínica são examinados em relação a propriedades do contexto familiar, com uma discussão sobre suas implicações para práticas de saúde mental.

O Capítulo 10 faz uma incursão na adolescência. Em uma perspectiva do desenvolvimento como processo organizador da experiência individual, são apresentados estudos longitudinais sobre processos de adaptação em adolescentes com vivência prévia de insucesso escolar precoce. Os resultados realçam a importância do suporte parental e dos recursos interpessoais da criança, contribuindo cumulativamente para trajetórias favoráveis entre a meninice e a adolescência.

Inseridos no texto ou em anexos, três instrumentos de avaliação psicológica são apresentados na íntegra por seus respectivos autores: Roteiro de Observação Clínica Comportamental da Criança (Capítulo 4), Roteiro de Avaliação de Auto-eficácia (Capítulo 8), e Questionário de Monitoramento Parental (Capítulo 10).

As organizadoras expressam seu reconhecimento aos órgãos de fomento que viabilizaram a produção deste volume: à FAPESP, que concedeu auxílios e bolsas, em diversas categorias, ao Projeto Temático *Fatores de risco e proteção na idade escolar*, ao CNPq, que manteve bolsas de pesquisa e de iniciação científica, e à CAPES, que contribuiu com bolsas de pós-graduação.

Capítulo 1

A Compreensão do Fator de Risco da Prematuridade sob a Ótica Desenvolvimental

Maria Beatriz Martins Linhares
Ana Emília Vita Carvalho
Flávia Helena Pereira Padovani
Maria Beatriz Machado Bordin
Iralúcia Maria Bertini Martins
Francisco Eulógio Martinez

A Prematuridade como Fator de Risco ao Desenvolvimento

O nascimento de uma criança envolve pelo menos duas variáveis biológicas, o peso de nascimento e a idade gestacional, que contribuem para o desenvolvimento sadio, devido ao papel relevante que desempenham na maturidade de vários sistemas do organismo. Possível desvio em qualquer um desses parâmetros para fora da faixa de normalidade constitui fator de alto risco neonatal para o desenvolvimento da criança, além de conseqüentemente expô-la a uma cadeia de eventos adversos ao seu crescimento físico e desenvolvimento pleno.

Dados estatísticos sobre nascimentos prematuros de baixo peso configuram o seguinte cenário. Segundo dados de 2000 do *National Center for Health Statistics*, do total de nascimentos nos EUA, 7,6%

são menores do que 2.500 g e 1,5 % menores do que 1.500g. Quando se consideram apenas os nascimentos de baixo peso, 20% são de recém- nascidos (RN) de menos de 1.500g.

No Brasil, dados de 1999 do Sistema Único de Saúde apontam que, para um total de 3.256.433 nascidos vivos, 118.253 nasceram pré-termo (0,3%) (entre a 22ª e a 36ª semana de gestação), dos quais 15.238 nasceram com peso abaixo de 1.500g (13%). Em 2000, no Hospital das Cínicas da Faculdade de Medicina de Ribeirão Preto–USP, hospital universitário de nível terciário equipado com unidade de tratamento intensivo neonatal (UTIN), do total de 1.700 nascimentos anual, 10% foram de RN com menos de 1.500g.

O recém-nascido pode ser classificado em: *pré-termo* (criança que nasce com menos de 37 semanas de gestação), *a termo* (criança que nasce entre 37 e 42 semanas de gestação) e *pós-termo* (criança que nasce com mais de 42 semanas de gestação). A denominação recém-nascido de baixo peso reserva-se àquele bebê cujo peso de nascimento encontra-se na faixa de 2.500g. ou abaixo, independente da causa e da idade gestacional. No grupo de recém-nascidos com baixo peso, os sub-grupos de recém-nascidos de muito baixo peso (< 1.500g) e extremamente baixo peso (< 1.000g) destacam-se devido a serem compostos por bebês altamente vulneráveis. Estes podem experimentar sérias desvantagens para seu desenvolvimento futuro (Jobe, 2001) com alto custo para o indivíduo, assim como para as áreas da Educação/Saúde (Petrou, Sach e Davidson, 2001).

A avaliação do recém-nascido centrada apenas no peso cedeu lugar àquela que leva em conta a relação entre peso de nascimento e idade gestacional. Segundo esta classificação, o recém-nascido pode ser: *apropriado para a idade gestacional* (AIG), *pequeno para a idade gestacional* (PIG) e *grande para a idade gestacional* (GIG) (Sweet,1982). O PIG constitui-se em fonte de risco adicional à condição de prematuridade por incluir bebês que têm peso de nascimento abaixo do percentil 10 para bebês da mesma idade gestacional, portanto são bebês menores do que 90% de outros bebês de sua faixa de idade gestacional.

Quanto à etiologia do nascimento prematuro da criança com baixo peso, sabe-se que são múltiplas e seus efeitos sobre o feto variam de acordo com o tipo, a duração de sua ação e o estágio de desenvolvimento fetal. As principais causas são transtornos placentários, má nutrição da mãe, infecção, transtornos patológicos, fatores hereditários, toxemia e hipertensão materna (O´Brien, Soliday e McCluskey-Fawcet,1995). Várias outras condições estão também associadas ao retardo no crescimento intra-uterino e à prematuridade, tais como a prenhez múltipla, o fumo, o alcoolismo materno crônico, agentes nocivos do tipo irradiação com raios X ou uso de certos anticonvulsivantes (Sweet,1982), mães jovens e condição de pobreza (Goldberg e Vitto,1995).

Além da relação entre peso de nascimento e idade gestacional, deve-se levar em conta o grau de gravidade da condição neonatal do recém-nascido, como por exemplo a existência de seqüelas neurológicas decorrentes de hemorragia intracraniana, a presença de malformação congênita, assim como aspectos fisiológicos relevantes do tipo nível de oxigenação sanguínea, entre outros. Esses indicadores encontram-se devidamente especificados em avaliações nas primeiras horas de vida de recém-nascidos, como por exemplo, o Índice de Risco Neonatal de Bebês (*Clinical Risk Index Babies* – CRIB) (Cockburn e cols., 1993) e Escore para Fisiologia Neonatal Aguda (*Score for Neonatal Acute Physiology* – SNAP-II) (Gray, Richardson, Mc Cornick, Workman e Goldmann, 1992).

A avaliação da condição neonatal nas primeiras horas, associada com a avaliação de sua evolução clínica até a alta hospitalar, fornecem indicadores prognósticos relevantes do desenvolvimento da criança. Comprovadamente, as condições neonatais tanto podem atenuar, quanto podem agravar o risco para problemas de desenvolvimento e aprendizagem, em função do nível de comprometimento leve, moderado ou grave avaliado.

Após a alta hospitalar, além dessas condições iniciais, a presença ou não de problemas de saúde crônicos, do tipo displasia broncopulmonar, síndrome do estresse respiratório, hemorragia intraventricular, retinopatia ou anemia da prematuridade, problemas cardiovasculares (Mc Cornick, 1992) devem ser identificados no curso do desenvolvimento do bebê. Esses atuam sobremaneira como fatores importantes no sentido de restringir oportunidades para experiências de aprendizagem propulsoras do desenvolvimento da criança.

Paralelamente ao conjunto de condições biológicas, existe um conjunto de variáveis ambientais que também podem atuar como fatores agravantes ou atenuantes da condição de risco da prematuridade (Horowitz, 1992; Gross, Mettelman, Dye e Slagle, 2001). No ambiente familiar em particular, destaca-se a interação com a figura materna. A interação mãe-filho pode contribuir sobremaneira como mecanismo de proteção psicossocial aos bebês vulneráveis devido à condição neonatal adversa, atuando como promotora do seu desenvolvimento e facilitadora do desencadeamento do processo de resiliência no enfrentamento bem-sucedido de adversidades.

Portanto, tanto as condições de saúde do bebê (Richardson e cols., 1992; Antunha, 1994; Brazelton, 1994; Ross e cols., 1996; Cockburn e cols., 1993) quanto as condições ambientais familiares da criança (Werner, 1986; Bradley e cols.,1994; Sansavini e cols., 1996) podem influenciar de modo significativo, neutralizando ou agravando o desencadeamento de dificuldades no curso do desenvolvimento do recém-nascido pré-termo de muito baixo peso.

No Brasil, nas últimas duas décadas, tem se verificado um aumento progressivo e significativo dos índices de sobrevivência de crianças pré-termo e de muito baixo peso (< 1.500g) tratadas em UTIN, graças aos avanços tecnológicos e científicos da área médica (Holmgren e Högberg, 2001). No entanto, poucos estudos são desenvolvidos com o objetivo de avaliar os aspectos psicológicos, a qualidade de vida e a integração dessas crianças vulneráveis com o contexto ambiental ao longo de sua trajetória de desenvolvimento. Diferentemente, no cenário internacional, encontra-se densa produção de pesquisas voltadas para o impacto da prematuridade na relação mãe–bebê e a repercussão deste fator de risco no desenvolvimento, aprendizagem e adaptação psicossocial a curto, médio e longo prazo no ciclo vital.

A Unidade de Tratamento Intensivo Neonatal Vista sob a Perspectiva Desenvolvimental

A trajetória de desenvolvimento do bebê pré-termo fora da vida uterina inicia-se no contexto hospitalar de uma Unidade de Tratamento Intensivo Neonatal (UTIN), permeada pela presença continuada de diversos estímulos estressantes e dolorosos. A adversidade ambiental da UTIN para o bebê caracteriza-se, de um lado, por freqüentes procedimentos médicos e manuseios invasivos e dolorosos, como por exemplo repetidas coletas de sangue, sucção endotraqueal, cirurgias (Evans, Vogelpohl, Bourguingnon e Morcott, 1997) e excesso de estimulação luminosa e sonora e, de outro lado, caracteriza-se por restrições aos contatos físicos prazerosos, de contato pele-a-pele e de alimentação natural proporcionada pela mãe.

A estimulação inicial aversiva torna-se sobremaneira preocupante, considerando-se que neonatos prematuros com menos de 32 semanas de idade gestacional passam na UTIN a maior parte do tempo que corresponderia ao terceiro trimestre da gestação. Exatamente neste período em que ocorre acelerado desenvolvimento cerebral, o vulnerável SNC do neonato está exposto a dor e estresse. Barker e Rutter (1995), ao acompanharem 54 bebês durante a internação em UTIN, detectaram a ocorrência de 3.283 procedimentos invasivos em 74% de bebês com menos de 31 semanas de idade gestacional (IG); em um caso extremo, por exemplo, um bebê de 23 semanas de IG e 560g sofreu 488 procedimentos dolorosos.

Na década de 1980, Heidelise Als, preocupada com os cuidados dispensados aos RN em UTIN, sistematizou a abordagem de "*Cuidado desenvolvimental individualizado e centrado na família de bebês pré-termo de muito baixo peso em UTIN*", que constituiu-se em um marco importante de uma nova era no trabalho multidisciplinar em UTIN (Als, Lester, Tronick & Brazelton, 1982). Essa abordagem produziu diversas pesquisas e protocolos de avaliação e intervenção em UTIN. A conceituação subjacente a essa abordagem foi sintetizada na Teoria Sináptica do Desenvolvimento (Als e cols., 1982), sustentada por quatro princípios fundamentais: a) o *princípio de adaptação das espécies*, em que o organismo deve ser compreendido nos diferentes estágios do desenvolvimento envolvido na competência da tarefa evolutiva de cada estágio, em vez de ser considerado como um modelo imperfeito precursor dos estágios subseqüentes; b) o *princípio da contínua interação organismo-ambiente*, que se inicia a partir de um estágio unicelular de desenvolvimento e continua ao longo do ciclo vital, podendo ser aplicável a diferentes domínios do funcionamento do ser humano tais como: desenvolvimento neuroembriológico, motor, cognitivo, emocional e social; c) o *princípio de ortogênese e síncrese*, que postula que em qualquer parte em que o desenvolvimento ocorre, ele procede de um estado de relativa globalidade para um aumento de diferenciação, articulação e integração hierárquica; d) o *princípio da integração antagônica*, que postula que os organismos sempre se esforçam suavemente para integração e que subjacente a esse esforço há a tensão entre basicamente dois tipos de respostas antagônicas: a resposta exploratória ou de aproximação e a resposta evitativa ou de afastamento. Essas respostas são diferencialmente desencadeadas dependendo da regulação entre a estimulação presente e o limiar do organismo. Se a estimulação for apropriada para o organismo em termos de complexidade, intensidade e ritmo, o organismo tem estratégias disponíveis para se mover ativamente em direção a essa estimulação, assimilando-a e tornando-a produtiva para o seu próprio desenvolvimento. Se por outro lado, a estimulação for inapropriada para o organismo, este emprega estratégias para ativamente evitá-la, afastando-se e defendendo-se contra essa estimulação.

A síntese desses princípios resulta no *princípio sináptico*, o qual preconiza que o desenvolvimento ocorre através de um contínuo balanceamento entre aproximação e afastamento, formando um espiral potencializador de contínua interação e diferenciação de subsistemas do organismo e de interação organismo-ambiente com a finalidade de efetuar a realização hierarquicamente ordenada da agenda desenvolvimental única da espécie.

Segundo Als e cols. (1982), o cérebro do bebê imaturo é o órgão que orquestra e influencia todos os aspectos do desenvolvimento e, portanto, a proteção e o suporte à rápida diferenciação cerebral deve ser prioridade para os cuidadores do bebê e de seus familiares na UTIN. As capacidades autonômicas, motoras, de estado organizacional, atenção e auto-regulação do bebê devem ser observadas, a fim de identificar especificamente qual a necessidade de desenvolvimento própria e real do bebê. Deve-se encontrar os limites entre desorganização e organização, ou seja, a habilidade de automanutenção, auto-regulação e auto-diferenciação.

A desorganização constitui-se em elemento necessário ao desenvolvimento para se alcançar um novo nível de organização diferenciada. Porém, se a desorganização for excessiva, dificultando a reorganização, podem ocorrer processos de desadaptação, envolvendo rigidez de funcionamento ou retrocessos no desenvolvimento. A teoria sináptica de Als visa identificar, partindo do funcionamento básico individual de cada criança e de cada família, as oportunidades disponíveis de suporte para a diferenciação e modulação ótima, ou seja, sem sobrecarga para criança. Além disso, visa respeitar e fornecer suporte à família. Os membros da família são considerados colaboradores essenciais no cuidado neonatal e possuidores da habilidade singular de fornecer suporte para o desenvolvimento da criança.

Decorrente dessa abordagem, um conjunto de estratégias ambientais e comportamentais foi prescrito com aplicabilidade em contextos de UTIN e direcionado aos cuidados dispensados aos bebês prematuros com o objetivo de proteger e otimizar o desenvolvimento dos mesmos. Entre as principais medidas preconizadas sob essa perspectiva desenvolvimental Gardner e Lubchenco (1985/1998) destacam: a) evitar ou neutralizar os estímulos estressores advindos do ambiente da UTIN e dos cuidados dispensados ao bebê, como por exemplo, regulação dos múltiplos estímulos nocivos, do tipo luminosidade, barulho, manuseio freqüente e repetidos procedimentos dolorosos; b) promover a maturação e organização neurocomportamental individual, através da identificação e facilitação dos estados comportamentais e da redução dos comportamentos estressores do bebê; c) conservar energia do bebê; d) ensinar os pais a interpretar o comportamento do bebê; e) promover a interação entre pais e cuidadores e bebês. Em suma, essas medidas visam: a) ser contingente às respostas dos bebês; b) proteger contra o excesso de estimulação sensorial ao mesmo tempo em que garante estimulação promotora de capacidades emergentes; c) envolver os pais.

Em particular, tem sido cada vez mais reafirmada a necessidade de proteger os bebês à estimulação dolorosa na UTIN. O recém-nascido prematuro sente dor, apesar de possuir o SNC imaturo. Devido a mielinização incompleta do SNC, a transmissão do impulso nervoso ocorre lentamente, porém não impede que a sensação de dor ocorra (Agarwal, Hagedorn e Gardner, 1985/1998). O estímulo percorre lentamente uma distância curta a ser percorrida. Medidas de conforto e alívio a dor tem sido preconizadas para prevenir a intensificação de dor frente a estímulos nocivos, como por exemplo: sucção não-nutritiva, sacarose (solução doce) via oral, contenção das extremidades corporais, afago tátil, movimento ritmado repetitivo, aninhar o bebê, posição fetal (corpo curvado, de lado e flexionado) e menor estimulação tátil e ambiental.

O conjunto de medidas de intervenção traduzem um investimento na sobrevivência do bebê com menor custo de sofrimento possível para o seu desenvolvimento, o que requer uma concepção, postura e ação desenvolvimental. A apropriada denominação "abordagem desenvolvimental" em UTIN deve ser adotada preferencialmente à denominação "abordagem de humanização", considerando-se que os bebês tratam-se, inquestionavelmente, de seres humanos. Portanto, torna-se redundante a terminologia recentemente fomentada de "humanizar" um contexto destinado ao tratamento de humanos, mais especificamente ao tratamento de bebês que necessitam de cuidados intensivos para sua sobrevivência articulados à qualidade do seu desenvolvimento.

Verifica-se, portanto, que além da concepção individualizada do bebê, uma das características principais dessa perspectiva consiste na implementação da abordagem centrada na família. A mãe no papel privilegiado de cuidadora primária e a longo prazo do bebê precisa "ser cuidada" para que possa desempenhar plenamente as funções maternas com afetividade e efetividade. Para tanto, precisa desenvolver o senso de competência e de auto-confiança, tão necessários para o adequado desempenho destas funções.

A abordagem desenvolvimental promove a avaliação da competência do bebê proposta por Als e cols. (1982), através da Avaliação do Comportamento da Criança Pré-termo (*Assessment of Preterm Infant´s Behavior* – APIB). Baseada nas formulações de Sroufe e colaboradores, esta avaliação analisa: a *resiliência do ego*, que consiste na habilidade para responder com flexibilidade, persistentemente e com recurso, especialmente em situações-problema; a *vulnerabilidade do ego*, que consiste na falta de flexibilidade ou de habilidade para responder adaptando-se às solicitações da situação e uma tendência a se desorganizar face a novidade ou estresse; *controle do ego*, que consiste na disposição ou limite de um indivíduo de contenção de impulsos, sentimentos ou desejos.

A Abordagem do Desenvolvimento e a Criança Nascida Prematura

Após vencer a etapa da sobrevivência com a alta hospitalar, a abordagem do desenvolvimento para crianças ex-prematuras requer uma compreensão e atuação abrangente e integradora que considere diferentes eixos do desenvolvimento que se cruzam de forma dinâmica em diferentes momentos do ciclo vital. De um lado, encontra-se o eixo longitudinal que acompanha as diferentes etapas evolutivas da criança, devidamente contextualizadas, ao longo da sua trajetória do ciclo vital. De outro lado, alinham-se eixos transversais, que incluem os diferentes contextos de desenvolvimento da criança inter-relacionados, que vão cruzando o eixo longitudinal. Os elementos dos contextos desenvolvimentais exercem influência bidirecional na interação com a criança e estes contextos vão, por sua vez, modificando-se ao logo de cada fase do desenvolvimento da criança. Estes eixos transversais vão sendo atualizados e re-significados a cada cruzamento que se estabelece ao longo do percurso evolutivo da criança através das fases do ciclo vital que apresentam demandas e desafios específicos.

Apresenta-se na Figura 1 a representação de um esquema dos eixos norteadores da compreensão da trajetória do desenvolvimento da criança nascida prematura no seu ciclo vital.

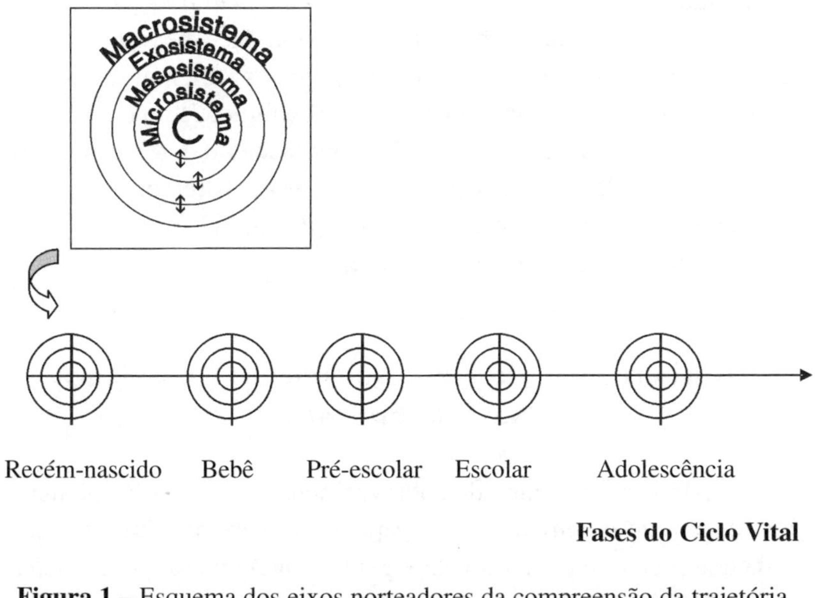

Figura 1 – Esquema dos eixos norteadores da compreensão da trajetória do desenvolvimento da criança nascida prematura no seu ciclo vital.

Nos eixos transversais, o sistema sócio-ecológico proposto por Bronfenbrenner (1994/1996), posteriomente adaptado por Kazak, Segal-Andrews e Johnson (1995) para o paciente pediátrico, contribui para o entendimento do comportamento da criança em contínua interação bidirecional com diferentes contextos, representados pelo microssistema da família, que por sua vez está contextualizado pelo mesossistema, e este por sua vez está contextualizado pelo exo e macrossistema.

No caso do bebê prematuro, pode-se acrescentar no primeiro contexto desenvolvimental do recém-nascido, o ambiente da UTIN no microssistema, devido ao papel relevante que exerce nas primeiras experiências de vida do bebê na sua transação bidirecional com o ambiente externo. Em continuidade, nos demais contextos no curso do desenvolvimento, embora a UTIN não faça mais parte concretamente do ambiente da criança, as representações da experiência da internação na UTIN para o bebê e sua família podem permanecer no contexto de desenvolvimento da criança permeando sentimentos, expectativas e comportamento dos mesmos, assim como regulando interações sociais.

No eixo longitudinal, alinham-se as diferentes etapas evolutivas com demandas, desafios e tarefas específicas. Em uma perspectiva temporal, essas configuram-se em marcos do ciclo vital da criança e no caso da criança ex-prematura que apresentam alto risco para problemas em diferentes áreas do seu desenvolvimento, precisam ser devidamente acompanhadas sob o prisma de intervenção preventiva em programas de *follow-up* do desenvolvimento. Considerando-se as possíveis seqüelas da prematuridade que podem cronicamente acompanhar a criança no seu curso de desenvolvimento, permeando as relações e a integração desta com o ambiente, não se pode prescindir do acompanhamento longitudinal.

A compreensão da criança nascida com o risco estabelecido (prematuridade) nesse processo dinâmico de desenvolvimento, requer a adoção da perspectiva desenvolvimental, que permite identificar e analisar o interjogo dinâmico entre fatores de risco e mecanismos de proteção presentes nos diferentes eixos longitudinal e transversal do desenvolvimento. Alguns fatores facilitadores precisam ser ativados e os complicadores precisam ser neutralizados e, sempre que possível, eliminados tanto na criança quanto no seu contexto ambiental de desenvolvimento.

De um lado, como fatores complicadores podem ser citados por exemplo, o fato de a criança ser pequena para idade gestacional

(PIG), apresentar problemas neurológicos (hemorragia intracraniana, convulsões múltiplas), ter enfrentado estresse neonatal pelo excesso de estimulação e dor na UTIN e/ou ter enfermidades crônicas na infância (broncodisplasia pulmonar, retinopatia da prematuridade). Além disso, pode-se identificar os fatores complicadores no ambiente familiar como, por exemplo, depressão materna, ansiedade materna, estresse familiar, QI materno rebaixado, intrusividade e controle excessivo materno, pouca responsividade e baixo nível de alerta materno e/ou condição de pobreza.

Por outro lado, como fatores atenuantes podem ser citados o fato de a criança ter tamanho adequado para idade gestacional, não apresentar alto índice de risco neonatal e/ou necessitar de internação breve na UTIN. Além disso, o ambiente familiar pode contribuir com fatores atenuantes do tipo, responsividade parental, responsividade verbal materna, sensibilidade aos sinais comunicativos do bebê, disponibilidade de brinquedos no lar e/ou nível socioeconômico médio.

Compreendendo o Impacto da Prematuridade no Universo Psicológico Materno

Como primeiro passo para poder fornecer suporte psicológico às mães dos bebês pré-termo a fim de ativar recursos e mecanismos de proteção, torna-se necessário conhecer o universo psicológico dessas mães e compreender o impacto provocado pelo nascimento prematuro do (a) filho (a). Tanto o bebê quanto a mãe, assim como a relação entre ambos, podem apresentar problemas diversos de adaptação. Com relação aos bebês, estes podem estar bem adaptados para a vida uterina, mas não para enfrentarem o ambiente externo. Quanto mais precocemente nasce um bebê, mais as funções fisiológicas estão comprometidas e exigem auxílio e monitoramento artificiais de aparelhos para a sua sobrevivência. Por não estarem bem adaptados à vida extra-uterina, os bebês são vulneráveis a falhas em sistemas básicos de manutenção, contraem infecções e sofrem com efeitos colaterais negativos de tratamentos destinados a remediar problemas. Segundo Beckwith e Rodning (1991), a prematuridade expõe a criança a ampla gama de riscos biológicos e psicossociais, tornado-a vulnerável e podendo comprometer os processos normais de desenvolvimento.

Durante o período de gestação, para a mãe, conjuntamente ao crescimento de um ser, ocorre a construção da representação antecipatória de como será seu (sua) filho (a) ao nascer. A mãe realiza ensaios ideacionais desta construção através do "bebê imaginário" descrito por Kennell e Klaus (1993), em que se inscrevem as primeiras expectativas físicas e psicológicas em relação ao bebê. Portanto, o nascimento de um bebê prematuro produz na mãe um impacto na representação de um bebê sadio e normal, gerando um campo de luta não só do pequeno recém-nascido para sobreviver, mas também da mãe para re-construir ou re-significar essa imagem antecipada (Pedromônico, 1998). As mães de crianças nascidas pré-termo e baixo peso, por se depararem com uma realidade distante da imaginada, podem experimentar sentimentos de culpa, ansiedade e fracasso.

Com relação à interação diádica mãe-bebê, devido às condições adversas presentes no nascimento do bebê e à necessidade dos recursos de assistência da UTIN, verifica-se que o afastamento precoce entre a mãe e seu filho acaba sendo inevitável. Este fato pode trazer prejuízos para o estabelecimento do vínculo afetivo entre a mãe e o bebê (Kennell e Klaus, 1982), assim como do estreito contato físico no ato de amamentar (Procianoy, 1982).

Em geral, o período de internação das crianças que nascem com muito baixo peso é relativamente longo, podendo durar em média 90 dias. Devido ao quadro de maior instabilidade orgânica apresentada por essas crianças, esta necessita de tratamento intensivo, prolongado e com procedimentos de alta complexidade necessitando de monitoramento constante em unidade de tratamento intensivo neonatal (UTIN) (Goldberg e Vitto, 1995). Portanto, a internação em UTIN provoca a separação precoce da mãe do seu bebê.

Embora em alguns hospitais existam rotinas bem estabelecidas, ou iniciativas modestas, no sentido de assegurar o contato das mães com os bebês nas UTIN, muitas vezes esta constitui-se em espaço restrito à equipe de médicos e enfermagem. O favorecimento da proximidade física das mães com os bebês internados em UTI Neonatal parece ser essencial para a formação do vínculo mãe–bebê, especialmente relevante para o desenvolvimento psicológico da criança (Bowlby, 1990; Achenbach, 1992; Klaus e Kennel, 1992; Pedromônico, 1998; Linhares, Carvalho, Bordin, Chimello, Martinez e Jorge, 2000).

A mãe experimenta, de um lado, a necessidade de aproximar-se do bebê e, de outro, o contato com o bebê pode estar condicionado a certas restrições, dependendo da condição de saúde do bebê. Estas podem prejudicar ou mesmo impedir que ela exerça de forma independente o papel de cuidadora primária do (a) seu (sua) filho(a). Considerando as condições de saúde e de tratamento especial em que o bebê se encontra, o contato mãe–bebê precisa ser intermediado pela equipe de profissionais atuantes na UTIN. Impedida de realizar os cuidados básicos do bebê de imediato, tais como amamentar, segurar no colo, dar banho e trocar, as mães experimentam baixo senso de competência e sentimento de frustração.

Um estudo sobre a análise do conteúdo temático das verbalizações de mães, cujos bebês encontravam-se internados em UTIN do Hospital das Clínicas da FMRP-USP, foi realizado com base nos dados da observação de 20 sessões de grupo de apoio psicológico a mães de bebês nascidos prematuros (Linhares, Carvalho, Bordin e Jorge, 1999). Os resultados da análise dos dados revelaram as seguintes categorias de conteúdo verbal: preocupação com a sobrevivência do bebê, preocupação com a separação do bebê, impotência de desempenhar o papel de mãe, alívio ou esperança em relação a sobrevivência do bebê, culpa em relação a condições adversas ao nascimento, alívio quanto às condições de saúde e desenvolvimento do bebê e frustração de suas expectativas em relação ao bebê ("bebê imaginário").

Essas mães participavam de grupos de apoio psicológico, que criavam condições para estas expressarem sentimentos e serem ajudadas a enfrentar a crise, superando a ambivalência de sentimentos de vida e morte do bebê. Ajudava a refazer etapas da construção da identidade do bebê, favorecendo a aceitação do mesmo, potencializando recursos, esperanças e expectativas positivas das mães quanto à possibilidade de vida e, indiretamente, contribuindo para a construção do vínculo mãe–bebê.

Verificou-se ainda no estudo acima que, após a alta hospitalar do bebê, no programa de *follow-up,* a representação materna acerca da sua evolução encontrava-se associada a princípio ao "*medo de doenças, de hospitalização, de não sobreviver e de apresentar seqüelas no desenvolvimento*". Com a evolução do bebê, ao longo do primeiro ano de vida, as mães passaram a ter "*expectativa positiva do desenvolvimento e fortalecimento do bebê, sentindo-se mais tranqüilas e satisfeitas com a evolução dos mesmos*". As mães conseguiram observar e comentar sobre sinais comportamentais dos bebês que demonstravam que eles estavam se desenvolvendo e se modificando.

Indicadores de depressão e ansiedade materna têm sido investigados nesse grupo de risco para problemas de desenvolvimento. Sintomas depressivos no período pós-parto influenciam o comportamento das mães em situações de interação com seus filhos, evidenciando baixa responsividade, que quando associada ao baixo nível educacional paterno, pode favorecer o aparecimento de atraso de linguagem na criança (Wilfong e cols.,1991; Sansavini e cols., 1996).

Wijnroks (1999) estudou o estado de ansiedade recordada relativa ao nascimento prematuro do (a) filho (a) e qualidade da interação mãe-bebê. Verificou que, independentemente do comportamento interativo da criança e da sua condição de saúde, as mães com níveis mais elevados de ansiedade recordada eram mais intrusivas e ativas durante a interação com seus bebês do que as mães que recordaram pouca ou nenhuma ansiedade durante o período pós-natal.

A ansiedade faz parte do rol de sentimentos normais das experiências humanas, e muitas vezes, desencadeia algumas ações de nossa parte. Tal estado emocional possui manifestações fisiológicas e psicológicas (Andrade e Gorenstein, 2000). Porém a ansiedade passa a ser patológica quando ela é desproporcional à situação que a desencadeia, ou quando não existe um motivo específico para o seu surgimento. Além da diferenciação entre ansiedade normal e patológica, é necessário fazermos a distinção entre o estado e o traço de ansiedade.

O estado de ansiedade é transitório e se caracteriza por sentimentos desagradáveis de tensão e apreensão (componente psicológico), conscientemente percebidos e por um aumento na atividade do sistema nervoso autônomo (componente fisiológico). Tal estado emocional é, geralmente, desencadeado por uma situação estressante vivenciada pelo indivíduo. O traço de ansiedade, por sua vez, referese a características individuais relativamente estáveis na propensão à ansiedade, isto é, diferenças na tendência de reagir com intensificação do estado de ansiedade frente às situações percebidas como ameaçadoras.

Assim como a ansiedade, todas as pessoas podem experimentar, ocasionalmente, sensações de tristeza e melancolia. Essas emoções fazem parte da vida normal de qualquer pessoa. Por exemplo, ficar triste porque um ente querido faleceu e passar por um período melancólico pode fazer parte do dia-a-dia de qualquer indivíduo. E, após um curto período de tempo, volta-se a viver normalmente. Entretanto, o termo depressão é usado quando as sensações de infelicidade tornam-se mais intensas e duradouras, podendo prejudicar seriamente a capacidade de uma pessoa para desempenhar as atividades normais de sua vida, do trabalho e de seus relacionamentos. Alguns dos sintomas depressivos são: tristeza, perda de interesse e/ou prazer, crises de choro, variação diurna do humor, alterações no sono, apetite ou peso, perda de libido, obstinação, fadiga, inibição ou retardo dos movimentos, agitação, inquietação, apatia, isolamento, incapacidade para o desempenho de tarefas cotidianas, desesperança, desamparo, idéias de culpa e de suicídio, indecisão, perda do reconhecimento de que está doente, ansiedade e irritabilidade consigo mesmo e com os outros (Kaplan, Sadock e Grebb, 1997).

Em 2001, Padovani, Carvalho, Linhares e Martinez realizaram um estudo com o objetivo de verificar os índices de ansiedade e depressão vivenciados por mães de bebês pré-termo, durante o período de internação destes na UTIN. Quarenta e sete mães de bebês pré-termo e muito baixo peso (< 1.500g), que nasceram no período de um ano e três meses no HCFMRP-USP, foram avaliadas durante o período de internação. Primeiramente, avaliou-se a história prévia de sintomas de distúrbios psiquiátricos pela *SCID-Não Paciente – Entrevista Clínica Estruturada para DSMIII-R* e, em segundo lugar, as mães foram avaliadas quanto a: indicadores emocionais de ansiedade, através do *IDATE – Inventário de Ansiedade Traço-Estado* (Spielberger, Gorsuch e Lushene, 1964, com tradução e adaptação brasileira de Biaggio e Natalício, 1979), e indicadores de depressão, através do *BDI – Beck Depression Inventory* (Beck, Ward, Mendelson e cols., 1961, com tradução e adaptação brasileira de Gorenstein e Andrade, 2000).

Os resultados do estudo mostraram que 48% das mães apresentaram indicadores de ansiedade e depressão na situação pesquisada. Destas mães que apresentaram indicadores de instabilidade emocional, a maioria (77%) não possuía história prévia de distúrbios emocionais. A incidência de indicadores de instabilidade emocional das mães relacionava-se em ordem de ocorrência com: ansiedade-estado (76%), depressão (57%) e ansiedade-traço (33%). Portanto, tais indicadores, pareciam relacionar-se ao momento atual de vida das mães vinculados ao estresse do nascimento de um bebê prematuro e sua conseqüente internação hospitalar em UTIN. Por sua vez, as mães que apresentavam história prévia de distúrbios emocionais (23%) constituíam-se em um grupo de alto risco devido à presença de indicadores crônicos de ansiedade e depressão, que transcendiam à situação estressante atual vivenciada pelas mães.

Das 47 mães que haviam participado na primeira fase da pesquisa, 26 mães, sem antecedente de distúrbio psiquiátrico, foram reavaliadas após a alta hospitalar do bebê. Os resultados deste estudo revelaram que, durante a internação do bebê na UTIN, cerca da metade do grupo apresentava indicadores de ansiedade e/ou depressão, predominando as manifestações de ansiedade do tipo estado, ou seja, aquelas relacionadas à situação vivenciada pelas mães. Após a alta hospitalar do bebê, houve um declínio na porcentagem de mães que apresentavam indicadores de instabilidade emocional na avaliação psicológica em comparação à avaliação realizada durante o período de internação do bebê.

A alta ansiedade materna pode promover uma espécie de inundação emocional afetando os processos cognitivos de pensamento racional, ou seja, o aumento de ansiedade pode afetar a compreensão e o raciocínio. A mãe pode assumir um pensamento mágico, estabelecendo relações causais simplistas e lineares, ignorando a alta complexidade etiológica da prematuridade. Como, por exemplo, quando a mãe faz auto-atribuição de culpa devido à prematuridade do filho. A desestabilização afeto-cognição gera sentimentos nocivos ao enfrentamento adaptativo, do tipo culpa, tristeza profunda ou revolta, que se persistentes podem provocar desordens emocionais maternas.

A sintomatologia de tristeza, reação tipicamente encontrada, precisa ser superada para não se instalar a sintomatologia depressiva patológica que atrapalha a mãe no enfrentamento adaptativo e realista à situação potencialmente de estresse vivenciada.

O fato de algumas mães apresentarem sintomas de desequilíbrio emocional em sua história de vida as predispõe a um efeito cumulativo de fatores emocionais adversos, ou seja, antecedentes de desordens psiquiátricas somam-se a vivências contemporâneas relativas à situação da prematuridade do filho. O efeito cumulativo multiplica o risco psicossocial da criança vulnerável biologicamente para desordens de desenvolvimento, na medida em que esta será cuidada por uma mãe fragilizada emocionalmente.

Em continuidade ao estudo anterior, Padovani, Linhares, Carvalho, Martinez e Duarte (2002) estudaram os conteúdos verbais maternos sobre expectativas na gestação e percepções atual e futura do bebê, expressos em entrevistas realizadas durante o período de internação do bebê na UTIN, e sua relação com indicadores de ansiedade e depressão materna. Analisaram especificamente 20 mães (sem história de distúrbio psiquiátrico), subdivididas em dois subgrupos: 10 mães que apresentavam indicadores de ansiedade e/ou depressão e 10 mães que não apresentavam estes indicadores. Quanto às *expectativas maternas durante a gravidez*, a maioria delas, independente de apresentarem ou não indicadores de ansiedade e/ou depressão, relatou expectativas positivas em relação ao bebê, assim como preferência de gênero do mesmo. Apenas uma das mães que apresentava indicadores de ansiedade e/ou depressão manifestou resposta de indiferença, rejeição e negação ao responder sobre expectativas.

Quanto à *percepção atual do bebê*, a maior parte das mães demonstrou uma percepção positiva. Porém, as mães que apresentavam indicadores de ansiedade e/ou depressão demonstraram uma percepção mais conflituosa, indefinida e centrada na fragilidade do bebê, além do medo da alta hospitalar do mesmo, em comparação com as mães que não apresentaram indicadores de instabilidade emocional. Em relação ao *futuro do bebê*, predominaram respostas de expectativa positiva nas mães com ou sem indicadores de ansiedade e/ou depressão. Contudo, as mães sem indicadores de instabilidade emocional tenderam a concentrar suas respostas mais nas expectativas de desenvolvimento normal do bebê e de poder desempenhar adequadamente o seu papel materno de cuidadora do que as mães com indicadores.

Apesar de predominarem as expectativas bastante positivas em relação ao bebê em ambos os grupos, as mães com indicadores de ansiedade/depressão apresentaram percepções mais inseguras e centradas na vulnerabilidade do bebê e mais medo da alta hospitalar do que as mães sem indicadores. Desse modo, parece haver uma relação entre indicadores de ansiedade e depressão e a dificuldade de adaptação à imagem real do bebê, que encontra-se distante daquela imaginada durante a gravidez.

Em suma, o conjunto de achados demonstra a importância de se conhecerem especificamente os indicadores de ansiedade e depressão materna, que devem ser associados à história de enfrentamentos de crises evolutivas previsíveis (adolescência, gestação) e de adversidades imprevisíveis (perdas, conflitos) do ciclo vital, para melhor compreensão do universo psicológico das mães dos bebês nascidos prematuro. Desta forma, pode-se instrumentalizar a equipe de saúde para lidar com a cuidadora do bebê de risco, levando em conta as suas necessidades psicológicas. Por exemplo, pode-se dimensionar o que pode ser solicitado à mãe, o quanto ela tem recursos para corresponder e assumir o solicitado, quais as suas disponibilidades emocionais e autonomia ou mesmo se ela necessita de ajuda psicológica especializada.

Programa de Apoio ao Desenvolvimento Psicológico de Crianças Nascidas Prematuras: O Modelo de Intervenção Preventiva do HCFMRP-USP

Considerando que os mecanismos de proteção precisam ser ativados na história de desenvolvimento das crianças nascidas prematuras, medidas de intervenção preventiva devem ser necessariamente implementadas nesse grupo de risco, no âmbito da UTIN e no seguimento pós-alta de *follow-up* do desenvolvimento.

Foi estruturado sob nossa orientação, no Serviço de Neonatologia do Hospital das Clínicas da Faculdade de Medicina de Ribeirão Preto (HCFMRP-USP), um programa de suporte ao desenvolvimento psicológico de bebês nascidos prematuros com peso abaixo de 1.500g, que começa durante o período de internação do bebê na UTIN e tem continuidade após a sua alta hospitalar. O referido programa de apoio psicológico tem enfoque tanto na criança quanto na mãe, partindo-se do princípio de que é preciso se investir precocemente em apoiá-los no enfrentamento das adversidades decorrentes do nascimento prematuro. O objetivo geral do programa consiste na ativação de recursos e mecanismos de proteção e neutralização de riscos e implementação de medidas preventivas ou terapêuticas dos problemas identificados, visando auxiliar o processo de resiliência das crianças vulneráveis. O programa de assistência, que mantém estreita relação com a linha de pesquisa "Sobrevivência e Qualidade de vida de crianças nascidas prematuras", inclui duas modalidades descritas a seguir: Apoio Psicológico às Mães na UTI Neonatal e Programa de *Follow-up* de Bebês Nascidos Prematuros.

Apoio Psicológico às Mães na UTI Neonatal

O apoio psicológico às mães na UTIN inclui dois tipos de atividades: Visita monitorada e Grupo de Mães. A primeira atividade consiste no acompanhamento da mãe por psicóloga na visita ao bebê na UTIN. Visa assessorar a mãe principalmente nas primeiras visitas ao bebê e nos momentos críticos (comunicação de diagnósticos, pré- ou pós-cirurgias), ajudando a identificar sentimentos, a compreender as informações passadas pelos médicos e enfermagem, a observar as estados comportamentais e reações do bebê, a esclarecer dúvidas e a analisar riscos, possibilidades e recursos da evolução do bebê. A segunda atividade, realizada em grupo como forma de otimizar a troca de experiências entre as mães, consiste em uma reunião semanal da psicóloga com as mães. Esta tem por objetivo fornecer apoio psicológico às mães através de identificação e reflexão sobre sentimentos maternos, ativar recursos maternos, esclarecer, informar e orientar, analisar riscos e recursos da evolução do bebê, planejar ações, ajudar a formular questões e mediar tomada de decisões. As discussões em grupo são facilitadas pela observação de um vídeo sobre o tema do impacto psicológico do nascimento do bebê prematuro em mães (Gasparetto,1998) e por um manual de orientação de mães de bebês prematuros (Carvalho, Linhares, Padovani, Martinez e Duarte, 2002). Os grupos são destinados às mães, mas são também freqüentados algumas vezes por pais e avós.

O grupo cria condições para a mãe expressar sentimentos e poder ser ajudada a enfrentar o momento crítico, superando a ambivalência de sentimentos de vida e morte do bebê. Ajuda a refazer etapas da construção da identidade do bebê favorecendo a aceitação do mesmo, potencializando recursos, esperanças e expectativas positivas das mães quanto a possibilidade de vida e, indiretamente, contribuindo para a construção do vínculo mãe-bebê.

Apesar de os atendimentos ocorrerem preferencialmente em grupo, não estão descartados os atendimentos individuais quando necessários. Diante da detecção de desordens psicológicas, que transcendem o contexto estressor circunscrito ao enfrentamento da prematuridade do (a) filho (a), a indicação de encaminhamento para avaliação e tratamento psiquiátrico especializado é discutida com a mãe em atendimento individual.

Programa de Follow-up de Bebês Nascidos Prematuros

Após a alta hospitalar do bebê, a mãe é convidada a participar do programa de seguimento longitudinal, que acompanha o curso de desenvolvimento do bebê desde a alta até a idade escolar. Este tem por finalidade avaliar indicadores do desenvolvimento do bebê e fatores de risco e mecanismos de proteção presentes no seu contexto ambiental, assim como intervir preventivamente quanto aos problemas identificados e fornecer suporte psicossocial do tipo informativo e principalmente emocional às mães para a promoção do desenvolvimento da criança. A mãe constitui-se na cuidadora a longo prazo da criança, com potencial de participação ativa na tarefa de promoção do desenvolvimento da criança.

No primeiro ano de vida as avaliações são mensais, no segundo ano de vida trimestrais e a partir do terceiro ano passam a ser semestrais. A sessão de avaliação do desenvolvimento dos bebês é observada pela mãe, sendo sempre precedida por uma entrevista sobre a evolução do bebê sob a perspectiva materna. No final de cada avaliação, a mãe recebe um *feedback* sobre o desempenho observado, dúvidas são esclarecidas e orientações são fornecidas sobre cuidados e práticas educativas promotoras do desenvolvimento da criança nos seus aspectos: motor, da linguagem, emocional e da sociabilidade. As orientações visam a regulação de comportamento da criança para alcançar padrões adaptativos de funcionamento, respeitando-se a etapa evolutiva e o contexto de desenvolvimento em que a criança se insere. Além desses aspectos, questões mais individualizadas acerca da dinâmica familiar ou de necessidades pessoais maternas que podem surgir durante o seguimento são objetos de orientações caso a caso.

Considerações Finais

Concluindo, apresenta-se um esquema sintetizando os principais componentes integrados da abordagem desenvolvimental e as medidas de intervenção preventiva preconizadas para o atendimento das crianças nascidas pré-termo em risco e sua família, que foram abordados neste capítulo.

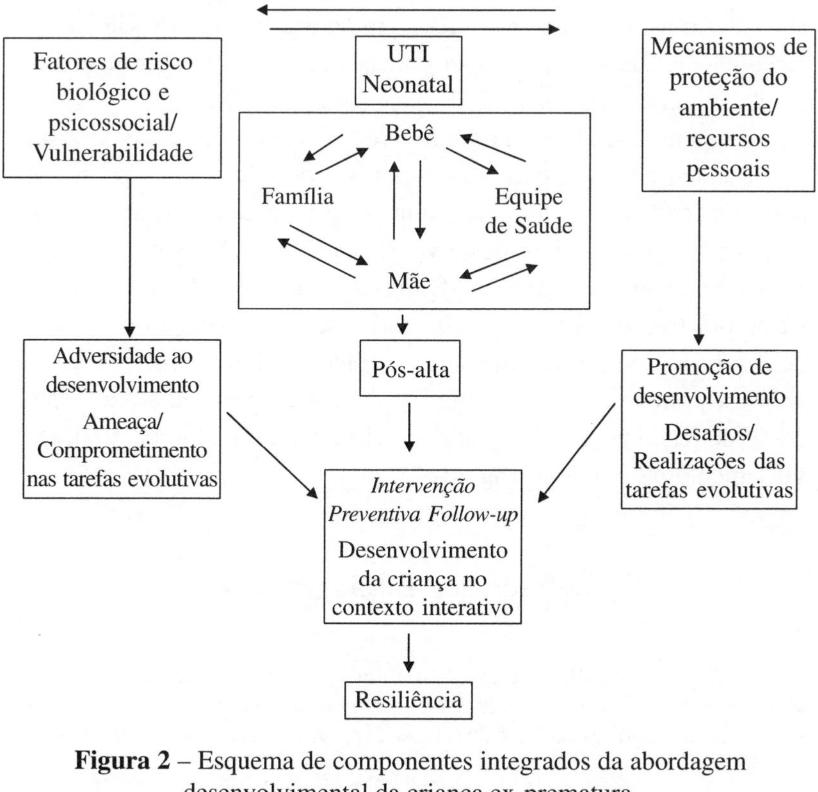

Figura 2 – Esquema de componentes integrados da abordagem desenvolvimental da criança ex-prematura.

A análise do esquema permite verificar que, do lado esquerdo, existem fatores de risco e vulnerabilidades no bebê prematuro, que ameaçam o desenvolvimento devido aos efeitos adversos. Do lado direito do esquema, alinham-se mecanismos protetores que podem interagir com os primeiros neutralizando seus efeitos adversos, facilitando o enfrentamento de desafios e promovendo desenvolvimento, a fim de alcançar realizações evolutivas.

Ao centro do esquema, verifica-se que desde o início do desenvolvimento do bebê, tanto os fatores de risco quanto os mecanismos de proteção podem ser experimentados no contexto da Unidade de Tratamento Intensivo Neonatal permeando as interações bidirecionais do bebê com o ambiente físico e social circundante. Os cuidadores primários familiares, a mãe em especial, e equipe de profissionais de saúde da UTIN devem atuar efetivamente como protetores e promotores do desenvolvimento do recém-nascido. Estes, em conjunto com o bebê, são personagens que compartilham um campo dinâmico de interações na UTIN.

Garantida a almejada sobrevivência do bebê, vence-se a primeira etapa decisiva para sua evolução, que vem a ser posteriormente coroada com a alta hospitalar. A fase pós-alta hospitalar passa a ser um novo marco no desenvolvimento do bebê que requer cuidados especiais, a fim de assegurar o seu desenvolvimento bem-sucedido. Nesse contexto, recomenda- se a intervenção preventiva de *follow-up,* como mecanismo de proteção ao desenvolvimento do bebê ex-prematuro, com o objetivo de desencadear ou ativar o processo de resiliência nesse grupo em risco para transtornos do desenvolvimento e de aprendizagem

Referências Bibliográficas

Achenbach, T. M. (1992). Developmental Psychopathology. Em: M. H Bornstein e M. E. Lamb (Orgs.). *Developmental Psychology: an advanced textbook* (pp.629-676). New Jersey: Lawrence Erlbaum Associate.

Agarwal, R.; Hagedorn, E.; Gardner, S. L. (1998). Pain and pain relief. Em: G. B. Merenstein e S. L. Gardner (Orgs.). *Handbook of Neonatal Intensive Care* (pp.173- 196). Toronto: Mosby (Trabalho original publicado em 1985).

Als, H.; Lester, B. M.; Tronick, E. Z.; Brazelton, B. (1982). Toward a research instrument for the assessment of preterm infant´s behavior (APIB). Em: H. E. Fitzgerald; B. M. Lester e M. W. Yogman (Orgs.). *Theory and Research in Behavioral Pediatrics* (pp.35-63). New York: Plenum Press.

Andrade, L.; Gorenstein, C. (2000). Aspectos gerais das escalas de avaliação de ansiedade. Em: C. Gorenstein, L. H. S. G. Andrade e A.W. Zuardi (Orgs.). *Escalas de avaliação clínica em Psiquiatria e Psicofarmacologia* (pp. 139-144). São Paulo: Lemos-Editorial.

Antunha, E. L. G. (1994). A avaliação neuropsicológica na infância (0 a 6 anos). Em: V. B. de Oliveira e N. A. Bossa (Orgs). *Avaliação psicopedagógica da criança de zero a seis anos* (pp. 89-122). Petrópolis: Vozes.

Barker, D. P.; Rutter, N. (1995). Exposure to invasive procedures in neonatal intensive care unit admission. *Archieves of Disease in Childhood,*72, 47- 48.

Beckwith, L.; Rodning, C. (1991). Intellectual functioning in children born preterm: recent research. Em: R. J. Sternenberg (Ed.). *Directors of development: influences on the development of the children's thinking* (pp.25-58). New Jersey: Lawrence Erlbaum Associates.

Biaggio, A.; Natalício, L. (1979). *Inventário de Ansiedade Traço-Estado.* Rio de Janeiro: CEPA.

Bowlby, J. (1990) *Apego e perda: a natureza do vínculo.* São Paulo: Martins Fontes.

Bradley, R. H.; Whiteside, L; Mundfrom, D.; Casey, P. H.; Kelleher, K. J.; Pope, S. K. (1994). Early indicators of resilience and their relation to experiences in the home environments of low birthrweight, premature children living in poverty. *Child Development,* 65, 346-360.

Brazelton, T. B. (1994). *Momentos decisivos do desenvolvimento infantil.* (J. L. Camargo, Trad.) São Paulo: Martins Fontes (Trabalho original publicado em 1992).

Bronfenbrenner, U. (1996). *A Ecologia do desenvolvimento humano: experimentos naturais e planejados* (M. A.V. Veronese, Trad.). Porto Alegre: Artes Médicas (Trabalho original publicado em 1994).

Carvalho, A. V. ; Linhares, M. B. M.; Padovani, F. H. P.; Martinez, F. E. e Duarte, G. (2002). Programa de intervenção psicológica com mães de bebês nascidos pré-termo hospitalizados em UTI Neonatal [Resumo]. Em: Sociedade Brasileira de Psicologia (Org.). Resumos de Comunicações Científicas. *XXXII Reunião Anual de Psicologia. Resumos* (p. 342). Florianópolis: SBP.

Cockburn, F.; Cooke, R. W. I.; Gamsu, H. R.; Greenough, A.; Hopkins, A.; Mcintosh, N.; Agstont, S.A; Parryt, G. I.; Silverman, M.; Shaw, I. C. L.; Tarnow-Modit, W. O. (1993). The CRIB (Clinical Risk Index for Babies) score: a tool for assessing initial neonatal risk and comparing performance of neonatal intensive care units. *Lancet,* 342, 193-198.

Evans, J. C.; Vogelpohl, D. G.; Bourguinon, C. M.; Morcott, C. S. (1997). Pain behaviors in LBW infants accompany some "nonpainful" caregiving procedures. *Neonatal Network*, 16 (3), p.33-40.

Gardner, S.; Lubchenco, L. O. (1985/1998). The neonatal and the environment: impact on development Em: G. B. Merenstein e S. L. Gardner. *Handbook of Neonatal Intensive Care* (pp.197-241). Toronto: Mosby (Trabalho original publicado em 1985).

Gasparetto, S. (1998). *Desenvolvimento de um programa de intervenção para mães de bebês pré-termo*. Tese de Doutorado, Instituto de Psicologia, Universidade de São Paulo, São Paulo.

Goldberg, S.; Vitto, B. D. (1995). Parenting children born preterm. Em: M.H. Bornstein, *Handbook of parenting-children and parenting* (pp. 209-231). New Jersey: Lawrence Erbaum Associates.

Gorenstein, C.; Andrade, L. (2000) Inventário de depressão de Beck – propriedades psicométricas da versão em português. Em: C. Gorenstein.; L. Andrade.; A. W. Zuardi. (Orgs.). *Escalas de avaliação clínica em Psiquiatria e Psicofarmacologia* (pp. 88-95). São Paulo: Lemos Editorial.

Gross, S. J.; Mettelman, B. B.; Dye e Seagle, T. A. (2001) Impact of family structure and stability on academic outcome in preterm children at 10 years of age. *Journal of Pediatrics*, 138, 169-175.

Holmgren, P.A.; Högberg, V. (2001). The very preterm infant-a population based study. *Acta Obstetric and Gynecology Scandinavia,* 80, 525-531.

Horowitz, F. D. (1992). The concept of risk: a revaluation. Em: S. L. Friedman e M. D. Sigman (Eds.). *The psychological development of low-birthweight children*. New Jersey: Ablex Publishing Corporation.

Jobe, A. H. (2001). Predictors of outcomes in preterm infants which ones and when? *Journal of Pediatrics*, 138, 153-156.

Kaplan, H. I.; Sadock, B. J.; Grebb, J. A.(1997). *Compêndio de Psiquiatria: ciências do comportamento e psiquiatria* (D. Batista, Trad.). Porto Alegre: Artes Médicas (Trabalho original publicado em 1994).

Kazak, A. E.; Segal-Andrews, A. M.; Johnson, K. (1995). Pediatric Psychology Research and Practice: a family/systems approach (pp. 84-104) Em: M. C. Roberts. (Ed.) *Handbook of Pediatric Psychology.* New York: The Guilford Press.

Kennell, J. H.; Klaus, M. H. (1992). Atendimento para os pais de bebês prematuros ou doentes. Em: M. H. Klaus e J. H. Kennel. *Pais/Bebês – a formação do apego* (pp. 170-244) (D. Batista, Trad). Porto Alegre: Artes Médicas.

Linhares, M. B. M.; Carvalho, A. E. V.; Bordin, M. B. M.; Jorge, S. M. (1999). Suporte psicológico ao desenvolvimento de bebês prematuros com peso de nascimento abaixo de 1.500g: na UTI neonatal e no seguimento longitudinal. *Temas em Psicologia da SBP*, 7 (3), 60-69.

Linhares, M. B. M; Carvalho, A. E. V.; Bordin, M. B. M.; Chimello, J. T.; Martinez, F. E. e Jorge, S. M. (2000). Prematuridade e muito baixo peso como fatores de risco ao desenvolvimento da criança. *Cadernos de Psicologia e Educação-Paidéia*, 10 (18), 60-69.

Mc Cornick, M. C. (1992). Advances in Neonatal Intensive Care technology and their possible impact on the development of low-birthweight infants. Em: S. L. Friedman e M. D. Sigman (Orgs.). *The psychological development of low-birthweight children – Annual advances in applied developmental psychology* (pp.37-60). New Jersey: Ablex Publishing Corporation Norwood.

O´Brien, Soliday, Mc Cluskey-Fawcet, K. (1995). Prematurity and the neonatal intensive care unit. Em: Roberts, M. C. (Org.). Handbook of Pediatric Psychology; pp.463-478. New York: Gilford Press.

Padovani, F. H. P.; Linhares, M. B. M.; Carvalho, A. E. V.; Martinez, F. E.; Duarte, G. (2002). Representações Maternais acerca do bebê nascido pré-termo em mães diferenciadas quanto à presença de indicadores de ansiedade e depressão. Resumos de Comunicações Científicas da XXXII Reunião Anual de Psicologia da Sociedade Brasileira de Psicologia, p. 344.

Pedromônico, M. R. M. (1998) As relações que se estabelecem no triângulo: recém-nascido-família-hospital. Em: Kopelman, B.; Miyoshi, S. e Guinsburg, R. *Distúrbios Respiratórios no Período Neonatal* (pp. 561-563). São Paulo: Atheneu.

Petrou, S.; Sach, T.; Davidson, L. (2001) The long-term costs of preterm birth and low birth weight: results of a systematic review. *Child: Care Health and Development*, 27 (2), 97-115.

Richardson, D. K.; Gray, J. E.; Mc Cornick, M. C.; Workman, K.; Goldman, D. A. (1992). Neonatal Therapeutic Intervention Scaring System: A therapy-based severity of illness index. *Pediatrics*, 90 (4), 561-567.

Ross, G.; Lipper, E.; Auld, P. A. M. (1996). Cognitive abilities and early precursors of learning disabilities in very low birthweight children with normal intelligences and normal neurological status. *International Journal of Behavioral Development*, 19 (3), 563-580.

Sansavini, A.; Rizzard, M.; Alessandroni, R.; Giovanelli, G. (1996). The development of italian low and very low birthweight infants from birth to 5 years: the role of biological and social risks. *International Journal of Behavioral Development,* 19 (3), 533-547.

Sweet, A.Y. (1982) Classificação do recém-nascido de baixo peso. Em : Klaus, M. H.e Fanaroff, A . (Eds). *Alto risco em Neonatologia* (pp. 63-88) (L. E. Vaz Miranda, Trad.). Rio Janeiro: Interamericana (Trabalho original publicado em 1979).

Werner, E. (1986). A longitudinal study of perinatal risk. Em: D. C. Farran; J. MacCkinney. *Risk in intellectual and psychosocial development*. New York: Academic Press.

Wijnroks, L. (1999). Maternal recolleted anxiety and mother-infant interaction in preterm infants. *Infant Mental Health Journal,* 20 (4), 393-409.

Wilfong E. W.; Saylor, C.; Elksnin, N. (1991). Influences on Responsiveness: Interations between mothers and their premature infants. *Infant Mental Health Journal*, 12 (1), 31-40.

Capítulo 2

Mediação Materna como Processo de Promoção e Proteção do Desenvolvimento da Criança Nascida Prematura

Maria Beatriz Martins Linhares
Iralúcia Maria Bertini Martins
Vivian Caroline Klein

Crianças Ex-prematuras e o Ambiente Familiar

O ambiente familiar influencia sobremaneira o desenvolvimento da criança. No caso dos bebês nascidos pré-termo de baixo peso, aumenta a responsabilidade do ambiente social (familiar, educacional, cultural) como fator de proteção potencialmente neutralizador de adversidades biológicas neonatais (Horowitz, 1992).

Segundo Moreno e Cubero (1995), a família tem um papel central no desenvolvimento humano. Além de assegurar o atendimento de necessidades, através de cuidados físicos, permite a realização de aprendizagens básicas, que serão necessárias para o desenvolvimento autônomo dentro da sociedade, como por exemplo, aprendizagem da linguagem, do controle do comportamento ou de sistema de valores. A família encontra-se sob a influência de um conjunto de fatores que determinam o seu funcionamento, tais como nível educacional dos pais, situação socioeconômica da família ou conjuntura política e econômica da sociedade em geral.

O modelo socioecológico, postulado por Bronfenbrenner (1996), sintetiza os processos de interação entre a criança e seus contextos desenvolvimentais, representados por estruturas interdependentes, denominadas: microssistema, mesossistema, exossistema e macrossistema. Nessas diferentes estruturas, especialmente nas duas primeiras, a família e suas inter-relações com a criança desempenham relevante papel na promoção do desenvolvimento da mesma.

As relações familiares têm sido analisadas sob o prisma tanto de variáveis distais, tais como nível educacional, social, econômico ou cultural dos pais, quanto de variáveis proximais, tais como a interação da mãe com a criança ou mediação de desenvolvimento e aprendizagem (Klein, 1988; Lidz, Bond e Dissinger, 1990; Kalmár e Boronkai, 1991; Wilfong, Saylor e Elksnin, 1991; Seifer , Sameroff, Baldwin e Baldwin, 1992; Brandt, Magyary, Hammond e Barnard, 1992; Bradley e cols. 1994; Barratt, Roach e Leavitt., 1996.; Laucht, Esser e Schmit, 1997; Martins, 2001).

A qualidade do ambiente familiar tem demonstrado possuir mais peso do que fatores de risco perinatais da criança em sua capacidade para predizer resultados desenvolvimentais a médio e longo prazo. Kálmar (1996), Dammam e cols. (1996) estudaram crianças nascidas com muito baixo peso (< 1.500g) aos seis anos de idade e concluíram que a inteligência e as habilidades de linguagem estão mais diretamente relacionadas com a estrutura socioeconômica da família do que com a morbidade neurológica das crianças. Mães mais competentes intelectualmente tendem a prover mais alto nível de estimulação e suporte para seus filhos, contribuindo estas experiências para aumentar os seus escores de QI (Bradley e cols., 1994).

Bradley e cols. (1993) mostraram que o curso do desenvolvimento de crianças nascidas com muito baixo peso está significativamente associado com a qualidade do seu meio ambiente e de seus educadores. Procederam a avaliação de 608 crianças em dois momentos, com um e três anos de idade, respectivamente, pesquisando a influência do ambiente familiar no papel de mediador entre o QI materno e o da criança. Concluíram que o QI das crianças nascidas com baixo peso está fortemente associado ao QI materno e à qualidade do seu meio ambiente. O resultado de maior destaque foi a influência do ambiente familiar, principalmente aos três anos de idade da criança, confirmando que essas crianças tendem a aproveitar a estimulação do seu meio ambiente utilizando-a como suporte ao seu desenvolvimento. O efeito do ambiente familiar transcende a esfera cognitiva da criança, podendo ser observado também no domínio comportamental.

A prematuridade, enquanto fator de risco, pode modular percepções distorcidas da criança, por parte da mãe, centrando-se na fragilidade do bebê ou na expectativa de um curso de desenvolvimento com seqüelas. Essas, por sua vez, podem interferir nas práticas educativas dos pais. Por exemplo, a prematuridade e as complicações clínicas do bebê, tal como a hemorragia intracraniana, afetam diretamente o comportamento da criança, que, por sua vez, pode afetar as avaliações parentais acerca do temperamento do bebê. Supõe-se que a percepção materna do temperamento do bebê pode afetar os padrões de interação mãe–bebê e, assim, mediar o desenvolvimento cognitivo e comportamental deste último (Anderson e cols.1989).

Quanto ao padrão interativo, as mães de crianças nascidas pré-termo e com muito baixo peso demonstram ter maior sensibilidade aos sinais comunicativos do bebê e apresentam alto nível de responsividade (Laucht e cols. 1997). Porém, algumas vezes, tal padrão de interação pode apresentar-se com caráter de diretividade excessiva. Mães de crianças prematuras podem se apresentar como mais intrusivas e controladoras, fornecendo mais assistência manual e *feedback* verbal positivo e negativo nas interações com seus filhos, quando comparadas com mães de crianças nascidas a termo (Sobotková, Dittrichová e Mandys,1996; Barratt e cols. 1996).

Através desse padrão, parece que as mães de crianças nascidas pré-termo tentam compensar a adversidade experimentada por estas e agir de maneira apropriada a cada idade de seus filhos, a fim de aumentar as oportunidades destes para interações bem-sucedidas.

Embora geralmente a atividade dos pais objetive o encorajamento de uma maior atividade ou responsividade do bebê pré-termo, a abordagem, se excessiva, pode ser contraproducente, levando a menor responsividade por parte do bebê. Indica dessa forma que a interação precisa ser regulada às necessidades da criança.

Deve-se modular a quantidade de esforços da mãe para aumentar sua interação com o filho nascido prematuro, a oportunidade e o ritmo da estimulação, assim como a maneira que esta deve ser fornecida, por quem, quando e seu efeito a longo prazo.

Como Caracterizar a Adequada Mediação Materna do Desenvolvimento da Criança?

Considerando a importância dos fatores proximais do ambiente, relevantes ao desenvolvimento da criança, Klein (1988) recorre ao conceito de *experiência de aprendizagem mediada* da teoria da Modificabilidade Estrutural Cognitiva de Feuerstein (1979), a fim de qualificar a interação ideal entre a mãe e a criança para promoção do desenvolvimento de crianças em risco. A interação, para ser efetiva e promover mudanças estruturais cognitivas no desenvolvimento da criança, precisa atender alguns critérios de mediação de aprendizagem.

A mediação de aprendizagem foi definida por Tzuriel e Haywood (1992) como:

> "*um processo interacional no qual os adultos, geralmente os pais, se interpõem entre as crianças e o mundo e modificam uma série de estímulos de maneira a influenciar em sua freqüência, ordem, intensidade e contexto. Os mediadores despertam nas crianças um estado de alerta, curiosidade e sensibilidade ante os estímulos mediados e criam com e para as crianças, relações temporais, espaciais e de causa-efeito entre os estímulos*". (pp. 7)

Feuerstein, Rand, Hoffman e Miller (1980) definiram onze critérios que qualificam determinada interação como sendo experiência de aprendizagem mediada, os quais foram posteriormente reduzidos a cinco critérios necessários e suficientes por Haywood e Tzuriel (1992). Esses critérios são os seguintes: *intencionalidade e reciprocidade, mediação de significado, transcendência, senso de competência* e *regulação e controle de comportamento.*

A *intencionalidade* e *reciprocidade* caracterizam-se por esforços intencionais do mediador para despertar na criança um estado de alerta e para facilitar o registro eficiente de uma informação (*input*), um processamento adequado (elaboração) e resposta eficiente (*output*). Intencionalmente o mediador se interpõe entre o estímulo e a criança, a fim de modificar o estímulo, focalizando a atenção da criança, organizando a informação, transformando os estímulos para que a criança possa percebê-los de modo mais significativo. Considerando que uma mediação é um processo bidirecional, em que a criança exerce influências sobre o comportamento de mediador, a reciprocidade é de importância crucial para a qualidade e continuidade do processo mediacional. A reciprocidade permite ao mediador regular a sua mediação a fim de ajustá-la às respostas cognitivas, emocionais e comportamentais da criança. A reciprocidade é um aspecto conceituado como essencial para o desenvolvimento de sentimentos básicos de competência e autodeterminação da criança. As interações dotadas de intencionalidade recíproca ajudam a criança a perceber que suas ações influenciam o comportamento de outras pessoas e fomentam a crença de que elas podem ser agentes de mudanças.

A *mediação do significado* refere-se àquelas interações nas quais os estímulos apresentados trazem significação afetiva, motivacional e orientada a certos valores. O mediador não mostra uma atitude neutra em relação aos estímulos; ao contrário, demonstra interesse e entusiasmo. Este último pode ser expresso de forma verbal ou não-verbal. A mediação não-verbal do significado pode expressar-se mediante a entonação da voz, gestos corporais ou faciais e repetição de atividades ou rituais. A mediação verbal pode expressar-se ao relacionar um acontecimento momentâneo, uma atividade ou um contexto aprendido com experiências do passado, ou, simplesmente, ao enfatizar sua importância e valor. Uma criança que experimenta mediação de significado internaliza esta interação e mais tarde interessa-se pelos significados de novas informações em vez de passivamente esperar que estes sejam revelados a ela.

A *mediação para transcendência* caracteriza-se pela interação em que o mediador transcende o contexto concreto ou as necessidades imediatas da criança. Estabelecem-se metas mais amplas, indo além da situação presente, extraindo regras, princípios, aplicações, informações que podem ser úteis em diversas situações. Este critério de generalização depende dos dois primeiros e a combinação destes constituem-se em veículos poderosos para o desenvolvimento da modificabilidade cognitiva e da expansão dos sistemas individuais de necessidades da criança.

A mediação do *senso de competência* refere-se à capacidade do mediador para organizar o meio ambiente de modo a assegurar o êxito da criança e a crença na sua capacidade de agir de maneira independente. Ele comunica à criança que ela tem capacidade para se comportar de forma autônoma, reorganiza aspectos do ambiente, promove oportunidades de sucesso para a criança, recompensa-a por suas tentativas de lidar sozinha com a situação e com possíveis problemas e comunica a ela de forma específica a natureza de seu desempenho correto ou incorreto.

Na *regulação e controle do comportamento,* o mediador controla o sistema de resposta da criança antes de um comportamento manifesto com a finalidade de inibir o comportamento impulsivo ou para acelerar a atividade da criança, dependendo das características da tarefa e das respostas das crianças. A regulação do comportamento pode ser realizada mediante a representação de um modelo, deduzindo estratégias metacognitivas, analisando os componentes dos problemas e despertando consciência acerca da natureza da tarefa e dos modelos de resposta apropriados.

A experiência de aprendizagem mediada adequada entre uma criança e seus pais freqüentemente facilita o desenvolvimento de funções cognitivas, diretrizes de aprendizagem e sistema de necessidades cognitivas e afetivas que permitem modificações na criança a partir das oportunidades de aprendizagem. A criança interioriza os mecanismos de aprendizagem adquiridos durante o processo de mediação social e os utiliza autônoma e independentemente no futuro.

Feuerstein e cols. (1980) entendem a experiência de aprendizagem mediada como o fator ambiental proximal que contribui para explicar diferenças individuais acerca do desempenho cognitivo da criança. Para esses autores, os fatores ambientais distais (como por exemplo, nível socioeconômico) não são considerados causa das diferenças na capacidade de aprendizagem da criança. Esses fatores podem exercer efeitos indiretamente, através de sua influência sobre os fatores proximais (Tzuriel e Haywood, 1992).

Programas de Intervenção Baseados na Concepção de Experiência de Aprendizagem Mediada (EAM)

A operacionalização dos conceitos provenientes da EAM produziu diversos trabalhos relacionados a diferentes áreas do desenvolvimento humano, através de programas de formação do educador enquanto agente de mediação do desenvolvimento e aprendizagem ou de estimulação precoce do desenvolvimento psicossocial da criança.

Como exemplo de trabalho com foco na formação de educadores, ou seja, pais, professores ou agentes que trabalham com aconselhamento na comunidade, foi desenvolvido o programa de "Aprendizagem Mediada Dentro e Fora da Sala de Aula" (Mentis, 1997), que consiste em parte do trabalho do Programa de Pesquisa Cognitiva estabelecido na Divisão de Educação Especializada da Universidade de Witwatersrand em 1990. Tem por objetivo geral desenvolver a formação de uma abordagem efetiva a ser utilizada por educadores na melhoria do processo educacional de crianças em sociedades multiculturais. Os objetivos específicos visam estimular a aprendizagem autônoma, liberar o potencial, promover a utilização de habilidades efetivas de pensamento, desenvolver habilidades interacionais, melhorar a educação familiar, remediar as disfunções cognitivas, analisar pontos fortes e fracos do desenvolvimento cognitivo e encorajar a metacognição, isto é, "pensar sobre o pensar". O programa está dividido em duas seções como mostra o Quadro I:

Quadro I – Conteúdos do programa "Aprendizagem mediada dentro e fora da sala de aula"

Seção I **Aprendizagem Mediada**	**Seção II** **Funções e Disfunções Cognitivas**
• Explica os conceitos da EAM. • Convida a uma aprendizagem participativa por meio de interações. • Avalia a experiência de aprendizagem verificando em que medida ela foi efetiva. • Oferece idéias para a implementação da EAM: · na educação · em atividades de aconselhamento · na relação pais e filhos	• Mostra a relação das fases de *input*, de elaboração e de *output* do pensamento. • Demonstra como um professor pode identificar um aluno que esteja enfrentando dificuldades cognitivas na sala de aula. • Oferece estratégias para que o professor supere essas dificuldades. • Conecta as estratégias de "remediação" com os critérios de mediação propostos por Feuerstein.

Fonte: Mentis, M. (1997). Aprendizagem Mediada dentro e fora da sala de aula (adaptado).

Os programas de estimulação precoce, por sua vez, visam a formação do mediador, centrado na figura materna, por considerá-la principal cuidadora da criança a longo prazo. Uma avaliação desses programas foi apresentada pela Organização Mundial da Saúde

(OMS), Divisão de Saúde Mental no relatório "Promovendo o Desenvolvimento Psicossocial de Crianças" (*Improving the Psychosocial Development of Children)*, em Genebra em 1995 (WHO, 1995). Neste relatório são destacados três programas que visam a estimulação e educação infantil, baseados na fundamentação teórica da Experiência da Aprendizagem Mediada (EAM), a saber: o "Programa de Intervenção Mediada para Sensibilização de Cuidadores" (*Mediational Intervention for Sensitizing Caregivers* – MISC), o "Projeto Bergen" e o "Programa de Enriquecimento das Interações entre Mãe e Criança" (*Programme for the Enrichment of Interactions Between Mother and Child* – OMS-PEIMAC).

O MISC, desenvolvido por Klein (1996), visa modificar ou melhorar o relacionamento interativo entre a mãe e a criança. O programa teve seu início em Israel e expandiu-se para vários outros países, em diferentes culturas. Klein utiliza os cinco critérios principais da EAM, considerados características universais da interação entre o adulto e a criança, para qualificar uma interação como aprendizagem de experiência mediada para a criança. A identificação desses critérios trouxe implicações para a construção e avaliação de ambientes promotores de desenvolvimento cognitivo de crianças pequenas e para a identificação de fatores de riscos ambientais. Os cinco critérios foram redefinidos operacionalmente focalizando os processos e as necessidades intelectuais e socioemocionais envolvidos na mediação de desenvolvimento e aprendizagem. As definições e exemplos encontram-se no Quadro II.

O Pojeto Bergen, desenvolvido por Hundeide (conforme citado por WHO, 1995) na Universidade de Bergen, na Noruega, teve a proposta de realizar uma avaliação crítica ao Programa MISC. Segundo Hundeide, o Programa MISC apresenta algumas deficiências, tais como pouca ênfase nos modelos de expressão emocional do relacionamento e comunicação entre mãe e filho, dificuldade de comunicação verbal com os cuidadores acerca dos critérios mediacionais e pouco ajuste e sensibilidade às diferenças culturais (WHO, 1995). Considerando essas deficiências, Hundeide introduziu no Projeto

Quadro II – Critérios de mediação do MISC – exemplos de processo, necessidades intelectuais e necessidades socioemocionais

Critérios de Mediação do MISC	Exemplos de Processo	Necessidades Intelectuais	Necessidades Socioemocionais
1. Focalizar (Intencionalidade e Reciprocidade)	• Fazer os estímulos do ambiente serem compatíveis com as necessidades das crianças: · trazer o estímulo mais próximo · promover entretenimentos repetidos · seqüenciar · agrupar ajudando a criança a focalizar, ver, ouvir, sentir claramente	• Necessidades relacionadas primariamente a desempenho intelectual. • Necessidade de percepção focal ou precisa (*versus* exploração visual "scanning"). • Necessidade de expressão precisa.	• Necessidade de focalizar e decodificar expressões emocionais através da face e do corpo. • Necessidade de modificar seu próprio comportamento ou seu ambiente, a fim de mediar os outros (fazer a outra pessoa ver ou entender).
2. Excitação (Significado)	• Expressar excitação através de vocalização, verbalização ou comportamento não verbal sobre experiências, objetos, pessoas etc. • Nomear, identificando.	• Necessidade de procurar novas experiências significativas (isto e, ouvir, procurar, experimentar coisas que lembrem experiências passadas significativas). • Necessidade de responder de forma a expressar significado e excitamento (sonorizar, aparentar e sentir-se excitado). • Necessidade de investir energias nas atividades significativas (motivação intrínseca).	
	• Explicar, elaborar, associar e ativar consciência para aspectos metacognitivos do pensamento.	• Necessidade de ir além do sentido imediato. Procurar a informação completa através de exploração.	• Necessidade de pensar sobre o seu próprio sentimento e o sentimento dos outros.

3. Expansão (Transcendência)		• Pedir informação a outras pessoas e a outras fontes. • Necessidade de relacionar, associar, relembrar informação do passado e antecipar experiências do futuro.	• Necessidade de relacionar seqüências de causa e efeito na interação social.
4. Encorajar (Senso de Competência)	• Elogiar de forma significativa para a criança. • Deixar claro o msucesso e identificar as suas razões. • Relacionar aspectos positivos à experiência.	• Necessidade de procurar experiências bem-sucedidas. • Necessidade de resumir suas próprias atividades e determinar o que leva ao sucesso.	• Necessidade de agradar aos outros e ganhar sentimentos mediados de competência. • Necessidade de identificar o que agrada diferentes pessoas. • Necessidade de fornecer aos outros sentimentos mediados de competências.
5. Organizar e Planejar (Regulação de Comportamento)	• Regular para atingir velocidade, precisão, força e seqüência de atividades.	• Necessidade de planejar antes de agir, isto é, necessidade de considerar soluções possíveis antes de responder (examinar alternativas) clarear objetivos, encontrar sub-objetivos. • Necessidade de regular o ritmo, de suas próprias atividades. • Necessidade de regular o nível de energia investida em cada tarefa.	• Necessidade de controlar seus próprios impulsos em situação sociais. • Aprender alternativas aceitáveis de expressar suas próprias emoções (isto é, regular o ritmo e intensidade de suas próprias respostas sociais de sentimento de "raiva" ou "prazer").

Fonte: Klein, P. S. (1996). Early Intervention: Cross-Cultural Experiences with a Mediational Approach, Garland Publishing, Inc. New York and London (traduzido e adaptado).

Bergen o aspecto expressivo-emocional da interação como sendo componente básico a ser adicionado às experiências de aprendizado mediado. Nesse sentido, criou um novo programa de sensibilização, expandindo os cinco critérios de mediação do MISC denominado *"As 8 Regras da Boa Interação"*. Este programa incluiu quatro regras relacionadas ao componente expressivo-emocional (comunicação emocional) e quatro voltadas para fortalecer a mediação do significado e da expansão (mediação e enriquecimento). Essas regras estão apresentadas no Quadro III.

Quadro III – "As 8 Regras da Boa Interação" do Projeto Bergen

Comunicação Emocional	Mediação e Enriquecimento
1. Expressar amor	1. Concentrar atenção e compartilhar experiências
2. Ter uma "conversa com a criança"	2. Dar sentido ao mundo da criança
3. Acompanhar a conduta da criança	3. Ampliar a experiência da criança
4. Demonstrar apreço com relação àquilo que a criança planeja fazer	4. Aprender regras, limites e valores

Fonte: WHO – *Improving the psychosocial development of children*. Geneva, 1995 (traduzido e adaptado).

O PEIMAC consiste em um programa de sensibilização voltado para cuidadores desenvolvido pela OMS. Este visa melhorar a estimulação psicossocial da criança através da adequação da qualidade da interação mãe-criança, buscando um relacionamento emocional e interativo. O programa enfatiza principalmente a estimulação propiciada pelo relacionamento humano, ao abordar a qualidade da interação entre a figura materna e a criança como algo que pode ser melhorado dentro de qualquer contexto cultural, independente dos recursos materiais disponíveis.

Com base no Projeto Bergen, a OMS tem proposto modificações para que o PEIMAC possa ter validade em diferentes ambientes culturais, respeite as diferentes práticas de educar as criança e esteja mais voltado para a população geral do que para amostras ou grupos específicos de risco. O Programa PEIMAC apresenta as características resumidas no Quadro IV.

Quadro IV – Características do Programa PEIMAC

	Características do Programa PEIMAC
1.	Ênfase na importância da estimulação humana ótima da primeira infância (zero a três anos).
2.	Introdução de um modelo interacional centrado na qualidade de interação entre cuidador e criança.
3.	Utilização de estratégia educativa baseada nas "Oito Regras da Boa Interação".
4.	Apoio em princípios universais do desenvolvimento infantil aplicáveis em diferentes contextos culturais
5.	Orientação mais voltada para a população geral do que para os grupos específicos de risco.
6.	Aplicação durante o estágio da primeira infância: zero a três anos de idade.
7.	Dispensa recurso material para aplicação.
8.	Ênfase nos recursos humanos positivos.
9.	Desenvolvimento do programa inserido como parte integrante do sistema básico de saúde, com características de um programa de intervenção educacional infantil planejado para promover a estimulação psicossocial na primeira infância.
10.	Adaptação cultural/regional/local sempre que necessário, dos princípios universais do programa, conforme os critérios dos profissionais da saúde do contexto específico e sob supervisão da OMS se necessário.

Fonte: WHO – *Improving the psychosocial development of children.* Geneva, 1995 (traduzido e adaptado).

Os diferentes programas de mediação do desenvolvimento e aprendizagem apresentados visam a estimulação precoce como um elemento diferencial em relação a programas anteriores, na medida em que se centra prioritariamente na interação humana qualificada agindo efetivamente entre os estímulos ambientais e as respostas da criança. A dinâmica mediacional pressupõe uma ativa regulação entre as dimensões e os efeitos dos estímulos oferecidos à criança. Visa desta forma assegurar a quantidade e qualidade "ótimas" para propiciar a estimulação precoce adequada e não excessiva, pois esta última pode prejudicar a promoção do desenvolvimento infantil.

A Mediação Materna de Desenvolvimento como Mecanismo Protetor às Crianças em Risco Ex-prematuras – um Estudo sobre Padrões Interativos

A preocupação da OMS com programas que promovam o enriquecimento das interações mãe–criança corrobora os dados das pesquisas que apontam a importância dessa relação para o desenvolvimento psicossocial adequado das crianças. Quando se trabalha com grupos de crianças em risco, busca-se potencializar a interação mãe–criança adequada, uma vez que esta, além de promover o desenvolvimento, funciona como recurso protetor para minimizar ou neutralizar o risco, evitando transtornos no desenvolvimento da criança. Porém, antes de implementar qualquer programa é fundamental, como recomenda a OMS, o conhecimento das formas de interação do grupo junto ao qual se pretende intervir. Não se deve partir de idéias preconcebidas, ao contrário, deve-se ter visão aprofundada dos mecanismos interacionais utilizados pelo grupo em questão como primeiro passo para o sucesso de qualquer programa de estimulação precoce mediada.

Portanto, compreender a relação existente entre a mediação materna de desenvolvimento e o comportamento de crianças em risco para transtornos é de fundamental importância, visto que o desenvolvimento da criança ocorre em/e através de contextos interacionais, e a mãe desempenha um papel central nesses contextos como cuidadora primária e de longo prazo.

A caracterização desses aspectos na fase pré-escolar é necessária, considerando-se que esta fase constitui um dos marcos evolutivos importantes da trajetória de desenvolvimento das crianças ex-prematuras. Após ter passado pelo período de aquisição e de domínio de habilidades verbais e motoras, a criança na fase pré-escolar depara-se com novas demandas e desafios desenvolvimentais. Trata-se de um período que precede a idade escolar e, por isso, exige uma ampliação do mundo social da criança para além do meio familiar, maior autonomia e independência em relação aos seus pais e preparação para o aprendizado formal (Coll, Palacios e Marchesi, 1995). Sabe-se que crianças ex-prematuras, na fase escolar, revelam mais comprometimentos nas áreas cognitiva, comportamental e de aprendizagem do que crianças nascidas a termo (Buck, Msall, Schisterman, Lyon e Rogers, 2000; Nadean, Boivin, Tessier, Lefebvre e Robaey, 2001; Taylor, Klein, Schatschneider e Hack, 1998; Gross, Mettelman, Dye e Slagle, 2001). Nesse sentido, conhecer recursos ou mecanismos protetores das adversidades experienciados antecipadamente à entrada na escola permitirá traçar medidas preventivas para desordens desenvolvimentais e de aprendizagem.

O estudo realizado por Martins e cols. (Martins, 2001; Martins, Linhares, 2001) avaliou 30 díades mãe–criança pré-escolar de seis anos de idade, subdivididas em dois grupos diferenciados quanto à história neonatal das crianças. Este trouxe contribuições para o entendimento de indicadores da mediação de desenvolvimento dessas crianças à luz dos conceitos de mediação de aprendizagem apresentados anteriomente. Foram comparadas 15 crianças nascidas com muito baixo peso (< 1.500g) (*crianças ex-prematuras*) a 15 crianças nascidas a termo (*crianças a termo*), no Hospital das Clínicas da FMRP-USP, e suas respectivas mães. Os grupos foram emparelhados quanto a idade e gênero das crianças. As famílias das crianças apresentavam nível sócio-econômico-cultural em desvantagem, ou seja, em ambos os grupos 80% ou mais dos pais concluíram, no máximo, apenas o ensino fundamental e cerca de 70% dos pais que trabalhavam tinham ocupação não qualificada ou de qualificação inferior. As mães de ambos os grupos apresentaram nível intelectual comparável através do teste de Raven.

Quanto às características psicológicas das crianças, verificou-se os seguintes resultados. Com relação ao nível intelectual das crianças dos grupos de ex-prematuras e a termo, aos seis anos de idade, a maioria (80% e 87%, respectivamente) apresentou sinais de recursos intelectuais medidos através do teste de Raven. Paralelamente, a maioria das crianças ex-prematuras (67%) e das crianças a termo (60%) apresentaram indicadores de problemas de comportamento, segundo a percepção das mães, avaliada através da Escala Comportamental de Rutter (ECI). Os itens de comportamento *dor de estômago ou vômito* e *medo ou receio de coisas novas ou situações novas* apresentaram diferenças significativas entre os dois grupos. Segundo a percepção das mães, as crianças do grupo muito baixo peso eram significativamente mais medrosas frente a situações novas e com maior número de queixas de dores de estômago ou vômito do que as crianças do grupo controle.

As mães responderam a uma entrevista estruturada, a fim de se conhecer a história pregressa e situação atual das crianças, e participaram junto com a criança de uma observação sistemática em situação estruturada lúdica-livre, com duração de 15 minutos, a fim de caracterizar a mediação materna de desenvolvimento. Estruturou-se essa situação com base no pressuposto de estudos sobre mediação materna com crianças pré-escolares de que os comportamentos da díade manifestados em contexto experimental semi-natural podem refletir os processos interacionais espontâneos que ocorrem no ambiente do lar (Klein, 1988, 1996; Klein e Aloni, 1993, Tzuriel, 1999).

Na situação *lúdica-livre*, a mãe foi orientada a brincar livremente com a criança com materiais lúdicos ou pedagógicos disponíveis sobre a mesa (lápis grafite, borracha, folhas sulfite, almaço e dobradura, canetas hidrocor, lápis de cor, giz de cera, cola colorida, cola bastão, massinha de modelar, tesoura, um livro de história, um balde de pinos de montar, uma caixa contendo brinquedos: avião, homens de borracha, bichinhos de borracha e mobiliário em miniatura).

A sessão foi filmada e gravada e posteriormente foram elaboradas e aplicadas categorias para análise dos tipos de episódios de contatos interativos e das verbalizações maternas que foram analisadas em termos de porcentagem ou taxa de incidência, dependendo da natureza do dado. As taxas de incidências foram calculadas dividindo-se as incidências das categorias em questão no intervalo de um minuto pelo total de intervalos de tempo da observação. Os principais resultados desse estudo serão apresentados a seguir.

Mediação Materna em Situação Natural no Lar: Participação na Rotina da Criança e Percepção do Relacionamento com a Criança, segundo Informações da Mãe

Quanto à relação da mãe com a criança aos seis anos de idade no ambiente familiar, segundo relato das mães, foi identificada uma tendência de as mães do grupo de crianças ex-prematuras participarem de modo intensivo na rotina da criança, estando mais presentes e disponíveis no lar do que as mães do grupo de crianças a termo. Essa maior disponibilidade pode também ser percebida pelo fato de haver mais mães no grupo de ex-prematuros que não trabalhavam fora do lar em comparação às mães de crianças nascidas a termo. Quanto à qualidade do relacionamento entre mãe e criança no ambiente familiar, as mães de ambos os grupos avaliaram-no positivamente.

Deve-se salientar a importância de que a maior disponibilidade materna precisa constituir-se em mecanismo de "proteção" e não de "superproteção" à criança; este último constitui-se em fator de risco ao desenvolvimento, na medida em que não instrumenta ou prepara a criança para o enfrentamento adaptativo das demandas e desafios da vida.

Nesse contexto, somente a exposição à presença continuada da mãe no lar, ou seja, maior disponibilidade desta para a criança, pode não ser suficiente para garantir a qualidade do relacionamento interpessoal que se estabelece entre a mãe e a criança. Para tanto, a mediação materna de aprendizagem pode ser destacada como medida fundamental na compreensão dos mecanismos de promoção do desenvolvimento da criança. Esta deve atender à regulação da interação da díade mãe–criança, em contraposição à simples exposição de contato entre ambos. Necessita-se, portanto, analisar adequadamente como se processa a interação diádica entre mãe e criança ex-prematura.

Mediação Materna e Comportamento da Criança em Situação Estruturada de Observação da Interação Mãe–Criança

A análise da mediação materna e do comportamento da criança em situação estruturada de observação da interação mãe – criança, desenvolvendo *atividades lúdicas-livres* parece confirmar a apreciação materna positiva da sua relação com a criança. Frente à oportunidade de interagir com a criança em situação estruturada para avaliar o comportamento mediacional das mães, a maioria destas conseguiu demonstrar recursos potenciais favoráveis à estimulação adequada da criança.

Os resultados dessa observação permitiram detectar, de um lado, algumas tendências de características comuns a ambos os grupos (crianças ex-prematuras e crianças nascidas a termo) e, por outro lado, algumas características individuais específicas reveladoras de variação intragrupo nas crianças ex-prematuras.

A Tabela I mostra os tipos de episódios de contato interacional que ocorreram, em ordem de maior incidência, nos grupos de crianças ex-prematuras e crianças nascidas a termo.

Tabela I – Tipos de episódios de contato estabelecidos entre as mães e as crianças-medianas das taxas de incidências dos dois grupos de crianças

Tipos de episódios de contato	Definição	Crianças ex-pre-maturas	Crianças nascidas a termo
Intercâmbio iniciado pela mãe	Mãe procura comunicação com a criança e esta responde à comunicação; entende-se por comunicação ou resposta qualquer verbalização ou atividade motora.	0,80	0,73
Intercâmbio iniciado pela criança	Criança procura comunicação com a mãe e esta responde à comunicação; entende-se por comunicação ou resposta qualquer verbalização ou atividade motora.	0,67	0,60
Ausência de interação	Mãe e criança sem interação verbal ou motora por um tempo mínimo de cinco segundos.	0,53	0,33
Observação da criança pela mãe	Mãe direciona olhar para a criança, observando-a por tempo mínimo de cinco segundos.	0,40	0,27
Iniciativa da mãe de intercâmbio sem resposta	Mãe procura estabelecer comunicação através de verbalização e/ou atividade motora com a criança e esta não responde.	0,13	0,07
Iniciativa da criança de intercâmbio sem resposta	Criança procura estabelecer comunicação através de verbalização e/ou atividade motora com a mãe e esta não responde.	0,07	0
Observação da mãe pela criança	Criança direciona olhar para a mãe, observando-a por tempo mínimo de cinco segundos.	0,07	0

Os achados sobre os tipos de episódios de contato interacional indicaram a presença marcante da bidirecionalidade e de intercâmbios orientados para a realização de atividades. Esta característica de interação interpessoal desencadeada pelas mães tem sido destacada por Feuerstein e cols. (1980) e Tzuriel e Haywood (1992) como um dos cinco critérios relevantes para definição da qualidade dos processos de mediação social.

De forma semelhante ao grupo de crianças nascidas a termo, as mães das crianças com história de vulnerabilidade, devido ao nascimento pré-termo, apresentaram indicadores de reciprocidade na interação e de regulação do comportamento da criança com padrões de sincronia. O estabelecimento de iniciativas e respostas sincronizadas mostra-se contrária ao padrão de intrusividade materna encontrado em alguns estudos sobre crianças prematuras (Kennell e Klaus, 1992; Barrat e cols.1996; Laucht e cols. 1997). A mediação materna recíproca, intencional e regulada ao comportamento da criança consiste em critério significativo da qualidade da relação, tão necessário em crianças em risco para problemas de desenvolvimento.

Se por um lado, a soma da vulnerabilidade da criança e da adversidade ambiental podem levar à condição de "múltiplo risco", por outro lado a inter-relação entre vulnerabilidade da criança e qualidade ambiental podem desencadear o processo de resiliência, graças ao interjogo entre risco e proteção (Yunes e Szymanki, 2001).

Considerando-se que as crianças ex-prematuras do presente estudo incluem-se entre o grupo de múltiplo risco, devido a sua condição de vulnerabilidade biológica neonatal e condição de nível socioeconômico menos favorecida, a característica de mediação materna de reciprocidade e intencionalidade pode ser considerada um recurso potencialmente protetor do desenvolvimento dessas crianças. Os mecanismos protetores advindos do ambiente familiar e educacional da criança são destacados por Rutter (1987), Sroufe e Rutter (2000) e Sameroff (2000) como processos capazes de neutralizar ou minimizar os efeitos adversos do risco. Estes muitas vezes não podem ser eliminados da história de desenvolvimento e aprendizagem da criança, como no caso do nascimento pré-termo e de muito baixo peso, mas seus efeitos podem ser minimizados.

Esses dados ilustram a importância de se analisarem fatores proximais interativos do ambiente, mais do que apenas indicadores de fatores distais como o nível socioeconômico, para melhor compreensão dos mecanismos de risco proteção ao desenvolvimento da criança de múltiplo risco.

Os conteúdos verbais maternos, veiculados na interação com as crianças ex-prematuras, seguem a mesma direção encontrada nos episódios de contato com relação às características de intencionalidade e de regulação de comportamento das crianças. No Quadro V encontram-se as categorias de conteúdos verbais maternos, que apresentaram maiores porcentagens.

Verificou-se que, ao envolver a criança para participar das atividades, fornecer informações e solicitar sua atenção, as mães interagiam com intencionalidade, reciprocidade e regulação do comportamento da criança. Segundo Feuerstein (1980) e Tzuriel e Haywood (1992), a combinação desses três aspectos é sobremaneira relevante para o estabelecimento da mediação significativa de aprendizagem. A regulação do controle do comportamento pressupõe que o mediador controla o sistema de resposta da criança antes que um comportamento se manifeste, com a finalidade de inibir a impulsividade ou acelerar a atividade da criança. A modulação da resposta auxilia no desenvolvimento da criança em risco.

Verificou-se que o conteúdo das verbalizações maternas durante a situação lúdica livre apresentou similaridade entre os dois grupos estudados. As mães de ambos os grupos apresentaram alta porcentagem de verbalizações no sentido de estimular a participação da criança na realização da atividade proposta, de fornecer informações, pistas e de atribuir significados aos estímulos dispostos sobre a mesa. O segundo tipo de conteúdo refere-se às informações fornecidas pelas mães, que atendiam muitas vezes às questões formuladas pela criança. O terceiro conteúdo verbal que mais ocorreu nas verbalizações maternas relacionava-se a um conjunto de solicitações feitas à criança, predominando as solicitações de atenção.

Quadro V – Categorias de conteúdos das verbalizações maternas na interação com crianças ex-prematuras em ordem de maior porcentagem – definição e exemplos.

Categorias do conteúdo Vverbal materno	**Definição**	**Exemplos**
Envolvimento à participação		
Estímulo à participação	A mãe incentiva a participação através de interrogações ou exclamações.	• M: *Vai deixar a casa sem pintar?*
Exigência de desempenho	A mãe instiga a criança a realizar a tarefa através de instrução ou orientação.	• M: *Agora pinta.* • M: *Então pega o cor-de-rosa.*
Informação		
Específica	A mãe fornece pista ou explicação à criança, discriminando ou descrevendo a característica da atividade.	• M: *Pinta aqui dentro de verde.*

Inespecífica	A mãe fornece pista ou explicação à criança, contendo informações vagas.	• (C: Cadê o telhado?) M: *Aqui.*
Mista	A mãe fornece pista ou explicação à criança, contendo informação inespecífica associada à informação específica.	• M: *Aqui é massinha.* • M: *Aqui é a frente dela.*
Solicitação		
Atenção Esclarecimento	A mãe direciona a atenção da criança para determinado foco. A mãe interroga a criança para compreender seu comportamento.	• M: *A árvore, ó!* • M: Qual lápis?
Controle de impulso	A mãe verbaliza visando interromper, conter ou adiar o comportamento da criança.	• M: *Espera.* • M: *Cuidado que isso aí quebra.*
Feedback de confirmação	A mãe interroga a criança sobre a tarefa buscando aprovar seu comportamento.	• (C: Eu sei fazer na creche.) M: *Na crech você fazia?*

Destaca-se o fato de que o envolvimento à participação na atividade, através de estímulo e exigência de desempenho, na situação lúdica-livre, foi mais freqüente nas mães de crianças ex-prematuras do que nas mães das crianças nascidas a termo. A verbalização da mãe no sentido de chamar a atenção da criança para a atividade possivelmente ocorreu devido ao fato de as crianças nascidas pré-termo apresentarem muitas vezes déficit na atenção seletiva (Whitfield e Grunau, 2000), conseqüentemente necessitando serem controladas nesse sentido. Nota-se que, ao procurar centrar a criança na atividade, solicitando sua atenção e participação, as mães das crianças ex-prematuras estão mediando o comportamento desta para que ela produza e mantenha-se ativa realizando ações orientadas para a tarefa.

Em continuidade a esse estudo, realizou-se novas análises do grupo de crianças ex-prematuras para aprofundar o conhecimento acerca das características de regulação interativa entre o comportamento materno e o comportamento da criança. Observou-se também a interação das díades mãe–criança em contexto orientado para o ensino de uma atividade específica e não mais brincando livremente. Buscou-se investigar a mediação materna no ensino de um jogo à criança, através da realização de quatro quebra-cabeças. Com isto, podia-se observar a adequação dos esforços maternos para instruir a criança, assim como observar o desempenho alcançado pela díade em uma tarefa que envolvia acerto e erro e, portanto, sucesso ou fracasso na resolução de um problema. Foi realizada uma análise comparativa do padrão interativo apresentado na situação de ensino de jogo com o do apresentado na situação lúdica-livre descrita anteriormente.

Klein (2002) comparou especificamente os resultados de 15 díades de crianças ex-prematuras na observação estruturada de ensino de jogo com os resultados da situação lúdica-livre obtidos por Martins (2001). Na situação de ensino de jogo a mãe era orientada para ensinar uma atividade de quebra-cabeça para seu (sua) filho (a). A sessão foi filmada e gravada para posterior análise. Foram aplicadas categorias para análise de: a) tipos de episódios de contatos interativos; b) verbalizações maternas; c) verbalizações das crianças ao brincar livremente e no ensino do jogo; d) atividades realizadas ao brincar; e) desempenho de sucesso ou fracasso no jogo. Os itens *a* e *b* foram analisados de acordo com os mesmos sistemas de categorais apresentados anteriormente. Os dados foram analisados em termos de porcentagem ou taxa de incidência, dependendo da natureza do dado. As taxas de incidências foram calculadas dividindo-se as incidências das categorias em questão no intervalo de um minuto pelo total de intervalos de tempo da observação. Os principais resultados estão descritos a seguir.

O padrão interativo da díade mãe–criança ex-prematura na situação de ensino de jogo confirma a presença marcante da bidirecionalidade e da interação orientada para a tarefa proposta, semelhante ao padrão encontrado anteriormente na situação de brincar livremente. Predominaram no ensino de jogo, assim como na situação lúdica-livre, os intercâmbios iniciados pela mãe (Mediana = 0,79 e 0,80, respectivamente) e iniciados pela criança (Mediana = 0,50 e 0,67, respectivamente). Estes achados mostram que as mães das crianças com história de vulnerabilidade devido ao nascimento prétermo apresentaram indicadores de reciprocidade na interação e de regulação do comportamento da criança com padrões de sincronia, tanto na situação livre quanto na situação que envolve ensinar determinada tarefa.

O estabelecimento de iniciativas e respostas sincronizadas da mãe com a criança na fase pré-escolar mostra-se contrária ao padrão de intrusividade materna encontrado em alguns estudos sobre crianças prematuras mais jovens (Kennel e Klaus, 1992; Barrat e cols., 1996; Lauch e cols., 1997).

Uma análise das verbalizações maternas na situação de ensino de jogo assim como na situação lúdica-livre revelaram a predominância de verbalizações maternas no sentido de envolver a criança à participação por meio de duas formas distintas: através de estimulação, com convite, perguntas ou exclamações, ou através de exigência de desempenho, por meio de instruções ou sentenças imperativas. Ao exigir desempenho, as mães predominantemente referiam-se a questões relacionadas às atividades que estavam sendo desenvolvidas. No situação lúdica-livre essas duas formas ocorreram com proporções semelhantes, enquanto no momento de ensino de jogo, na maior parte das vezes, as mães envolviam a participação da criança estimulando-as. A mãe tinha o papel ativo no sentido de estimular a participação da criança, o que revela intenção de direcionar a ação da criança para a atividade. A variação na forma como as mães o faziam, ora de forma mais diretiva ora de forma mais convidativa, sugere que a mãe está atenta aos sinais e respostas da criança para regular sua interação. Devido ao fato de a situação de ensino de jogo exigir desempenhos mais específicos da criança do que a situação livre, a mãe verbaliza predominantemente de forma mais convidativa, regulada às necessidades da situação.

Uma análise das verbalizações das crianças ex-prematuras nas duas situações (ensino de jogo e lúdica-livre) apresentou as seguintes categorias, em ordem de maior porcentagem.

As crianças ex-prematuras faziam predominantemente comentários e solicitações durante as interações com as suas mães. Na situação de ensino de jogo, predominaram comentários sobre as ações em relação aos que envolvem os estímulos, enquanto no momento lúdico-livre os comentários relacionavam-se às ações, tanto no plano mental quanto no plano concreto, e aos estímulos da situação presente.

Quadro VI – Categorias de conteúdos das verbalizações das crianças na situação estruturada de ensino de jogo, em ordem de maior porcentagem – definição e exemplos.

Categoria do Conteúdo Verbal da Criança	Definição	Exemplos
Comentário		
Comentário envolvendo a ação	A criança verbaliza de forma específica ou inespecífica informações, envolvendo plano de ação ou demonstração de ação que realiza.	C: *Vou montar uma casa.* C: *Depois eu vou brincar com esse.* C: *Será o que eu tô pensando.*
Comentário sobre o estímulo	A criança verbaliza de forma específica ou inespecífica informações, referente aos estímulos ou a seus atributos.	C: *Tem uma privadinha.* C: *O abajur tem que ser aqui.*
Solicitação		
Solicitação de esclarecimento	A criança interroga a mãe, a fim de obter compreensão ou especificação relacionada a atividade ou material.	C: *E como coloca meiodia?* C: *Este brinquedo é para nós brincar.*
Solicitação de aprovação/orientação	A criança busca confirmação ou aprovação referente a seu próprio desempenho ou plano de ação.	C: *Vai ficar bonito?* C: *Que cor eu pinto?*
Solicitação de atenção	A criança procura direcionar a atenção da mãe para um foco.	C: *Olha aqui.* C: *Olha o triângulo.*
Solicitação de material	A criança solicita material para a mãe.	C: *Me dá a canetinha.* C: *Cadê o grafite?*
Solicitação de participação	A criança expressa desejo de engajar-se em uma. atividade em curso ou em uma nova atividade .	M: *Eu queria colar alguma coisa aqui.* (mãe mexendo nos brinquedos) C: *Eu também quero!*

Com relação às solicitações, em ambas as situações, as crianças pediam predominantemente esclarecimento, seguido de solicitação de aprovação ou orientação por parte da mãe. Os comentários envolvendo as ações e os estímulos revelavam a presença das autoverbalizações do tipo fala egocêntrica. Esta constitui-se em processo relevante na formação do pensamento verbal ou da fala interior (Vygotsky, 1988), que desempenha um papel regulador do comportamento.

As solicitações da criança, assim como os episódios bidirecionais, seja desencadeados por ela ou em resposta às iniciativas de contato da mãe, demonstram que as crianças eram ativas nas suas interações. Buscaram informações, orientações e requeriam o suporte materno. O conjunto desses aspectos configura-se indicador positivo na relação mãe–criança, na medida em que a criança se comporta como agente do seu próprio desenvolvimento.

A dinâmica de realização das atividades pelas díades mães–crianças ex-prematuras, nas duas situações de observação, revelou diferenças marcantes relacionadas diretamente com o contexto no qual a interação se inseria e determinadas pela instrução da experimentadora, pelos materiais disponibilizados à díade e, conseqüentemente, pela natureza da atividade desenvolvida. Na situação de ensino de jogo, a dinâmica de realização da tarefa não foi homogênea nas díades. Embora tenham predominado as atividades realizadas pela criança com participação parcial da mãe, também ocorreram atividades compartilhadas, (mãe e criança juntas participavam ativamente da mesma tarefa), atividades em que a mãe realizava a tarefa sozinha (sem a participação da criança) e atividades paralelas, (mãe e criança realizavam atividades separadamente). Na situação lúdica-livre, a atividade de brincar era livre e, portanto, não havia a exigência do cumprimento de uma tarefa específica. A dinâmica de realização foi marcada por atividades em que a criança assumia o papel mais ativo e a mãe participava de modo a auxiliar a criança, direcioná-la à tarefa e dar suporte às suas ações, quando julgava necessário ou quando era requisitada pela criança.

Ao permitir que a criança realize a tarefa fornecendo ajuda parcial ou compartilhando a realização da tarefa com a criança no ensino do jogo, as mães demonstram mediação marcada pela intencionalidade e reciprocidade, regulada às demandas da situação e às necessidades da criança, além de promover senso de competência. Segundo Tzuriel (1999), este critério caracteriza-se pela interação em que o mediador organiza o meio ambiente para assegurar o êxito da criança e a crença na sua capacidade de agir de maneira independente.

Por outro lado, as atividades realizadas pelas mães e crianças de forma paralela ou realizadas pela mãe independente da criança revelaram falta de diretividade e mediação por parte da mãe na mediação da execução das atividades.

Além do processo de interação, também foi analisado o desempenho de sucesso ou fracasso na realização da montagem do quebra-cabeça pelas díades mãe–criança. A maioria das díades (12) conseguiu êxito na tarefa, embora utilizando modalidades de interação com variações individuais. Apenas três díades fracassaram e não conseguiram montar o quebra-cabeça. Supõe-se que isto ocorreu devido ao fato de a mãe não entender a forma de resolução do jogo. Por conseguinte, a mãe não conseguiu promover a mediação adequada para realizar a tarefa nem realizá-la, e a criança, por sua vez, não conseguiu montar os quebra-cabeças.

Das 12 díades que obtiveram sucesso, quatro apresentaram exclusivamente a modalidade de interação de participação ativa da criança na montagem dos quebra-cabeças e participação ativa da mãe em dar instruções, modelos e auxílio, quando necessário (Sucesso da Criança Mediado pela Mãe) e em uma díade a criança realizou todas as montagens com sucesso independente da mãe. As sete díades restantes apresentaram padrões mistos na dinâmica de resolução dos quebra-cabeças, predominando em seis díades a combinação de sucesso da criança mediado pela mãe combinado com sucesso independente da mãe ou da criança, em quatro, ou fracasso da díade, em duas. Em apenas uma díade ocorreu realizações independentes combinadas com fracasso

Em síntese, na situação de ensino de jogo, verificou-se predominantemente que: a) as díades mãe–criança estabeleceram episódios de contato bidirecionais, principalmente iniciados pela mãe; b) as verbalizações maternas focalizavam o envolvimento da criança para participação nas atividades, o fornecimento de informações específicas e solicitações da atenção da criança; c) as verbalizações da criança consistiam em comentários que referiam-se às ações e em solicitações às mães de esclarecimentos, de aprovação ou de orientação; d) as dinâmicas de realização das díades mãe–criança consistiram em atividades realizadas pela criança com auxílio da mãe; e) a maioria das díades conseguiu êxito na tarefa, sendo que predominantemente o sucesso alcançado pela criança foi mediado pela mãe ou o sucesso foi obtido através da mãe realizando sozinha a tarefa independentemente da participação da criança. Os achados sugerem que, em situação estimulada para interação, a mediação materna para o ensino do jogo à criança apresentou características favorecedoras de ensino – aprendizagem do tipo intencionalidade e reciprocidade e regulação do comportamento e da atenção da criança na tarefa. As crianças, por sua vez, demonstraram responsividade e engajamento na tarefa.

Relação entre Características Biológicas, Psicológicas e Sociais da Criança e Padrões Interativos das Díades Mãe–Criança Ex-prematura

A análise focalizando o peso das variáveis biológicas e psicossociais da criança ex-prematura nos dados interacionais das situações lúdica-livre e de ensino de jogo revelou os seguintes resultados. Na situação lúdica-livre, os intercâmbios iniciados pela mãe com respostas das crianças foram melhor explicados pelas variáveis prematuridade da criança (idade gestacional) e comportamento, avaliado segundo a percepção da mãe (escore na ECI). O índice de bidirecionalidade desencadeado pela criança foi mais bem explicado pelo nível intelectual da criança; ou seja, em situação menos estruturada a criança com mais recurso cognitivo desencadeou ativamente mais contatos com a mãe, regulando a responsividade da mesma. Em contrapartida, as iniciativas da mãe de contato sem resposta da criança, as observações passivas e as atividades realizadas pela criança com ajuda parcial da mãe foram mais bem explicadas pelo nível intelectual das mães. Parece que as mães com menos recurso cognitivo foram mais passivas e com menor poder de regular as interações com a criança em situação lúdica-livre. O menor recurso cognitivo pode estar associado ao menor repertório de mediar bidirecionalmente as interações, ou seja, provocando menor responsividade nas crianças. Esses achados sugerem que se somar as dificuldades cognitivas das crianças e das mães tem-se afetado o critério significativo da bidirecionalidade e intencionalidade das interações em situação lúdica livre.

Na situação de ensino de jogo, por sua vez, caracterizada pela instrução fornecida à mãe de ensinar à criança, a atividade realizada por esta com ajuda parcial da mãe, assim como o sucesso alcançado pela criança no jogo com mediação materna, foram mais bem explicados pela variável da prematuridade. No sucesso da criança mediado pela mãe, além do fator prematuridade, acrescentou-se a gravidade neonatal e maior duração da internação na UTIN.

Parece que a situação menos estruturada (lúdica-livre) exigiu mais os recursos cognitivos da criança e da mãe para a regulação interacional, ao passo que na situação mais estruturada com um objetivo a cumprir pela díade mãe–criança (ensino–aprendizagem de um jogo específico) sobressaíram-se as variáveis relativas à vulnerabilidade biológica da criança para explicar a intencionalidade materna de ajuda parcial e mediação para o sucesso do desempenho da criança na resolução da tarefa proposta. As mães parecem investir esforços intencionais no ensino da tarefa à criança a fim de assegurar o desempenho com êxito, constituindo-se em mediadoras da aprendizagem.

Considerações Finais

Ao longo da caracterização da mediação materna e do comportamento do grupo de crianças ex-prematuras pode-se identificar vários indicadores considerados Experiência de Aprendizagem Mediada. Estes puderam ser identificados graças a observação e análise do processo mediacional da díade mãe–criança sob estimulação em situação estruturada de brincar e aprender. Os achados ilustram relevância de avaliar precisamente dificuldades e recursos pessoais da criança ex-prematura, enquanto indivíduo, assim como recursos e dificuldades advindas do contexto desenvolvimental próximo, enquanto processo mediacional materno. Do interjogo dinâmico e bidirecional entre indivíduo e contexto do desenvolvimento e entre recursos e dificuldades pode-se melhor compreender os efeitos da prematuridade na trajetória do desenvolvimento das crianças a médio prazo. Nas díades de crianças nascidas pré-termo foram encontrados padrões interativos típicos de díades mães – crianças nascidas a termo, porém apareceram especifidades da relação entre a variável biológica prematuridade e características de interação social. Nesse sentido, a compreensão dos efeitos dos riscos da prematuridade deve transcender a noção de influência direta no desenvolvimento da criança, na medida em que muitas vezes essa variável será moduladora de comportamentos e processos mediacionais dos cuidadores presentes no contexto desenvolvimental da criança, influindo indiretamente no seu desenvolvimento.

Referências Bibliográficas

Anderson, L. T. Coll, C. G., Vohr, B. R., Emmons, L., Brann, B., Shaul, P. W., Mayfield, S. R. e Oh, W. (1989). Behavioral characteristics and early temperament of premature infants with intracranial hemorrhage. *Early Human Development*, *18*, 273-283. Elsevier Scientific Publisher Ireland Ltd.

Barratt, M. S., Roach, M. A. e Leavitt, L. A. (1996). The impact of low-risk prematurity on maternal behaviour and toddler outcomes. *International Journal of Behavioral Development*, 19 (3), 581-602.

Bradley, R. H; Whiteside, L.; Caldwell, B. M.; Casey, P. H.; Kelleher, K. J.; Pope, S. K., Swanson, M.; Barret, K. e Cross, D. (1993). Mental IQ, the home environment, and child IQ in low birthweight, premature children. *International Journal of Behavioral Developmental*,16 (1), 61-74.

_________; Whiteside, L., Mundfrom, D. J., Casey, P. H., Kelleher, K. J. e Pope, S. K. (1994). Contribution of early intervention and early caregiving experiences to resilience in low – birthweight, premature children living in poverty. *Journal of Clinical Child Psychology*, *23*, 425-434.

Brandt, P.; Magyary, D.; Hammond, M. e Barnard, K. (1992). Learning and behavioral – emotional problems of children born preterm at second grade. *Journal of Pediatric Psychology*, 17 (3), 291-311.

Bronfenbrenner, U. (1996). *A Ecologia do Desenvolvimento Humano: experimentos naturais e planejados.* (M. A. V. Veronese, Trad.). Porto Alegre: Artes Médicas (Trabalho original publicado em 1994).

Buck, G. M.; Msall, M. E.; Schisterman, E. F.; Lyon, N. R. e Rogers, B. T. (2000). Extreme prematurity and school outcomes. *Paediatric and Perinatal Epidemiology*, *14*, 324-331.

Cool, P. C.; Palácios, J. e Marchesi, A. (Orgs.) (1995). *Desenvolvimento psicológico e educação: Psicologia evolutiva.* (A. M. Alves, Trad.). Porto Alegre: Artes Médicas (Trabalho originalmente publicado em 1993).

Dammam, O.; Walther, H.; Allers, B.; Schröder, M.; Drescher, J.; Lutz, D.; Veelken, N. e Schulte, F. J. (1996). Development of a regional cohort of very low – birthweight children at six years cognitive abilities are associated with neurological disability and social background. *Developmental Medicine and Child Neurology*, 38 (2), 97-108.

Feuerstein, R.; Rand, Y.; Hoffman, M. B. e Miller, R. (1980). *Instrumental Enrichment : An intervention program for cognitive modifiability*. Illionois, Scott, Foresman and Company.

Gross, S. J.; Mettelman, B. B.; Dye, T. D. e Slagle, T. A. (2001). Impact of family structure and stability on academic outcome in preterm on children at 10 years of age. *The Journal of Pediatrics*, 138 (2), 169-175.

Horowitz, F. D. (1992). The concept of risk: a reevaluation in The Psychological Development of low-birthweight children. Em: S. L. Friedman, e M. D. Sigman, *The pychological development of low-birthweight children.* (pp. 61-90). New Jersey: Ablex Publishing Corporation.

Kálmar, M. (1996). The course of intelectual development in preterm and fullterm children: a 8-year longitudinal study. *International Journal of Behavioral Development*,19 (3), 491-516.

Kennell, J. H. e Klaus, M. H. (1992) Atendimento para pais de bebês prematuros ou doentes. Em: M. H. Klaus e J. H. Kennell, *Pais/Bebê – a formação do apego* (D. Batista, Trad.) (pp. 170-244). Porto Alegre: Artes Médicas.

Klein, P. S. (1988). Estability and change in interaction of Israeli mothers and infants. *Infant Behavior and Development, 11*, 55-70.

Klein, P. S. (1996). *Early Intervention: Cross-Cultural Experiences with a mediational approach*, Garland Publishing, Inc. New York and London.

Klein, P. S. e Aloni, S. (1993). Immediate and sustained effects of maternal mediating behaviors on young children. *Journal of Early Intervention, 17*, 1-17.

Klein, V. (2002). *Caracterização de indicadores da mediação maternal e do comportamento de crianças pré-escolares nascidas pré-termo e com muito baixo peso (< 1.500g) em situação lúdica estruturada.* Monografia, Universidade Federal de São Carlos, São Paulo.

Laucht, M.; Esser, G. e Schmit, M. H. (1997). Developmental outcome of infants born with biological and psychosocial risks. *Journal Child Psychology and Psychiatry*, 38 (7), 843- 853.

Lidz, C.; Bond, L. e Dissinger, L. (1990). Consistency of mother-child interaction using the mediated learning experience (MLE) scale. *Special Services in the Schools, 6*, 145-165.

Martins, I. M. B. (2001). *Crianças nascidas pré-termo e muito baixo peso, na fase pré-escolar: história de desenvolvimento.* Tese de Mestrado, Faculdade de Filosofia, Ciências e Letras de Ribeirão Preto – USP, Ribeirão Preto, São Paulo

__________; Linhares, M. B. M.; Martinez, F. E. e Klein, V. C. (2002). Mediação materna do desenvolvimento e aprendizagem: fator de proteção para crianças nascidas pré-termo [Resumo]. Em: Sociedade Brasileira de Psicologia (Org). *Resumos de Comunicações Científicas. XXXII Reunião Anual de Psicologia*. Resumos (pp. 198-199). Ribeirão Preto: SBP.

__________ e Linhares, B. M. (2001). Crianças nascidas pré-termo e muito baixo peso na fase pré-escolar: desenvolvimento, comportamento e mediação materna. *Programa de Pós-graduação em Psicologia.* Tomo II –Livro de Artigos, IV Seminário de Pesquisa. Ribeirão Preto, São Paulo, 267-282.

Mentis, M. (1997). *Aprendizagem mediada dentro e fora de sala de aula* (J. F. Azevedo, Trad.) São Paulo: Instituto Pieron de Psicologia Aplicada.

Moreno, M. C. e Cubero, R. (1995). Relações sociais nos anos pré-escolares: família, escola e colegas. Em: P. C. Coll; J. Palácios e A. Marchesi (orgs). *Desenvolvimento psicológico e educação: Psicologia evolutiva.* (A. M. Alves, Trad.) (pp. 190-202). Porto Alegre: Artes Médicas (Trabalho original publicado em1993).

Nadean, L.; Boivin, M.; Tessier, R.; Lefebvre, F. E Bobaey, P. (2001). Mediators of behavioral problems in 7-year-old children born after 24 to 28 weeks of gestation. *Developmental and Behavorial Pediatrics*, 22 (1), 1-9.

Rutter, M. (1987). Psychosocial resilience and protective mechanisms. *American Orthopsychiatric*, 57, (3), 316-331.

_________ e Sroufe, L. A. (2000). Developmental psychopathology: *Concepts and challenges. Develompental and Psychopathology, 12*, 265-296.

Sameroff, A. J. (2000). Developmental systems and psychopathology. *Development and Psychopathology*, 12, 297-312.

Seifer, R.; Sameroff, A. J.; Baldwin, C. P. e Baldwin, A. (1992). Child and family factors that ameliorate risk between 4 and 13 years of age. *Journal of American Academy of Child and Adolescent Psychiatry*, 31, (5), 893-903.

Sobotková, D.; Dittrichová, J. e Mandys, F. (1996). Comparison of maternal perceptions of preterm and fullterm infants. *Early Development and Parenting*, 5 (2), 73-79.

Taylor, H. G.; Klein, N.; Schatschneider, C. e Hack, M. (1998). Predictors of early school age outcomes in very low birthweight children. *Developmental and Behavorial Pediatrics*, 19 (4), 235-243.

Tzuriel, D. e Haywood, H. C. (1992) Desenvolvimento de enfoques dinâmico – interativos para avaliação do potencial de aprendizagem. Em: H, Haywood. C.; Tzuriel, D *Interactive Assessment*. New York: Springer Velarg.

Tzuriel, D. (1999). Parent-Child Mediated Learning Interactions as Determinants of Cognitive Modifiability: Recent Research and Future Directions. *Genetic, Social and General Psychology Monographs*, 125 (2),109-156.

Vygotsky, L. S. (1988) *A formação social da mente – o desenvolvimento dos processos psicológiocs superiores*. (J. C. Neto, L. S. M. Barreto S. C. Afeche, Trad.) São Paulo: Martins Fontes.

Whitfield, M. F. e Grunau, R. E. (2000). Behavior, pain perception, and the extremely low-birth weight survivor. *Clinics and Perinatology*, 27 (2), 363-379.

Wilfong, E. W.; Saylor, C. e Elksnin, N. (1991). Influences on Responsiveness: Interactions between mothers and their premature infants. *Infant Mental Health Journal*,12 (1) 31-40.

World Health Organization (1995). *Improving the Psychosocial Development of Children: A programme for the enrichment of interactions between mothers and children.* World Health Organization – Division of Mental Health, Geneva: MNH/PSF/95.4.

Yunes, M. A. M. e Szymanski, (2001). H. Resiliência: noção, conceitos afins e considerações críticas Em: J. Tavares. *Resiliência e Educação*. (pp. 13-42). São Paulo: Cortez.

Capítulo 3

Aspectos do Desenvolvimento Psicológico da Criança Ex-prematura na Fase Escolar

Maria Beatriz Martins Linhares
Maria Beatriz Machado Bordin
Ana Emília Vita Carvalho

A Psicopatologia do Desenvolvimento fundamenta-se em estudos sobre *prevenção*, que identificam fatores favorecedores e mantenedores da saúde mental, *diagnóstico*, que focalizam classificações diagnósticas à luz do contexto do desenvolvimento de processos psicopatológicos e *prognóstico*, que traduzem a noção de relação não linear entre o desenvolvimento da criança e o do adulto (Achenbach, 1992; Ciccheti e Cohen, 1995; Sameroff, 2000; Rutter e Sroufe, 2000).

De acordo com essa perspectiva do desenvolvimento, portanto, problemas na área de Saúde Mental da criança podem ser identificados ao longo de um contínuo saúde-doença. Segundo Tuma (1989), através desse contínuo pode-se identificar crianças que apresentam desordens diagnosticadas, crianças que manifestam sinais subclínicos de desordens e crianças que estão em condições de risco para desenvolver desordens.

Os estudos que focalizam os fatores de risco para o desencadeamento de transtornos psicológicos, assim como os mecanismos de proteção à criança, têm cada vez mais se destacado como necessários tanto para a compreensão e promoção do desenvolvimento, quanto para a intervenção preventiva ou terapêutica na área da Saúde Mental da criança.

Na trajetória do desenvolvimento da criança, mesmo antes do nascimento, esta pode estar exposta a múltiplos e contínuos eventos adversos que podem colocar em risco o seu desenvolvimento sadio e pleno. Os fatores de risco são características ou variáveis que podem aumentar a probabilidade de um determinado indivíduo desenvolver determinada desordem, quando comparado a indivíduos da população em geral.

O risco, influência adversa ao desenvolvimento, pode ser de natureza biológica, psicológica ou social e pode ser identificado no indivíduo, no ambiente ou de forma combinada em ambos (Kopp e Kaler, 1989). Quando identifica-se o risco no indivíduo, tem-se constituída a condição de vulnerabilidade do organismo para o enfrentamento das tarefas evolutivas (Yunes e Symanski, 2001). Diversos fatores de risco presentes na vida de um mesmo indivíduo tendem a se multiplicar, antes que apenas somar-se. Isto significa a existência de um efeito multiplicador, em que um fator agrava o outro e assim por diante, formando uma cadeia retro-alimentada de eventos negativos.

Por outro lado, podem ocorrer diferentes trajetórias do desenvolvimento mesmo diante de adversidades, graças ao interjogo que se estabelece entre fatores de risco e mecanismos de proteção ao desenvolvimento (Yunes e Symanskini, 2001). Nesse interjogo atuam recursos do indivíduo e mecanismos protetores do ambiente que podem ser ativados para neutralizar adversidades, vulnerabilidades e riscos ao desenvolvimento adaptativo da criança. Como resultante dessa dinâmica entre risco e proteção pode ser desencadeado o processo de resiliência (Rutter e Sroufe, 2000; Yunes e Symanskini, 2001).

Diferentes estudiosos da Psicopatologia do Desenvolvimento (Rutter e Sroufe, 2000; Sameroff, 2000) adotam para a compreensão de padrões adaptativos de desenvolvimento ou de transtornos de desenvolvimento, o constructo denominado *resiliência.* Esta pode ser entendida como a habilidade do indivíduo em superar adversidades, ou seja, o poder de recuperação que se constrói na trajetória do desenvolvimento.

Entre os fatores de risco na infância tem sido destacado o nascimento pré-termo de muito baixo peso (< 1.500g) como fator de risco biológico ao desenvolvimento e aprendizagem da criança (Werner, 1986; Lewis, Duglokinski, Caputo e Griffin, 1988). Essa condição de nascimento constitui-se em um risco em si para a criança, além de expô-la a uma cadeia de adversidades decorrentes da própria prematuridade.

A prematuridade e muito baixo peso de nascimento consiste em um marco de risco biológico que opera como uma variável proximal para um complexo de condições, sejam biológicas, sejam psicossociais. Considerando que o risco quanto mais persistente mais prejudicial se torna, em comparação a eventos isolados (Hall e Farell, 1988), tem-se então constituída uma situação de agravamento da condição de adversidade a que essas crianças estão expostas. Nesse contexto, impõe-se a necessidade de compreensão e intervenção preventiva ou remediativa para quebrar o círculo vicioso de adversidades, neutralizando o múltiplo risco nesse grupo de crianças e evitando a perpetuação do risco.

Nas últimas duas décadas tem havido um aumento significativo e progressivo dos índices de sobrevivência dessas crianças, graças aos avanços na área médica. Em contrapartida esse avanço exige estudos acerca da qualidade de vida dessa criança e sua integração com o ambiente ao longo da sua trajetória de desenvolvimento. A preocupação com o impacto da condição de prematuridade e baixo peso na relação mãe–bebê e a repercussão dessa condição ao longo do desenvolvimento, aprendizagem e adaptação psicossocial da criança impulsionaram a realização de diversas pesquisas.

Crianças nascidas em condições de baixo peso e de prematuridade, quando comparadas a crianças nascidas a termo com peso igual ou superior a 2.500g, são mais propensas a apresentar: a) *deficiências cognitivas* (Bradley, Whiteside, Caldwell, Casey, Kelleher, Pope 1994; Laucht, Esser e Schimit, 1997; Carvalho, Linhares e Martinez, 2001; Linhares, Carvalho, Bordin, Chimello, Martinez e Jorge, 2000); b) *desordens emocionais* (Bordin, 2000; Whitfield e

Grunau, 2000; Linhares e cols., 1999); c) *problemas de aprendizagem* (Taylor, Hack, Klein e Schatschneider, 1995; Hack, Taylor, Klein, Eiben, Schartschneider e Mercuri-Minich, 1994; Whitfield e Grunau, 2000); d) *dificuldades comportamentais* (Levy-Shiff e cols., 1994; Laucht e cols, 1997; Linhares e cols. 1999). Além disso, tem sido verificado que quanto mais baixo o peso de nascimento das crianças nascidas com peso abaixo de 2.500g, mais ocorrem dificuldades ao longo do desenvolvimento (Pieuch e cols., 1997; Bordin , 2000).

Ressalta-se, porém, que as *condições neurológicas* (Jakobson, Frisk, Downie e Whyte, 2001) e *as condições ambientais familiares* (Linhares e cols., 2000) da criança podem atuar de modo significativo atenuando ou agravando o desencadeamento dessas dificuldades.

A avaliação de 115 crianças de oito a nove anos nascidas com menos de 800g, internadas em UTIN e expostas a episódios repetidos de dor nesse período de internação, revelou que: 14% apresentaram deficiência severa múltipla, 13% eram limítrofes e o restante apresentava problemas de coordenação viso-motora, problema de memória visual e desempenho escolar pobre. Das 115 crianças avaliadas, 47% apresentavam problemas de aprendizagem em múltiplas áreas. Na adolescência acentuavam-se as dificuldades na escola, as dificuldades de interação e a baixa auto-estima, além de manifestações de ansiedade e depressão (Whitfield e Grunau, 2000).

Crianças nascidas pré-termo na fase escolar em comparação com crianças nascidas a termo apresentam atraso ou déficit em atenção seletiva, orientação e concentração em explorar estímulos novos, habituação menos eficiente para estímulos visuais e codificação de informação, conforme relatado no estudo de revisão de Whitfield e Grunau (2000). Segundo os autores, o estresse crônico experimentado no tratamento intensivo e invasivo da UTIN interfere nos processos de auto-regulação integrativa das crianças. As funções superiores executivas, incluindo planejamento, atenção, resolução de problemas e habilidade em lidar com tarefas novas são mais problemáticas em prematuros, independentemente de inteligência, quando comparados com crianças nascidas a termo, aos três, quatro e oito anos.

As crianças nascidas pré-termo comparadas a crianças a termo aos três, quatro e oito anos de idade apresentam as seguintes desvantagens no desenvolvimento: preferem tarefas mais fáceis, apresentam baixo senso de auto-eficácia, reagem ao fracasso de modo irreal e precisam de constante elogio e encorajamento, ou seja, de motivação extrínseca (apud, Whitfield, Grunau, 2000).

Em geral, nas crianças nascidas pré-termo com muito baixo peso podem ocorrer deficiências, porém se estas são observadas no início do desenvolvimento dos bebês podem ser superadas a médio e longo prazo, justificando-se estudos de seguimento longitudinal que focalizem diferentes etapas evolutivas da criança. Estes devem contemplar grandes marcos do desenvolvimento, como por exemplo, a fase de aquisição e domínio da linguagem e, posteriormente, de entrada na escola para o início do processo de escolarização, ou seja, de aprendizagem formal.

Em particular, a fase de escolarização reveste-se de extrema importância devido a ser um período de grandes demandas e desafios para a criança, com exigências de produtividade e realizações, através do desempenho acadêmico, e de sociabilidade em contexto social diverso ao ambiente familiar, através da interação com pares e com adultos estranhos.

O Impacto da Prematuridade no Desenvolvimento da Criança na Fase Escolar

A pesquisa: objetivo, participantes e contexto

Buscando compreender em nosso meio o impacto da prematuridade no desenvolvimento da criança na fase escolar, implementouse uma linha de investigação com o objetivo geral de avaliação da qualidade de vida, a médio prazo, de crianças na fase de aprendizado formal que foram bebês sobreviventes e vulneráveis devido ao enfrentamento de condições perinatais adversas que incluíam: gestação de risco, nascimento pré-termo (< 37 semanas de idade gestacional) e de muito baixo peso (< 1.500g), comprometimento neonatal que exigiram procedimentos médicos invasivos (intubação, cirurgias, etc.) e internação prolongada (três meses em média) em Unidade de Tratamento Intensivo Neonatal com experiências diárias de dor e estresse inerentes ao tratamento clínico recebido.

Para atender a este objetivo geral foram desenvolvidos projetos de pesquisa com objetivos específicos, comparando-se crianças nascidas pré-termo com muito baixo peso (< 1.500g), respectivamente, a: a) crianças nascidas baixo peso limítrofe (2.000 a 2.500g) (Bordin, 2000); b) crianças nascidas a termo arregimentadas no hospital (Carvalho, 2000); c) crianças nascidas a termo arregimentadas na escola (Chimelo, Carvalho, Bordin, Linhares e Martinez, 2001).

Estes estudos envolveram a comparação, através de avaliação psicológica, de grupos de crianças diferenciadas quanto às condições de nascimento, contextualizadas pela história de saúde e de sua trajetória de desenvolvimento e aprendizagem, desde o nascimento até a fase escolar, e por características das condições ambientais circundantes. A avaliação psicológica contemplava aspectos de diversas áreas de desenvolvimento cognitivo e comportamental e de indicadores de aprendizagem escolar.

Do conjunto dos três estudos resultou uma amostra de participantes composta por 108 crianças de ambos os sexos (61% meninas), na faixa etária de 8 a 10 anos, diferenciadas quanto ao peso de nascimento, distribuídas em quatro grupos e suas respectivas mães. O Grupo 1 – *Muito Baixo Peso* (MBP)[1] – era constituído por 34 crianças (62% meninas), nascidas em hospital público (Hospital das Clínicas da FMRP – USP), com história de vulnerabilidade orgânica devido ao nascimento pré-termo (< 37 semanas de idade gestacional), com muito baixo peso (<1.500g) e internação prolongada em Unidade de Tratamento Intensivo Neonatal (UTIN). O

[1] O grupo MBP reúne crianças avaliadas nos estudos de Carvalho (2000) e Bordin (2000).

Grupo 2 – *Baixo Peso Limítrofe* (BPL) – era constituído por 20 crianças (65% meninas), nascidas no mesmo hospital, com história de nascimento baixo peso limítrofe (2.000 a 2.500g). O Grupo 3 – *a termo proveniente de instituição hospitalar* (AT-HC) – era composto por 20 crianças nascidas a termo arregimentadas através da mesma instituição hospitalar. O Grupo 4 – *a termo proveniente da Escola* (AT-E) – era composto por 34 crianças nascidas a termo, arregimentadas através de uma instituição escolar da rede pública de ensino do município de Ribeirão Preto. Os grupos foram emparelhados quanto a sexo e idade das crianças e balanceados quanto às variáveis de escolaridade e ocupação dos pais, renda familiar *per capita* e nível intelectual da mãe.

A coleta dos dados ocorreu vinculada ao Setor de Neonatologia do Departamento de Pediatria do Hospital das Clínicas da FMRP – USP para os grupos MBP, BPL e AT- HC e à escola para o grupo AT-E, após a obtenção das aprovações dos projetos pelo Comitê de Ética em Pesquisa do HC e pela direção da escola e da concordância dos pais para os filhos participarem

Na avaliação psicológica foram utilizados diversos procedimentos e instrumentos de medidas que incluíam: a) *na avaliação cognitiva da criança*: testes psicométricos (Teste das Matrizes Progressivas Coloridas de Raven, Escala Weschler de Inteligência Infantil – WISC e Desenho da Figura Humana – DFH), observação sistemática de resolução de problemas por parte da criança, caracterizada pela avaliação assistida através do *Jogo de Perguntas de Busca com Figuras Geométricas* (Linhares, 1996); b) *na avaliação comportamental da criança segundo a percepção da mãe*: Escala de Comportamento Infantil A 2 de Rutter. Foram realizados questionários e entrevistas com as mães para obtenção de dados sobre a história do desenvolvimento e ambiente familiar.

O conjunto de resultados será apresentado a seguir, focalizando aspectos cognitivos, indicadores de aprendizagem escolar e padrão comportamental das crianças.

Principais Resultados

Desenvolvimento cognitivo

A) Como se caracteriza o nível intelectual de crianças na fase escolar nascidas muito baixo peso (< 1.500g) comparadas a crianças nascidas a termo com peso acima de 2.500g?

Para atender a essa questão foi avaliado o nível intelectual medido através do teste de Raven. O estudo de Carvalho (2000) mostrou que das 20 crianças do grupo MBP, três crianças não conseguiram realizar a prova psicométrica de avaliação de inteligência. Dessas, duas crianças apresentavam comprometimento neurológico e uma criança apresentava déficit sensorial auditivo bilateral grave associado a comprometimento neurológico. Essas crianças apresentaram dificuldades de compreensão, atenção e concentração e problemas de comportamento do tipo agitado, inquieto e impulsivo durante a sessão de aplicação do teste. Das três crianças, apenas a criança portadora de deficiência auditiva estava inserida no contexto escolar, cursando a pré-escola para crianças deficientes auditivas. As outras duas nunca freqüentaram escola devido a motivos financeiros e/ou falta de informação dos pais.

O nível intelectual avaliado das 17 crianças MBP restantes, que realizaram o Raven, quando comparado com o das crianças AT-HC, na faixa etária de oito a dez anos, não apresentou diferença significativa. Mais da metade das crianças MBP classificaram-se com percentil 25, em uma zona limítrofe à faixa de inteligência média e o restante apresentou nível médio ou superior (Carvalho, Linhares e Martinez, 2001).

Significativamente diferente das crianças do grupo MBP foram os resultados das crianças provenientes da escola (AT-E). Das 20 crianças do grupo AT-E, 17 crianças apresentaram inteligência na média ou acima dela, duas delas apresentaram indicadores de inteligência limítrofe, e apenas uma criança classificou-se como deficiente mental. Portanto, quando estas crianças (escolares típicos nascidos a termo) foram comparadas com as crianças MBP verificou-se que as primeiras apresentaram resultados mais elevados do nível intelectual, medido através do Raven, em relação às segundas.

B) Como se caracteriza o nível intelectual das crianças na fase escolar nascidas em condição de prematuridade e baixo peso (< 2.500g), quando diferenciadas quanto ao peso de nascimento em < 1.500g e de 2.000 a 2.500g?

O estudo de Bordin (2000) revelou a mesma tendência dos estudos anteriores. O nível intelectual das crianças nascidas com peso abaixo de 1.500g, quando comparadas com as crianças nascidas com baixo peso limítrofe entre 2.000 e 2.500g, na faixa etária de oito a dez anos, em geral não apresentou maior comprometimento. No Raven, metade do grupo de 20 crianças MBP classificou-se com percentil 25, em uma zona limítrofe à faixa de inteligência média. Do restante, 0,35 classificou-se na média ou acima da média e 0,10 classificou-se como deficiente mental. O grupo de 20 crianças BPL, por sua vez, reuniu pouco mais da metade dessas crianças com classificação de inteligência na média ou acima da média; do restante, 0,20 encontrava-se em uma zona limítrofe à faixa de inteligência média e apenas uma criança classificou-se como deficiente mental (Bordin, 2000; Bordin, Linhares e Jorge, 2001).

O Desenho da Figura Humana revelou, através da análise dos itens evolutivos, que mais da metade das crianças, em ambos os grupos, sinalizaram a presença de recurso cognitivo. No teste do WISC, por sua vez, verificou-se que mais da metade das crianças do grupo muito baixo peso classificaram-se, nas três escalas, Geral, Verbal e Execução, com inteligência média, sendo o mesmo padrão observado entre as crianças do grupo baixo peso limítrofe. No entanto, foi encontrado um percentual mais elevado de crianças do grupo muito baixo peso classificadas como deficientes mentais nas três escalas do WISC, em comparação às crianças do grupo baixo peso limítrofe.

Cabe salientar que os resultados médios obtidos pelas crianças dos dois grupos MBP e BPL no WISC evidenciam que, apesar de sofrerem adversidade biológica neonatal, estas crianças apresentaram bom nível de desempenho intelectual, compatível com a padronização original do teste. Considerando-se que o teste WISC não possui padronização brasileira, ao serem comparadas com normas americanas, as crianças estariam sendo submetidas a um padrão mais exigente de desempenho, do qual elas não se apresentaram defasadas em sua maioria.

Em suma, considerando-se as repostas às duas questões formuladas acerca do nível intelectual, medido através de testes psicométricos, constatou-se que de modo geral, embora o grupo MBP tendesse a apresentar resultados mais rebaixados do que os demais, não houve diferença estatística significativa entre os resultados do grupo de *crianças muito baixo peso* (MBP) quando comparadas ao grupo de *crianças baixo peso limítrofe* (BPL) e ao grupo de *crianças nascidas a termo no HC* (AT – HC). Em contrapartida, quando se comparam as crianças MBP com o grupo de *crianças de escolares típicos da escola nascidos a termo* (AT-E), verificou-se diferença significativa entre os resultados desses dois grupos, com resultados mais favoráveis nas segundas em relação às primeiras.

A tendência ao rebaixamento nos resultados da avaliação psicométrica do grupo muito baixo peso poderia ser atribuída, em parte, à presença de duas crianças no grupo com deficiência sensorial auditiva, sendo que uma delas apresentava deficiência auditiva grave. Este tipo de deficiência tem sido encontrada como seqüela importante em amostras de crianças pré-termo e baixo peso (Novello e cols.,1992; Gyler e cols., 1993; O´Brien e cols.,1995).

Dois estudos em que foi utilizada a avaliação psicométrica da inteligência também demonstraram que quanto mais baixo o peso de nascimento da criança, mais chance de esta apresentar rebaixamento do nível intelectual. O primeiro deles, conduzido por Forslund e Bjerre (1990) verificou que crianças pré-termo e baixo peso, mesmo classificando-se dentro de padrões normais na avaliação psicométrica e, portanto, sinalizando a presença de recursos cognitivos, obtiveram desempenho intelectual mais rebaixado do que crianças nascidas a termo. O segundo estudo demonstrou que, mesmo apresentando nível intelectual médio, 50% dos meninos e 36% das meninas nascidos pré-termo e baixo peso avaliados apresentaram desempenho escolar insatisfatório (Fizhardinze e Steven, 1972).

C)Existem variações intra-grupo de crianças ex-prematuras de baixo peso na fase escolar, diferenciadas quanto ao peso de nascimento (< 1.500g e 2.000-2.500g), se aprofundarmos a avaliação cognitiva através de procedimento dinâmico de avaliação cognitiva assistida?

Complementando a avaliação do nível intelectual, realizou-se um aprofundamento na análise intra-grupo de crianças baixo peso, através da avaliação cognitiva de 20 crianças nascidas pré-termo e muito baixo peso (MBP) e 20 crianças baixo peso limítrofe (BPL), a fim de avaliar os recursos cognitivos em contexto interacional de resolução de problemas, caracterizando indicadores do potencial cognitivo para a aprendizagem.

Além da avaliação psicométrica tradicional de inteligência, realizou-se a avaliação cognitiva com uma abordagem dinâmica e interativa, como proposta por Linhares (1995) e Swanson (1995) denominada *avaliação cognitiva assistida.* O desempenho das crianças na avaliação assistida, realizada através de uma situação de resolução de problemas denominada *Jogo de Perguntas de Busca com Figuras Geométricas* (Linhares, 1996) revelou diferença significativa entre o desempenho das crianças dos dois grupos (MBP e BPL) quanto à classificação do perfil de desempenho cognitivo encontrado. Esta tarefa consiste em a criança formular questões com determinadas regras à examinadora, a fim de descobrir uma figura-alvo inserida entre um arranjo de figuras.

O jogo se desenvolve em três momentos: sem ajuda da examinadora, com ajuda e novamente sem ajuda a fim de verificar se a criança aprende e mantém estratégias eficientes de resolução do problema. O desempenho da criança no jogo é avaliado de acordo com o grau de assistência necessária para chegar à solução, ou seja, a sensibilidade e responsividade a instruções. Com base nesses aspectos, definem-se os perfis de desempenho cognitivo na resolução do problema, denominados: alto-escore, ganhador-mantenedor, ganhador-dependente da assistência e não ganhador.

Na avaliação assistida, as crianças do grupo muito baixo peso demonstraram que, apesar de conseguirem resolver efetivamente o problema envolvendo estratégias de perguntas relevantes de busca de informação e restrição de alternativas e solucionarem corretamente os itens da tarefa, requereram mais ajuda ou assistência da examinadora do que as crianças do grupo baixo peso limítrofe. Denotaram sinais de maior dependência e apresentaram menor iniciativa e autonomia na resolução do problema. Ao ser retirada a ajuda ou o monitoramento para resolver a tarefa, as crianças MBP tiveram maior dificuldade do que as crianças BPL para trabalharem sozinhas e manterem os ganhos de desempenho alcançados com a assistência da examinadora.

Devido à avaliação assistida constituir-se em uma mini-situação de ensino e aprendizagem, pode-se supor a ocorrência do mesmo padrão de dependência em situações análogas. Essa suposição pode ser reforçada por dois aspectos relatados pelas mães em situação de entrevista. A falta de iniciativa para a realização da tarefa escolar, dependendo de maior incentivo para fazê-lo, quando comparadas com os pares baixo peso limítrofe, e maior comportamento de dependência, quando comparadas às crianças da amostra de padronização brasileira da Escala de Comportamento Infantil (Bordin, 2000).

Tanto no grupo de crianças muito baixo peso quanto no grupo de crianças baixo peso limítrofe, verificaram-se correlações significativas, com poucas exceções, entre os diferentes resultados das provas cognitivas realizadas (Raven, WISC, itens evolutivos do Desenho da Figura Humana e avaliação assistida). Esse resultado indica que as crianças que obtiveram desempenho rebaixado em uma avaliação cognitiva apresentaram consistentemente o mesmo padrão de desempenho em outra prova realizada.

Concluindo sobre a avaliação cognitiva...

No conjunto, os resultados da avaliação cognitiva das crianças nascidas com muito baixo peso evidenciam uma tendência mais favorável quanto ao funcionamento cognitivo destas crianças em comparação ao desempenho intelectual de crianças nascidas em condição semelhante de vulnerabilidade orgânica relatados em estudos como os de Smith e Knight-Jones (1990) e Smedler e cols. (1992).

As crianças nascidas pré-termo com muito baixo peso apresentaram escores significativamente mais rebaixados, quando comparadas às de grupos controle. Porém, considerando que se trata de um grupo de alto risco para transtornos no desenvolvimento, pode se verificar que no grupo MBP estudado foram encontrados mais recursos do que as esperadas dificuldades cognitivas.

De um lado, vários estudos revelaram dificuldades cognitivas em amostras de crianças pré-termo de baixo peso, por outro lado outros estudos encontraram resultados mais otimistas e semelhantes aos nossos achados. Mutch e cols. (1993), Kalmár (1996) e Sansavini e cols. (1996) enfatizam que não é só a condição de baixo peso e prematuridade que determina o desempenho cognitivo da criança. Outras variáveis podem concorrer simultaneamente, minimizando os efeitos da adversidade neonatal, contribuindo para que a criança apresente desempenho satisfatório em procedimentos de mensuração do nível intelectual.

Comprovando esta tendência, Molfese e cols. (1994) conduziram um estudo que mostra que riscos biológicos e complicações peri e neonatais estão relacionados com o desempenho cognitivo no primeiro ano de vida, mas não o influenciam significativamente em idades posteriores. Kalmár (1996) ressalta que a qualidade do ambiente familiar tem mais peso do que fatores de risco perinatais em sua capacidade para predizer resultados a longo prazo. Mutch e cols.

(1993) destacam a contribuição das variáveis nível educacional da mãe e classe social como fatores relevantes para o desenvolvimento cognitivo da criança aos quatro anos de idade. Pode-se supor nesses casos que a presença do processo de resiliência desencadeado através do interjogo entre fatores de risco e mecanismos de proteção frente às adversidades experimentadas por essas crianças contribuiu para o desempenho satisfatório de algumas crianças nas provas cognitivas, apesar da condição de adversidade neonatal, que torna a criança vulnerável.

Em nossos achados, pode-se observar tal processo ocorrendo em alguns casos. Destaca-se particularmente uma criança do grupo muito baixo peso, nascida com 1.380g e 34 semanas de gestação, cuja história de vida, aliada à condição de vulnerabilidade a predisporia a desempenhos insatisfatórios, em diversos aspectos do seu desenvolvimento. No entanto, contrariando tal expectativa, esta criança apresentou um dos melhores resultados nas avaliações realizadas do grupo MBP, obtendo classificação no Raven definidamente acima da média, inteligência média no WISC, percentil 85 no teste do Desenho da Figura Humana – itens evolutivos e perfil cognitivo na avaliação assistida de ganhador mantenedor dos ganhos de desempenho alcançados frente à assistência da examinadora.

Kalmár (1996) e Bradley e cols. (1994) demonstraram que crianças nascidas pré-termo e baixo peso vivendo em condições de pobreza, mas experimentando um ambiente familiar com três ou mais fatores protetores (variedade da estimulação, suporte emocional, responsividade parental e aceitação do comportamento infantil) são mais propensas a apresentar sinais de resiliência do que crianças que não contam com esses mecanismos protetores. O ambiente assume, então, um papel importante e decisivo, na medida em que recursos externos podem ser mobilizados no sentido de promover mediação adequada a essas crianças, dando-lhes condições para a ativação de recursos que lhes permitirão um funcionamento cognitivo dentro de parâmetros normativos satisfatórios.

A presença de recursos de sensibilidade à mediação social de aprendizagem nas crianças nascidas muito baixo peso ficou evidenciada na utilização da avaliação assistida, indicando que as crianças beneficiaram-se mediante ajuda adequada da examinadora e apresentaram melhoras significativas em seu desempenho. As crianças denotaram sensibilidade ao responder a intervenções de ajuda do adulto, resultando em desempenhos mais satisfatórios do que quando atuaram sozinhas na situação de resolução de problemas. A responsividade das crianças ao contexto ambiental adequado indica recursos para responder às intervenções de estimulação mediada advindas deste contexto.

Indicadores de aprendizagem escolar

A) Como se caracteriza o desempenho escolar de crianças na faixa de oito a dez anos, nascidas em condição de prematuridade e muito baixo peso (< 1.500g, quando comparadas com crianças nascidas a termo com peso acima de 2.500g?

No estudo de Carvalho (2000), que comparou crianças nascidas com muito baixo peso e crianças nascidas a termo no HC, verificou-se que no grupo MBP duas crianças portadoras de seqüela neurológica não estavam cursando a escola. Das quatro crianças com deficiência auditiva, duas estavam cursando classe regular de ensino (1ª série e pré-escola) e duas encontravam-se cursando classe especial para deficientes auditivos (1ª série e pré-escola). No caso das crianças do grupo AT-HC todas estavam cursando ensino regular.

No que se refere à aprendizagem das crianças com relação à história escolar, verificou-se que, segundo a percepção das mães, tanto as crianças do grupo MBP quanto as do grupo AT-HC apresentavam dificuldade de aprendizagem. Com relação à queixa de dificuldade escolar pode-se observar que as crianças que enfrentavam mais dificuldade na escola, de acordo com a percepção da mãe, foram quatro crianças portadoras de deficiência auditiva.

A situação escolar, evidenciada a partir da compatibilidade de série com a idade cronológica e repetência escolar, mostrou que as crianças nascidas pré-termo e de muito baixo peso estudadas apresentaram mais atraso e repetência escolar do que crianças nascidas a termo provenientes da escola. As primeiras encontravam-se significativamente mais em série incompatível com a sua idade cronológica (0,68), quando comparadas com crianças nascidas a termo (< 2.500g).

Detectou-se que, 0,33 das crianças do grupo MBP tinham histórico de repetência escolar, o que pode sugerir que uma parcela das crianças deste grupo possuíam uma evolução da escolarização com ritmo mais lento do que o das crianças do grupo AT-HC.

Quando se compara o MBP com os escolares típicos AT-E (Chimello e cols., 2001), foram verificados sinais de atraso na evolução escolar dos primeiros em relação aos segundos; 94% das crianças escolares típicas estavam sincronizadas com a idade cronológica, restando poucas crianças com atraso escolar.

Este achado corrobora estudos anteriores de Menyuk e cols. (1991), Novello e cols. (1992), Bradley e cols. (1993) e Hack e cols. (1994). A repetência escolar pode ser atribuída a diferentes fatores: déficit intelectual da criança, dificuldades relacionadas à própria escola e/ou problemas no ambiente familiar da criança. O fato de não ter havido diferença estatisticamente significativa entre os grupos MBP e AT-HC quanto ao nível intelectual das crianças, que permaneceu na média de acordo com a padronização brasileira do Raven, descarta desta forma a hipótese de a criança ter dificuldade de aprendizagem e repetência devido a problema na esfera intelectual. Nesse sentido, aumenta a chance de as diferenças serem atribuídas a questões escolares, ou seja, não se pode perder de vista a baixa qualidade do ensino público, que pode ser traduzida nas queixas escolares de ambos os grupos.

Os problemas no ambiente familiar da criança, que podem ser identificados no âmbito da interação mãe-criança, parecem interferir na situação de aprendizagem. As mães do grupo MBP parecerem ser mais protetoras do que as mães das crianças dos demais grupos, o que poderia estar interferindo na adaptação afetivo-social da criança às exigências e demandas da escola. A criança poderia não estar sendo preparada para ter maior independência e autonomia para enfrentar as situações escolares, podendo por sua vez levar indiretamente à repetência e dificuldades escolares do grupo.

B) Como se caracteriza o desempenho escolar das crianças na faixa de oito a dez nascidas em condição de prematuridade e baixo peso (< 2.500g), quando diferenciadas quanto ao peso de nascimento em < 1.500g e de 2.000 a 2.500g?

Quanto aos aspectos de escolaridade, Bordin (2000) verificou que as crianças do grupo muito baixo peso apresentaram mais problemas (segundo a informação das mães), quando comparadas às crianças do grupo baixo peso limítrofe, com relação tanto ao desempenho quanto à iniciativa na realização da tarefa escolar. As mães do grupo MBP referiam problemas na aquisição da leitura e da escrita e atraso escolar.

O fato de os grupos não diferirem entre si quanto ao nível socioeconômico, disponibilidade de recursos materiais e coeficiente de inteligência da mãe, reforça o peso da vulnerabilidade biológica decorrente da condição de nascimento das crianças do grupo muito baixo peso na diferença encontrada entre as crianças dos dois grupos quanto ao desempenho escolar. Bradley e cols. (1994) e Kalmár (1994) afirmam que essas variáveis potencializam a chance de a criança vir a apresentar dificuldades de desempenho escolar. Problemas de aprendizagem escolar foram encontrados anteriormente nos estudos com amostras de crianças nascidas pré-termo e baixo peso desenvolvidos por Waber e McCornick (1995), Taylor e cols. (1995) e Carvalho (2000).

Embora o padrão de qualidade do ensino possa estar comprometido nas escolas públicas freqüentadas pelas crianças de ambos os grupos, os efeitos da vulnerabilidade biológica parecem mais acentuados nas crianças do grupo muito baixo peso, refletindo em dificuldades escolares, em comparação com as crianças do grupo baixo peso limítrofe.

Comportamento

Como se caracteriza o comportamento na fase escolar de crianças nascidas em condição de prematuridade e baixo peso (< 2.500g), diferenciadas quanto ao peso de nascimento, comparado com o de crianças nascidas a termo?

Para responder a essa questão serão apresentados: a) os índices de problema de comportamento encontrado na ECI, baseado no total de queixas da mãe; b) os tipos de problemas de comportamento encontrados.

A) Índice de problema de comportamento na ECI

O comportamento das crianças MBP na fase escolar, avaliadas segundo a percepção das mães através da ECI, apresentou indícios de problemas sugestivos da necessidade de atendimento psicológico. O estudo de Bordin (2000) e de Carvalho (2000) verificaram índices altos (em torno de 0,70) de problemas de comportamento indicativo de risco psicossocial.

Porém, quando se comparam as crianças MBP com as crianças baixo peso limítrofe e as nascidas a termo arregimentadas no hospital (AT-HC), respectivamente, as primeiras não apresentaram diferenças no total de itens de comportamentos avaliados em relação às demais. Portanto, o indicador de risco psicossocial foi identificado nos três grupos avaliados, independentemente da questão da prematuridade.

Diferentemente, o índice da ECI das MBP foi significativamente maior quando comparado com o índice das crianças nascidas a termo escolares típicos (AT-E). O primeiro grupo apresentou 0,68 de crianças com indicadores de problemas de comportamento (acima de 16 pontos), ao passo que no segundo estes indicadores ocorreram em uma parcela acentuadamente menor de 0,26 das crianças.

B) Tipos de problemas de comportamento

Os tipos de problemas de comportamento mais freqüentemente encontrados no grupo de crianças MBP em comparação com seus pares BPL e escolares típicos (AT-E) ou da amostra de padronização brasileira da ECI estão reunidos no Quadro 1.

Quadro 1 – Tipos de problemas de comportamentos na ECI das crianças nascidas muito baixo peso (< 1.500g) na fase escolar, em comparação com pares de crianças nascidas baixo peso limítrofe ou a termo.

Grupos de Comparação ao Grupo MBP	**Tipos de Problemas de Comportamentos no Grupo MBP na ECI ***		
	Áreas		
	Saúde	**Hábitos**	**Comportamento**
Baixo Peso Limítrofe (BPL)	Asma/Crise respiratória	Dificuldade de fala	Desobediente
A Termo-Escolares Típicos (AT-E)	Enurese	Dificuldade de fala Gagueira Medo	Agitada Impaciente/ irriquieta Não permanece nas atividades Briga com crianças
Amostra de padronização brasileira da ECI	Asma/crise respiratória Enurese Dor de cabeça	Dificuldade de fala Gagueira	Agitada Impaciente/ irriquieta Não permanece nas atividades Criança difícil/ complicada Tristonha/ angustiada Destrói coisas Agarrada à mãe Recusa escolar

*ECI = Escala de Comportamento Infantil, avaliada segundo a percepção da mãe.

Primeiramente, observa-se que as diferenças comportamentais encontram-se mais entre as crianças MBP e as nascidas a termo do que as primeiras e as crianças BPL. Em segundo lugar, os tipos de comportamento identificados como problema são sugestivos de três núcleos de dificuldades, a saber: o primeiro, relacionado a *queixas somáticas*, que inclui os problemas de saúde do tipo asma/crise respiratória, enurese e dor de cabeça; o segundo, relacionado à área da *linguagem* do tipo dificuldade de fala e gagueira; o terceiro, relacionado a *padrões comportamentais de enfrentamento* na interação com o meio ambiente, com tendências externalizantes ou internalizantes.

Queixas somáticas

As crianças nascidas pré-termo tendem a apresentar enfermidades crônicas pulmonares decorrentes da vulnerabilidade biológica da prematuridade, sendo freqüentes as broncodisplasias pulmonares. Nesse sentido, compreende-se a maior incidência de queixas de asma ou crise respiratória no grupo MBP, confirmando achados anteriores de Landry e cols. (1990) e Sansavini e cols. (1996) de sinais de imaturidade no sistema pulmonar. A imaturidade funcional parece se refletir também no controle esfincteriano, na medida em que as crianças MBP apresentaram mais queixas de enurese em relação aos grupos de comparação.

As somatizações que podem ocorrer a médio prazo na história de vida de crianças ex-prematuras, envolvendo especialmente queixas de dores de cabeça ou de estômago, têm sido apontadas em outros estudos como achado importante decorrente de seqüelas das experiências de dor e estresse, enquanto recém-nascido, no período de internação na UTIN (Grunau, 2000).

Linguagem

No grupo de crianças MBP ocorreram mais queixas de problemas de linguagem em relação aos três grupos de comparação. Embora não tenha sido identificado na entrevista indicador de atraso na história de aquisição da linguagem, as crianças MBP apresentaram queixas de problemas nessa área na fase escolar. Deve-se, portanto, avaliar com cuidado a área da linguagem, pois se de um lado a aquisição da linguagem parece ter ocorrido dentro de um padrão de normalidade, de outro lado, foram detectados, posteriormente, indicações sugestivas de problemas que comprometem a qualidade da linguagem, tais como gagueira, trocas de letras e problemas de articulação, principalmente entre as crianças do grupo muito baixo peso. Portanto, a avaliação do desenvolvimento deve levar em conta o período de aquisição da fala e como esta se desenvolveu qualitativamente em suas modalidades receptiva e expressiva.

Vygostky (1984/1994) atribui à linguagem um papel de destaque no desenvolvimento psicológico da criança, no que se refere às funções de comunicação social e organização do pensamento. Através da linguagem a criança realiza a preparação de atividades futuras, planejando, ordenando e controlando o próprio comportamento e o dos outros que estão a sua volta. Uma vez internalizada, a linguagem organiza, unifica e integra aspectos do comportamento da criança, como a percepção, a memória e a solução de problemas.

Sendo a linguagem a responsável pela organização de funções mentais superiores, como a memória e a percepção, infere-se que as dificuldades de linguagem, relatadas pelas mães, podem estar contribuindo para as queixas de desempenho escolar encontradas nas crianças do grupo muito baixo peso, assim como podem ter influenciado o desempenho dessas crianças nas provas verbais de avaliação cognitiva, especificamente a Escala Verbal do WISC e a avaliação assistida.

Padrões comportamentais de enfrentamento

Os padrões comportamentais de enfrentamento das crianças muito baixo peso indicam duas tendências opostas. Algumas crianças deste grupo tendem de um lado a comportamentos de externalização do tipo *hiperativo*, caracterizado por agitação, inquietude e não permanência nas atividades, ou do tipo *anti-social*, caracterizado por brigas e destruição de objetos. Por outro lado, outras crianças tendem a um padrão comportamental de internalização do tipo *depressivo*, caracterizado por medo, tristeza e apego excessivo à mãe. Os tipos de problemas de comportamento das crianças nascidas muito baixo peso caracterizam o denominado "padrão da criança difícil", que pode levar a problemas de adaptação psicossocial.

Apesar de aparentemente contraditórios, esses dois pólos comportamentais, de externalização e de internalização, foram também encontrados em estudos anteriores conduzidos por Stjernqvist (1993) e Levy-Shiff e cols. (1994). Esses autores observaram freqüência mais elevada de distúrbios de comportamento, tais como hiperatividade, comportamento opositor e inibição social entre crianças nascidas pré-termo e com baixo peso em comparação com crianças nascidas a termo.

Os comportamentos de agitação, impaciência, recusa escolar e não permanência nas atividades podem estar vinculados a um quadro de hiperatividade ou a um baixo limiar de tolerância à frustração das crianças em suas interações com demandas e desafios do meio ambiente. Primeiramente, pode-se pensar que os comportamentos de agitação, impaciência e inquietude dessas crianças sejam indícios de comprometimento neurológico. Todas as crianças portadoras de deficiência auditiva e déficit neurológico apresentaram em seu padrão de comportamento agitação, inquietude e impulsividade, de acordo com a percepção das mães. Porém, verificou-se que nem todas as crianças que demonstraram esses comportamentos em seu repertório necessariamente apresentavam problemas neurológicos.

Em segundo lugar, pode-se pensar que práticas educativas inadequadas podem não estar transmitindo à criança parâmetros necessários para a aquisição de regras e limites, refletindo, provavelmente, maior tolerância ao comportamento da criança, aliado a excesso de proteção, como salientado anteriormente por Levy-Shiff e cols. (1994) e Sansavini e cols. (1996). Essa suposição pode ser reforçada pelo fato de a criança MBP apresentar mais agarramento exagerado à mãe em relação aos seus pares.

A relação de apego da criança à figura materna deveria ter sido superada considerando-se a etapa de desenvolvimento da média meninice em que se encontram as crianças MBP. Na fase escolar de oito a dez anos não se espera a presença de apego excessivo à figura materna, na medida em que este deve declinar após os dois primeiros anos de vida, fase evolutiva em que as crianças passam a buscar maior autonomia e independência em relação aos adultos para exploração do ambiente e estabelecimento de relações com outras crianças.

Klaus e Kennel (1992) alertam para o risco da "síndrome da criança vulnerável", em que os pais podem superproteger a criança ex-prematura em decorrência de uma percepção distorcida, que se concentra mais na falta (naquilo que a criança poderia ter sido) do que nos recursos presentes no seu repertório.

Em suma, quanto aos aspectos comportamentais, as crianças ex-prematuras estudadas na fase escolar têm indicação de sinais de desadaptação para o enfrentamento de situações relacionadas a aprendizagem e sociabilidade, que são tarefas evolutivas relevantes para o seu desenvolvimento psicológico pleno e adaptativo. O meio pode não estar instrumentando-a para o enfrentamento das demandas e desafios do meio, dificultando o cumprimento de sua tarefa evolutiva da fase escolar de *produtividade* ou *realização*, proposta por Erikson (1995).

Interjogo entre Variáveis Biológicas e Psicossociais e Desenvolvimento Cognitivo e Comportamental das Crianças Ex-prematuras

A relação entre os resultados da avaliação cognitiva e comportamental e as variáveis biológicas (pré e perinatais) e ambientais foi essencial para a compreensão do funcionamento psicológico das crianças MBP na fase escolar. Verificou-se consistentemente relação entre as variáveis pré e perinatais (realização do seguimento pré-natal, idade gestacional e peso de nascimento) e os resultados de praticamente todos os procedimentos utilizados para a avaliação cognitiva. Esse achado demonstra que quanto mais baixo o peso de nascimento e a idade gestacional da criança, e quanto menos a mãe realizava o seguimento pré-natal, mais problemas encontrados no desenvolvimento cognitivo na média meninice das crianças MBP. A estreita relação entre idade gestacional, peso de nascimento e desempenho cognitivo, foi demonstrada anteriormente em inúmeros estudos realizados com crianças nascidas sob a condição de prematuridade e baixo peso (Smedler e cols, 1992; Waber e McCornick, 1995; Dammann e cols., 1996).

A correlação negativa significativa verificada entre a idade gestacional e o comportamento dessas crianças sugere que a idade gestacional mais rebaixada está relacionada a padrões inadequados de comportamento. A idade gestacional, aliada ao peso de nascimento, constitui-se, nesse grupo, em elemento importante a ser considerado na influência do desenvolvimento futuro, seja no âmbito cognitivo ou comportamental.

Esse dado ressalta a importância de não se considerar somente o peso de nascimento como preditor de padrões cognitivos e comportamentais. Kanazawa (1997) salienta que o peso de nascimento, quando considerado isoladamente, pode constituir-se em mau preditor para o desenvolvimento da inteligência em idades posteriores.

O cuidado de não eleger somente uma variável isolada como determinante de desempenho específico fica ainda mais evidente quando se verifica que no grupo *muito baixo peso*, outras variáveis concorreram para estabelecer o curso do desenvolvimento cognitivo e comportamental das crianças. Destacam-se entre elas, as condições ambientais familiares, representadas pelo contato com a mãe, o número de pessoas que residem na casa com a criança, a densidade habitacional do lar e a renda *per capita* da família na qual a criança se insere.

No caso específico da variável *contato com a mãe*, que implicitamente remete à qualidade da interação mãe–criança, e por conseguinte, à oportunidade de mediação social de desenvolvimento e aprendizagem da criança, verificou-se que as crianças que contavam com a presença mais constante de suas mães tendiam a exibir desempenho cognitivo e padrões de comportamentos em níveis adequados a sua idade cronológica e aos seus pares. As mães relataram participação total na rotina da criança, mostravam-se presentes, disponíveis e atuantes na vida da criança, o que pode repercutir na promoção tanto do desenvolvimento cognitivo quanto comportamental.

Além do contato com a mãe, as crianças *muito baixo peso* parecem contar com uma rede de suporte psicossocial que potencialmente contribui para um desenvolvimento emocional adequado. Por outro lado, quando há densidade habitacional elevada, ou seja, moradias onde co-habitam várias pessoas por cômodo, aumenta a presença de problemas de comportamento. Configura-se, nesse caso, um fator de risco comentado por Bradley e cols. (1994) em um estudo no qual foram avaliadas 243 crianças prematuras. Deste total, apenas 26 crianças foram identificadas com funcionamento normal quanto aos aspectos cognitivo, social e de crescimento. Entre diversos fatores, lares com poucas pessoas contribuíram significativamente para o desenvolvimento da resiliência nessas crianças.

As famílias das crianças MBP parecem dispor de recursos financeiros suficientes para proporcionar-lhes bens básicos de consumo, que estariam servindo como aparatos capazes de instrumentar o processo de mediação entre a criança e seu ambiente e, conseqüentemente, gerar um contexto com condições mínimas de estimulação.

Observa-se também, que as crianças do grupo *muito baixo peso* que apresentavam desempenho escolar sem problemas, segundo a percepção das mães, apresentaram bom desempenho cognitivo no Raven. Levando-se em conta a relação positiva mencionada entre o contato com a mãe e o desempenho cognitivo, pode-se supor que a mediação ocorre de maneira freqüente e estável entre mãe e criança. A probabilidade é que esta mediação possa estar mobilizando na criança recursos cognitivos capazes de impulsioná-la ao adequado desempenho acadêmico, conduzindo em última instância ao sucesso escolar.

De um lado, no grupo MBP verificou-se que quanto maior rebaixamento intelectual, maior número de problemas de comportamento, indicando a presença de um subgrupo de crianças com comprometimento acentuado tanto na esfera cognitiva quanto na comportamental que requer ajuda especializada educacional e terapêutica. Por outro lado, detectaram-se sinais de mediação social neste grupo atuando como condição promotora de recursos nas crianças, gerando padrões cognitivos e comportamentais adaptados.

Considerações Finais

Algumas considerações podem ser destacadas. Primeiramente, verificou-se indícios de recursos cognitivos no grupo de crianças ex-prematuras avaliadas. Trata-se de recurso pessoal e relevante que envolve capacidade intelectual e habilidade de resolução de problemas que podem ser modulados por processos interacionais estabelecidos entre a criança e o meio. Essa regulação resulta em maleabilidade e flexibilidade cognitiva, aspecto sobremaneira relevante para os processos de resiliência em trajetórias de desenvolvimento.

Deve-se mencionar, no entanto, que uma parcela de 15% a 20% das crianças revelou necessidades educativas especiais, considerando-se os indicadores de deficiência mental ou auditiva.

Este índice de crianças com indicadores de problemas cognitivos mostrou ser consonante com os índices encontrados na literatura. A desvantagem cognitiva representa um custo pessoal, social e econômico que requer investimento da família, da sociedade e das áreas Educacionais e da Saúde, a fim de auxiliar no enfrentamento das adversidades e facilitar as aquisições comportamentais e acadêmicas adaptativas, compatíveis com a etapa evolutiva da fase escolar.

Esse investimento reafirma-se quando, mesmo entre as crianças com recursos cognitivos, verifica-se dificuldades quanto: a) ao grau de menor sensibilidade à instrução ou de dependência à mediação social de desenvolvimento e aprendizagem que as crianças ex-prematuras requerem para avançar na habilidade de solução de problemas cognitivos na avaliação assistida; b) ao ritmo mais lento de progressão escolar avaliado pela repetência ou incompatibilidade série escolar – idade cronológica; c) às dificuldades comportamentais que tornam as crianças vulneráveis para o enfrentamento das demandas e desafios de tarefas evolutivas próprias da fase escolar, afetando seu padrão adaptativo-social.

Especialmente, na área do comportamento recaem os maiores problemas identificados no grupo de crianças ex-prematuras em comparação com seus pares, reunidos em torno de queixas somáticas, de linguagem e de comportamento externalizante ou internalizante.

Além dos recursos e das dificuldades da criança, os aspectos ambientais foram relevantes na compreensão das trajetórias evolutivas do grupo de ex-prematuros estudados. As variáveis *maior contato com a mãe, menor número de moradores no lar, menor densidade habitacional do lar* e *maior renda per capita* representam um conjunto de fatores do ambiente social dessas crianças que podem estar desempenhando um papel relevante na neutralização das adversidades experimentadas nesse grupo de risco.

Finalizando, dois aspectos merecem ser recomendados. Em primeiro lugar, deve-se evitar predições deterministas entre a adversidade neonatal da prematuridade e o desenvolvimento futuro da criança, consonante com os preceitos da Psicopatologia do Desenvolvimento. Esta recomenda cautela nas predições simplistas, que desconsiderem o interjogo maleável entre fatores de risco e mecanismos de proteção nas trajetórias do desenvolvimento. Em segundo lugar, reafirma-se a necessidade de se implementar medidas de intervenção preventiva para grupos em risco de crianças nascidas prematuras. Preferencialmente, essas medidas devem ser precoces, ou seja, anteriores à fase escolar. Nesse sentido, os programas de *follow-up* pós-alta da UTIN são sobremaneira recomendáveis, focalizando-se a evolução cognitiva e comportamental da criança, assim como à sensibilidade da criança à mediação simbólica e social advinda dos contextos ambientais de desenvolvimento.

Referências Bibliográficas

Achenbach, T. M. (1992). Developmental Psychopathology. Em: M. H. Bornstein e M. E. Lamb. *Developmental Psychology: an advanced book.* (pp. 629-676). New York: Lawrence Erlbaum Associates Publishers.

Bordin, M. B. M. (2000). *Aspectos cognitivos, emocionais e comportamentais na fase escolar de crianças nascidas baixo peso: estudo comparativo entre crianças muito baixo peso (< 1.500g) e crianças baixo peso limítrofe (2.000 a 2.500g)*. Dissertação de Mestrado, Universidade de São Paulo, Ribeirão Preto.

Bordin, M. B. M; Linhares, M. B. M e Jorge, S. M. (2001). Aspectos cognitivos e comportamentais na média mininice de crianças nascidas pré-termo e com muito baixo peso. *Psicologia:Teoria e Pesquisa*, 17 (1), 49-57.

Bradley, R. H.; Whiteside, L.; Caldwell, B. M.; Casey, P. H.; Kelleher, K. e Pope, S. (1994). Early indications of resilience and their relation to experiences in the home environments of low birthweight, premature children living in poverty. *Child Develospment*, *65*, 346- 360.

Carvalho, A . E. V. (2000). *Sobrevivência e qualidade de vida: história de desenvolvimento, aprendizagem e adaptação psicossocial de crianças nascidas pré-termo e muito baixo peso (< 1.500g) em comparação com crianças nascidas a termo*. Dissertação de Mestrado, Universidade de São Paulo, Ribeirão Preto.

Carvalho, A. E. V.; Linhares M. B. M. e Martinez F. E. (2001). História de desenvolvimento e comportamento de crianças nascidas pré-termo e baixo peso (< 1.500g) *Psicologia: Reflexão e Crítica*, 14 (1), 1-33.

Chimello, J. T.; Carvalho, A. E. V.; Bordin, M. B. M.; Linhares, M. B. M. e Martinez, F.E. (2001). Crianças nascidas pré-termo e muito baixo peso (< 1.500g) na idade escolar: avaliação do comportamento. [Resumo] Em: Associação Brasileira de Neurologia e Psiquiatria Infantil (Org.). Resumos de Comunicações Científicas. *XV Congresso Brasileiro de Neurologia e Psiquiatria Infantil* (p. 167). Campinas.

Cichetti, D. e Cohen, D. J. Perspectives on Developmental Psychopatology. (1995). Em: D. Cichetti e D. J. Cohen (Eds.) *Developmental Psychopathology* (pp. 3-20). New York: John Wiley and Sons, v. 1.

Dammann, O. ; Walther, H.; Allers, B.; Schroder, M.; Drescher, J.; Lutz, D.; Veelken, N. e Schulte, F. J. (1996). Development of a regional cohort of very low birthweight children at six years cognitive abilities are associated with neurological disability and social background. *Developmental Medicine and Child Neurology*, 38 (2), 97-108.

Erikson, E. H. (1995). Oito idades do homem. Em: Erikson, E. *Infância e sociedade*. (G. Amado, Trad.) Rio de Janeiro: Zahar.

Fitzhardinze, P. M. e Steven, E. M. (1992). The small-for-date infant II. Neurological and intellectual sequelas. *Pediatrics*, 50 (1), 50-57.

Forslund, M. e Bjerre, I. (1990). Follow-up of preterm children: II. Growth and development at four years of age. *Early Human Development*, 24 (2), 107-118.

Grunau, R. E. (2000). Long term consequences of pain in human neonates. Em: K. J. S. Anand; B. J. Stevens e P. J. Mc Grath. *Pain in Neonates*. Elsevier Science, 2nd ed.

Gyler, L.; Dudley, M.; Blinkhorn, S. e Barnett, B. (1993). The relationship between psychosocial factors and developmental outcome for very low and extremely low birhweight infants: a review. *Australian and New Zealand Journal of Psychiatry*, 27, 62-73.

Hack, M. B. M.; Taylor, H. G.; Klein, N.; Eiben, R.; Schartschneider, C. e Mercuri-Minich, N. (1994). School-age outcomes in children with birth weights under 750g. *The New England Journal of Medicine*, 331 (22), 754-759.

Hall, L. A. e Farel, A. M. (1988). Maternal stress and depressive symptoms: correlates of behavior problems in young children. *Nursing Research*, 37, 3, 156-161.

Jakobson, L. S.; Frisk, F.; Knight, R. M.; Downie, A. L. S. e Whyte, H. (2001). The relationship between periventricular brain injury and deficits in visual processing among extremely-low-birthweight (< 1.000g) children. *Journal of Pediatric Psychology*, 26 (8), 503-512.

Kalmár, M. (1996). The course of intellectual development in preterm and fullterm children: an 8-year longitudinal study. *International Journal of Behavioral Development*, *19*, 491-516.

Kanazawa, T.; Shimizu, S.; Kamada, J.; Tanabe, H. e Itogawa, N. (1997). Intelligence and learning disabilities in 6 to 8 year old children weighting under 1.000 grams at birth. *International Journal of Behavioral Development*, 20 (1), 179-188.

Klauss, M. H.; Kennel, J. H. (1992). *Pais/bebê: a formação do apego*. (M. H. Machado, Trad.) Porto Alegre: Artes Médicas.

Kopp, C. B. e Kaler, S. R. (1989). Risk in infancy origins and implications. *American Psychologist*, 44, 2, 224-230.

Landry, S. H.; Chapieski, M. L; Richardson, M. A.; Palmer, J. e Hall, S. (1990). The social competence of children born prematurely: effects of medical complications and parent behaviours. *Child Development*, 61 (5), 1605-1616.

Laucht, M.; Esser, G. e Schmit, M. H. (1997). Developmental outcome of infants born with biological and psychosocial risks. *Journal of Child Psychology and Psychiatry*, 38 (7), 843- 853.

Levy-Shiff, R.; Einat, G.; Har-Even, D.; Mogilner, M.; Mogilner, S.; Lerman, M. e Krikler, R. (1994). Emotional and behavioral adjustment in children born prematurely. *Journal of Clinical Child Psychology,* 23 (3), 323-333.

Lewis, R. J.; Duglokinski, Caputo, L. M. e Griffin, R. B. (1988). Children at risk for emotional disorders: risk and dimensions. *Clinical Psychology Review, 8*, 417-440.

Linhares, M. B. M. (1995). Avaliação assistida: fundamentos, definição, características e implicações para a avaliação psicológica. *Psicologia: Teoria e Pesquisa*, 11, 1, 23-31.

Linhares (1996). Avaliação assistida em crianças com queixa de dificuldade de aprendizagem. *Temas em Psicologia, 1*, 17-32.

Linhares, M. B. M., Carvalho, A. E. V., Bordin, M. B. M. e Jorge, S. M. (1999). Suporte psicológico ao desenvolvimento de bebês prematuros com peso de nascimento abaixo de 1.500g: na UTI neonatal e no seguimento longitudinal. *Temas em Psicologia da SBP*, 7 (3), 60-69.

Linhares, M. B. M; Carvalho, A. E. V.; Bordin, M. B. M.; Chimello, J. T.; Martinez, F.E. e Jorge, S. M. (2000). Prematuridade e muito baixo peso como fatores de risco ao desenvolvimento da criança. *Cadernos de Psicologia e Educação-Paidéia*, 10 (18), 60-69.

Menyuk, P.; Chesnick, M.; Libergott, J.W.; Korngold, B.; D'Agostino, R. e Belanger, A. (1991). Predicting reading problems in at-risk children. *Journal of Speech and Hearing Research*, 34 (4), 893-903.

Molfese, V. J. e Holcomb, L. (1994). Biomedical and social enviromental influences on cognitive and verbal abilities in children 1 to 3 years of age. *International Journal of Behavioral Development*, *17*, 271-287.

Mutch, L.; Leyland, A. e McGee, A. (1993). Patterns of neuropsychological function in a low birthweight population. *Developmental Medicine and Child Neurology*, 35 (11), 943-956.

Novello, A. C.; Degraw, C. E. & Kleinnan, D. V. (1992). Health children ready to learn: an essential collaboration between health and education. *Public Health Reports*, 107 (1), 3-10.

O'Brien, M.; Solyday, E. e McCluskey-Fawcett, K. (1995). Prematurity and the neonatal intensive care unit. Em: M. C. Roberts (Org.), *Handbook of Pediatric Psychology* (pp. 463-478). New York: The Guilford Press.

Piecuch, R. E.; Leonard, C. H.; Cooper, B. A.; Sehring, S. A. (1997). Outcome of extremely low birth weight infants (500 to 900 grams) over a 12-year period. *Pediatrics*, 100, 4, 633-639.

Rutter, M. e Sroufe, L. A. (2000). Developmental Psychopathology: concepts and challenges. *Developmental and Psychopathology*, 12, 265-296

Sameroff, A. J. (2000). Developmental systems and Psychopathology. *Development and Psychopathology*, 12, 297-312

Sansavini, A; Rizzard, M.; Alessandroni, R. e Giovanelli, G. (1996). The development of italian low and very low birthweight infants from birth to 5 years: the role of biological and social risks. *International Journal of Behavioral Development,* 19 (3), 533-547.

Smedler, A. C.; Faxelius, G.; Bremme, K. e Lagerstrom, M. (1992). Psychological development in children born with very low birthweight after severe intrauterine growth retardio: a 10-year follow-up study. *Acta Paediatrica*, 81 (3), 197-203.

Smith, A. E. A. e Knight-Jones, E. B. (1990). The abilities of very low-birthweight children and their classroom controls. *Developmental Medicine and Child Neurology*, 32 (7), 590-601.

Stjernqvist, K. (1993) The early mother-infant interaction in the highly technological care environment. *Acta Pediatrica*, *2*, 981-982.

Swanson, H. L. (1995). Effects of dynamic testing on the classification of learning disabilities: the predictive and discriminant validity of the Swanson-Cognitive Processing Test (S-CPT). *Journal Psychoeducational Assessment*, 13, 204-229.

Taylor, H. G.; Hack, M.; Klein, N. e Schatschneider, C. (1995). Achievement of children with birth weight less than 750 grams with normal cognitive abilities: evidence for specific learning disabilities. *Journal of Pediatric Psychology*, 20 (6), 703-719.

Tuma, J. M. (1989). Mental Health Services for children-the state of the art. *American Psychology*, 44 (2), 188-199.

Vygostky, L. S. (1994). *A formação social da mente – o desenvolvimento dos processos psicológicos superiores*. (J. C. Neto e cols., Trad.) São Paulo: Martins Fontes.

Waber, D. P. e McCormick, M. C. (1995). Late Neuropsychological outcomes in preterm infants of normal IQ: selective vulnerability of the visual system. *Journal of Pediatric Psychology*, 20 (6), 721-735.

Werner, E. (1986). A longitudinal study of perinatal risk. Em: D. C. Farran e J. MacCkinney. *Risk in intellectual and psychosocial development*. New York: Academic Press.

Whitfield, M. F. e Grunau, R. E. (2000). Behavior, pain perception, and the extremely low-birth weight survivor. *Clinics and Perinatology*, 27 (2), 363-379.

Yunes, M. A. M. e Symanski, H. (2001). Resiliência: noção, conceito afins e considerações críticas Em: J. Tavares. *Resiliência e Educação* (pp. 13-42). São Paulo: Cortez.

Capítulo 4

A Observação Clínica do Comportamento de Crianças com Queixa de Dificuldade de Aprendizagem

Paula Cristina Medeiros
Sonia Regina Loureiro

Dificuldades de Aprendizagem e Problemas Associados

O problema de aprendizagem quase sempre se apresenta associado a comprometimentos de outra natureza. Estudos têm revelado que as crianças com dificuldades escolares comumente manifestam paralelamente problemas de ordem emocional e comportamental que ultrapassam o âmbito escolar, podendo afetar a vida da criança na família e nas relações interpessoais. Geralmente, os pais que procuram atendimento para seus filhos que apresentam dificuldades de aprendizagem relatam padrões de queixas combinadas confirmando a presença de mais de uma área problema. As queixas escolares aparecem associadas a problemas afetivo-sociais, relacionados ou não à escola, e a alterações de processos cognitivos.

Marturano, Linhares & Parreira (1993) referem que crianças com dificuldades de aprendizagem apresentam modos de enfrentamento inadequados frente às situações cotidianas e às relações interpessoais, predominando condutas indicativas de baixa capacidade de autorregulação, hostilidade e resistência a normas, assim como indícios de estados subjetivos negativos, com tendência à generalização de tais reações.

Estudos que objetivam a caracterização dos problemas de comportamento presentes em amostras clínicas referidas por dificuldades de aprendizagem escolar indicam que tais crianças são agarradas à mãe, desobedientes, irritáveis, impacientes, agitadas, inseguras, tímidas, dispersas, preocupadas, briguentas e destruidoras de objetos (Marturano, Loureiro, Linhares & Machado, 1997).

A identificação de tais dificuldades quase sempre é coincidente com o ingresso na escolarização, que corresponde em nosso meio ao início do ensino fundamental. Segundo Erikson (1971), o período entre os seis e 12 anos, compreende a fase de desenvolvimento psicossocial em que ocorre a crise evolutiva decorrente do desafio da produtividade *versus* inferioridade, em que a criança quer e precisa ser reconhecida pela sua capacidade de realizar tarefas valorizadas no seu meio ambiente. O sucesso escolar, nesta fase, contribui para a resolução satisfatória desta crise, visto que garante à criança um desempenho valorizado pela sociedade, enquanto o insucesso acadêmico pode acarretar um senso de não cumprimento da tarefa psicossocial de desenvolvimento (Lindahl, 1988).

Constata-se, assim, que a experiência de fracasso escolar associada a outras circunstâncias adversas pode aumentar o nível de vulnerabilidade e risco de desadaptação ao longo do desenvolvimento, afetando a maneira como a criança se percebe e as crenças que constrói sobre si mesma.

O estereótipo de "crianças que não aprendem" atua como uma profecia auto-realizável em que, tratada como fracassada de antemão, a criança fracassa e, ao fracassar, comprova o estereótipo e o reforça. Quando o fracasso e a desaprovação são comuns, a criança pode vir a acreditar que os resultados de seu trabalho não têm valor. A criança com dificuldade de aprendizagem é freqüentemente exposta a situações de desaprovação dos seus companheiros e dos adultos, podendo passar a evitar competições, fazer trabalhos pela metade, ou recusar-se a produzir inteiramente. Desse modo, a dificuldade escolar pode gerar um "círculo vicioso do fracasso", ou seja, quanto mais a criança se sente inferiorizada, mais ela estará suscetível ao insucesso e menos poderá obter aprovações a partir de seu desempenho (Linhares, Parreira, Marturano & Sant'Anna, 1993).

Neste sentido, crianças com queixas de dificuldades de aprendizagem são descritas pelos seus pais e professores como apresentando problemas de ordem emocional, comportamental e cognitivo, além da queixa principal que recai sobre o desempenho acadêmico. Tal caracterização reflete como os pais e professores percebem estas crianças em atividades cotidianas em casa e na escola. Pode-se dizer que, ao descreverem o comportamento de seus filhos ou alunos, os adultos relatam também suas percepções, crenças e associações do impacto de tais dificuldades sobre a maneira da criança comportar-se e enfrentar situações cotidianas.

Pais e professores, em contextos diferentes, observam as crianças em situações livres e em tarefas acadêmicas e de acordo com suas percepções relatam o comportamento das crianças e caracterizam sua produtividade acadêmica. Quando se trata de crianças com dificuldades de aprendizagem, freqüentemente elas são encaminhadas para atendimento psicopedagógico. Neste contexto, como tais profissionais que recebem estas crianças podem: a) observar os possíveis impactos da dificuldade de aprendizagem no comportamento infantil; b) verificar o padrão de queixas combinadas relatado pelos pais ou professores; c) compreender como tais crianças enfrentam situações pedagógicas que envolvem interação social?

Recursos teóricos diversos podem ser utilizados pelos professores para responder a tais questionamentos.

Neste texto abordar-se-á a Entrevista Clínica como um recurso teórico para a avaliação da produtividade acadêmica. Inicialmente, apresentar-se-á alguns aspectos conceituais relativos à técnica e aos indicadores do desempenho acadêmico, em seguida propor-se-á um Roteiro para a observação clínica comportamental da criança frente a materiais acadêmicos e ainda dados de um estudo empírico utilizando tal Roteiro.

Entrevista Clínica como Recurso para a Avaliação da Produtividade Acadêmica

Um dos recursos disponíveis para a avaliação das variáveis psicológicas associadas ao desempenho e adaptação escolar é a entrevista clínica com crianças. De acordo com Logan (1989 / 1991) estabelecer um diálogo com uma criança como se faz com adolescentes e adultos é muito difícil, ou quase impossível. Portanto, no trabalho com crianças, o termo *entrevista* refere-se às interações e observações realizadas com o propósito de apreender o máximo acerca do mundo interno e das interações das mesmas. Estas interações podem ou não incluir conversas.

As entrevistas podem ser estruturadas ou não-estruturadas. As entrevistas estruturadas incluem uma série de questões sobre áreas definidas de conteúdo. As entrevistas não-estruturadas embora não sigam um formato rígido, não deixam de ter uma certa estruturação (Craig, 1991).

Logan (1991) descreve que nas entrevistas estruturadas o entrevistador oferece estímulos que podem incluir tarefas concretas com instruções específicas, enquanto na não estruturada a idéia fundamental é a de que quanto menos o terapeuta intrometer-se na situação mais a criança poderá projetar o seu modo pessoal de ser e pensar sobre a situação. Muitas entrevistas contêm aspectos estruturados e não-estruturados, em que o terapeuta estabelece alguma estruturação, mas fica atento para o direcionamento que é dado pela criança durante a entrevista.

Conforme Greenspan e Greenspan (1993) um dos principais talentos que o clínico deve possuir para conduzir uma entrevista clínica é saber respeitar o caminho da criança à medida que esta revela em seu próprio ritmo e suas próprias palavras, o caráter e o conteúdo de seu mundo de experiências. Os autores postulam que se deve observar em várias dimensões simultaneamente, monitorar cada canal de comunicação empregado pela criança (gestual, vocal, corporal, espacial, expressivo, simbólico...), distinguir entre observação e inferência e resistir à tendência para tirar conclusões com base em evidências insuficientes. Comentam ainda que o profissional que avalia crianças não deve se limitar em determinar o que perturba a criança em determinado ponto de seu desenvolvimento, mas sim estar atento para a estrutura na qual a dificuldade atual está ocorrendo e tentar compreender a organização da personalidade das crianças.

A partir de um enfoque estruturalista do desenvolvimento, Greenspan e Greenspan (1993) consideram que o foco da observação durante uma entrevista deve ser sobre o modo como a criança organiza a experiência em cada estágio desenvolvimental, visando compreendê-la em termos de suas tendências desenvolvimentais para cada área de funcionamento. Portanto, o enfoque estruturalista do desenvolvimento focaliza dois componentes do mundo experiencial de uma pessoa: o nível de organização da experiência e o tipo de experiência organizada. Usando uma metáfora dos autores, pode-se dizer que o nível de organização corresponde ao palco e o tipo de experiência, ao drama, incluindo preocupações, desejos, inclinações e medos específicos. Em cada fase evolutiva, há características que definem a capacidade de organização da experiência e dramas ou temas apropriados à idade, caracterizados por sua riqueza, profundidade e conteúdo.

Essas características de organização e temas específicos de cada fase oferecem um conjunto de indicadores clínicos baseados em comportamentos esperados para cada estágio do desenvolvimento. Assim, em uma situação padronizada, em que o contexto permanece o mesmo para todas as crianças, pode-se supor que as diferentes dimensões do desenvolvimento se farão presentes, deixando suas impressões e revelando a unicidade do indivíduo.

Conceituações Quantitativas e Qualitativas do Desempenho Acadêmico

Para compreender a relação entre o desempenho acadêmico e saúde mental, resultante da interação de uma série de fatores, Roeser e Eccles (2000) destacam a importância de diferenciar duas formas de abordagem do desempenho acadêmico: a quantitativa e a qualitativa. Conceituações quantitativas do desempenho acadêmico estão centradas na noção "do que" o estudante faz em situações acadêmicas. O foco na abordagem quantitativa está naqueles comportamentos que podem ser avaliados pelos outros, compreendendo a observação do comportamento das crianças por parte dos pais, professores ou pares. Consideram-se como indicadores quantitativos do desempenho o comportamento em sala de aula, o resultado de avaliações padronizadas, o investimento de esforço e tempo em tarefas e a escolha de trabalhos desafiadores.

Por outro lado, segundo os autores, os indicadores qualitativos do desempenho consideram "o porque" os estudantes fazem o que eles fazem. O foco na abordagem qualitativa do desempenho está na avaliação dos processos, tais como as crenças das crianças sobre as causas do sucesso ou fracasso escolar, suas percepções quanto às próprias habilidades para as aprendizagens específicas, suas metas, competências acadêmicas, além das estratégias metacognitivas. Em uma perspectiva qualitativa a atenção está voltada para a compreensão do processo e sua associação ao comportamento manifesto.

Neste texto, adotando a abordagem conceitual dos indicadores quantitativos e qualitativos do desempenho acadêmico, descrita por Roeser & Eccles (2000), interessou-nos por relatar a aplicação de tais conceitos na avaliação do comportamento de crianças no que diz respeito aos indicadores quantitativos. Considerou-se como indicadores quantitativos do desempenho acadêmico a avaliação da produção e do comportamento das crianças observados clinicamente frente à uma situação orientada para aprendizagem, buscando-se estudar, de forma sistemática, o que as crianças estão produzindo e como estão se comportando.

Pensamos que, dentro deste contexto, a entrevista semi-estruturada pode ser uma forma eficaz para a avaliação psicológica das crianças, podendo-se obter através de sua aplicação uma descrição do funcionamento das mesmas quanto as suas vulnerabilidades e recursos para a aprendizagem e interação. A proposição de uma entrevista semi-estruturada parece-nos poder constituir-se em uma situação padronizada que favorece a observação sistemática de crianças e dos indicadores quantitativos do comportamento.

Para tal considerou-se inicialmente as proposições de Visca (1987) relativas à Entrevista Operativa Centrada na Aprendizagem. Procedeu-se, adicionalmente a esta proposição, a descrição e detalhamento das manobras que visam orientar a interação avaliador–criança.

Propõe-se assim a aplicação de um procedimento, envolvendo a realização de uma observação clínica comportamental frente a uma situação orientada para aprendizagem, utilizando-se materiais lúdicos e acadêmicos e intervenções previamente delineadas de forma a assegurar certa sistematização à situação. Além da descrição do procedimento para a realização da observação clínica, propõe-se também, o Roteiro de Observação Clínica Comportamental da Criança, que orienta o registro. O procedimento de observação e o Roteiro serão apresentados a seguir.

Roteiro de Observação Clínica Comportamental da Criança

1 – Proposição de uma Modalidade de Observação Clínica Comportamental da Criança

Diante de uma diversidade de materiais pedagógicos e lúdicos é pedido à criança que mostre o que já sabe fazer, o que aprendeu, e o que as pessoas lhe ensinaram. Face a esta proposta, a criança poderá reagir de diferentes formas, cabendo ao entrevistador fazer algumas intervenções que permitam a observação de mudanças de condutas em geral, possibilidades de organização e desorganização do sujeito, suas verbalizações e omissões, esquiva e aproximação entre outros. A intenção é que a criança construa a entrevista de maneira mais espontânea, porém dirigida de forma experimental.

A. Materiais

Os materiais a serem apresentados para a criança na fase escolar deverão ser apresentados dentro de uma caixa fechada, tamanho 30 x 16 cm: folhas lisas tamanho papel de carta, ofício ou A4, folhas pautadas tamanho pasta única, papel fantasia (cortado em quadrados de 10 x 10 cm, em diversas cores), 2 livros de história (um de nível fácil e outro de nível médio), 2 revistas, 2 lápis novos sem ponta, 1 apontador, 1 caneta esferográfica, 1 borracha, 1 tesoura sem ponta, 1 cola, 1 régua, 5 marcadores de livro e clipes.

B. Aplicação

Como em todos os contatos feitos com uma criança, não se deve iniciar a sessão diretamente com a instrução da técnica. Ao chegar com a criança na sala, convide-a para entrar e dirija-se à mesa, oferecendo-lhe também uma cadeira. Converse por alguns minutos antes de apresentar o material da entrevista; o conteúdo desta conversa pode variar dependendo se você está vendo a criança pela primeira vez ou se já teve contato prévio com a mesma.

A forma de administração da entrevista consiste em pedir à criança que mostre o que já sabe fazer, o que aprendeu e o que as pessoas lhe ensinaram. Face a essa proposta, a criança poderá reagir de diferentes formas como falar, ficar paralisada, ignorar o material, entre outras. Cabe à entrevistadora fazer algumas intervenções ou manobras que permitam a observação de mudanças de conduta em geral.

Após um breve *rapport,* introduz-se a entrevista com a seguinte frase: *"Eu gostaria que você me mostrasse o que sabe fazer, o que lhe ensinaram e o que aprendeu"*. A seguir, indicando o material dentro da caixa: *"Este material é para que você use se precisar para mostrar-me o que falei que queria saber de você"*.

Iniciada a aplicação com a instrução acima, a entrevistadora pode intervir para facilitar a participação da criança e para a transição de uma atividade a outra. As intervenções ou manobras podem ser em quatro níveis: a) resposta gestual (qualquer gesto da entrevistadora que tenha por sentido mobilizar a criança: aceno da cabeça, sorriso, gesticulação como apontar); b) proposição aberta de mostrar outra coisa (*"Agora eu gostaria que você me mostrasse outra coisa que aprendeu, que sabe ou que lhe ensinaram"*); c) proposição fechada de mostrar outra coisa (*"Você já me mostrou como desenhar, agora eu gostaria que você me mostrasse outra coisa qualquer que não seja desenhar"*); d) modelo de alternativa múltipla (*"Você pode desenhar, escrever, ler, fazer alguma coisa de matemática ou qualquer outra coisa que lhe venha à cabeça"*).

Sugere-se que as sessões sejam gravadas em fita cassete e, durante a aplicação da entrevista, deve-se realizar anotações das observações do comportamento da criança para complementar o registro das sessões. A duração média da observação clínica é de 30 minutos.

C. Descrição do roteiro de observação clínica comportamental da criança e forma de pontuação

O Roteiro divide-se em três categorias: Produção, Desempenho Específico e Desempenho Geral. A categoria *Produção* compreende três alternativas de resposta, A, B ou C, para cada atividade desenvolvida pela criança avaliada. Para o Nível A foi atribuído um escore 3, para o Nível B foi atribuído um escore 2 e para o Nível C um escore 1. Em seguida, avalia-se o *Desempenho Específico* que compreende quatro alternativas de resposta com gradação progressiva de adequação à situação. As quatro subcategorias, *Reações frente à manobra, Temática, Comunicação e Interação*, dispõem também de alternativas A, B, C, ou D, sendo atribuído escore 3, 2, 1 ou 0 (zero), respectivamente. A categoria *Desempenho Específico* pode ainda ser avaliada quando ocorre a ausência de atividade, ou seja, após uma manobra da examinadora a criança recusa-se a realizar qualquer atividade, porém, não deixa de apresentar as demais subcategorias de reação frente à manobra, temática, comunicação e interação.

A categoria do *Desempenho Geral* compõe-se de duas subcategorias, *Recursos e Manifestações Afetivas*. Quanto aos *Recursos*, os itens Organização, Planejamento e Atenção são avaliados de acordo com três alternativas, que, além de identificar a presença ou ausência do comportamento, apresentam graduação de freqüência para aquele comportamento: "freqüentemente", "ocasionalmente", "não", "não observado", sendo atribuído escore 3, 2, 1 e 0 (zero), respectivamente. Para os itens da subcategoria *Manifestações Afetivas* tem-se três alternativas, a saber: A (alternativa que descreve o comportamento com polaridade positiva), B (alternativa que descreve o comportamento com polaridade negativa) ou C (quando nenhum dos comportamentos é observado), sendo atribuído escore 2, 1 ou 0 (zero), respectivamente.

O Roteiro de Observação Clínica Comportamental da Criança e o Protocolo de correção estão apresentados na íntegra em anexo.

Relato de um Estudo Empírico Utilizando-se o Roteiro de Observação Clínica Comportamental da Criança

Considerando-se as proposições já relatadas de Roeser e Eccles (2000) apresentar-se-á um estudo empírico desenvolvido com crianças com dificuldades de aprendizagem, destacando-se os indicadores quantitativos do comportamento obtidos pela observação clínica em situação de produtividade acadêmica.

Medeiros, Loureiro, Linhares e Marturano (2000) estudaram as relações entre o desenvolvimento acadêmico, o senso de auto-eficácia e os aspectos comportamentais de crianças diferenciadas quanto ao desempenho acadêmico. O estudo teve por objetivo observar como crianças com queixa de dificuldades de aprendizagem, encaminhadas para atendimento psicopedagógico, realizam atividades acadêmicas em uma situação semi-estruturada de produtividade acadêmica.

Procedeu-se a avaliação dos participantes do estudo por meio do Roteiro de Observação Clínica Comportamental da Criança. No total, foram 52 crianças, de ambos os sexos, na faixa etária de oito a 12 anos, alunos de 1ª a 4ª série, divididas em: 26 crianças com queixa de dificuldade de aprendizagem, encaminhadas para atendimento psicológico e 26 crianças com bom desempenho acadêmico avaliado por Teste de Desempenho Escolar. Este estudo é parte da Dissertação de Mestrado desenvolvida por Medeiros (2000).

Os dados relativos ao Roteiro de Observação Clínica Comportamental da Criança Orientada para Aprendizagem foram analisados discriminando-se as três categorias: Produção, Desempenho Específico e Desempenho Geral.

Com base nas informações do Roteiro de Observação Clínica Comportamental da Criança, pôde-se realizar um levantamento do número de atividades realizadas pelas crianças nos dois grupos. As crianças do grupo com dificuldades de aprendizagem apresentaram o total de 160 atividades e as crianças do grupo com bom desempenho, o total de 127. A análise geral da categoria Produção permitiu observar que das 160 atividades desenvolvidas pelas crianças do grupo com dificuldades de aprendizagem, 42% foram atividades de qualidade média, 39% de qualidade baixa e 19% alta, enquanto das 127 atividades realizadas pelas crianças do grupo com bom desempenho, 44% foram atividades de qualidade alta, 28% qualidade média e 28% de qualidade baixa.

Os grupos apresentaram diferença estatisticamente significativa em alguns itens do Roteiro de Observação Clínica Comportamental da Criança. Quanto à categoria *Produção*, observou-se que os grupos apresentaram diferenças estatisticamente significativas para as atividades de qualidade média, em que o grupo de crianças com dificuldades de aprendizagem apresentou média de desempenho mais alta para tais atividades quando comparado ao grupo de crianças com bom desempenho.

Na categoria *Desempenho Específico*, as subcategorias Reações frente à manobra, Comunicação e Interação apresentaram itens que diferenciaram os grupos. Observou-se que, quanto às Reações frente à manobra da examinadora, o grupo de crianças com dificuldades de aprendizagem apresentou média mais alta do que o grupo com bom desempenho para o item "espontaneamente realiza atividade"; sem que a examinadora verbalizasse, o grupo de crianças com dificuldades de aprendizagem apresentou média aproximada de duas atividades realizadas de forma espontânea, enquanto o grupo de crianças com bom desempenho apresentou média inferior a uma atividade. Na subcategoria Comunicação, o grupo com dificuldades de aprendizagem diferenciou-se em relação ao grupo de crianças com bom desempenho quanto a não realizar atividades e se comunicar, ou seja, as crianças do grupo com dificuldades de aprendizagem distanciaram-se mais da realização de atividades enquanto verbalizaram idéias e fatos quando comparadas às crianças com bom desempenho. Quanto à Interação, as crianças com dificuldades de aprendizagem diferenciaram-se quanto a interagir adequadamente com a examinadora sem estimulação, apresentando média mais alta que as crianças com bom desempenho. Quanto à Temática, os grupos não se diferenciaram estatisticamente. Os grupos apresentaram diversidade de temas que variava desde temas sobre atividades acadêmicas a temas tais como família, amigos ou brincadeiras.

No que se refere ao *Desempenho Geral*, dividido em duas subcategorias, Recursos e Manifestações Afetivas, notou-se que, quanto aos Recursos, o grupo com dificuldades de aprendizagem apresentou média significativamente mais baixa quanto aos itens organização e atenção quando comparado ao grupo com bom desempenho. Considerando-se o escore total da subcategoria Recursos, não se observou diferença estatisticamente significativa entre os grupos. Quanto às Manifestações Afetivas os grupos não se diferenciaram significativamente com relação aos itens e ao escore total.

Com base nos indicadores quantitativos do desempenho acadêmico das crianças com relação à produção e comportamento orientado para aprendizagem, pode-se traçar um perfil do padrão comportamental de crianças com queixa de dificuldades de aprendizagem em comparação às crianças com bom desempenho escolar.

Analisando-se os resultados da categoria Produção, observa-se que as crianças com queixa de dificuldade de aprendizagem realizaram maior número de atividades, porém, em nível baixo de qualidade, quando comparadas às crianças com bom desempenho. Pode-se pensar que essas crianças estavam muito mais preocupadas em "produzir em quantidade" do que "produzir com qualidade". A orientação da atenção dessas crianças parecia mais voltada para si do que para a realização da tarefa. O padrão mais ativo e com iniciativa apresentado pelas crianças com queixas de dificuldades de aprendizagem, com relação à interação e produção, podem ser indicativos de condutas relacionadas à baixa capacidade de auto-regulação apresentada pelas crianças deste grupo.

Considerando-se os resultados do Roteiro de Observação Clínica do Comportamento da Criança, as crianças com dificuldades de aprendizagem (contrariando as expectativas que se poderia ter com relação à sua capacidade de realização, considerando as dificuldades de desempenho acadêmico que motivaram seu encaminhamento para o atendimento psicopedagógico) apresentaram maior número de atividades, com padrão predominantemente médio de qualidade, e mostraram-se mais espontâneas para a realização das atividades e para a interação. Entretanto, distanciaram-se mais da realização das atividades para conversar. Ou seja, um número significativo de crianças com dificuldades de aprendizagem mostraram-se mais falantes, mais disponíveis para a interação. Isso que poderia ser considerado um aspecto positivo com relação a essas crianças tem também conotação negativa quando se observa que esse padrão de funcionamento apresenta-se associado à qualidade de produção média, com tendência a baixa, e menor capacidade de recursos quanto à organização e atenção.

O padrão de comportamento apresentado pelas crianças com dificuldades de aprendizagem nesta situação de observação sistemática pode sinalizar a maneira como essas crianças estão enfrentando as situações de aprendizagem em sala de aula, em lições de casa, entre outras. Percebeu-se que essas crianças distanciaram-se da realização de atividades para conversar, ou realizaram muitas atividades, porém, com qualidade média. Por outro lado, observou-se que as crianças com bom desempenho acadêmico apresentaram mais indicadores de controle dos impulsos associados às manifestações de decisão, iniciativa e baixo nível de ansiedade.

Concluindo, observou-se que as crianças com queixa de dificuldade de aprendizagem, quando comparadas às crianças com bom desempenho, apresentaram diferenças estatisticamente significativas quanto a: a) produção: atividades de qualidade média; b) comportamento: baixa capacidade de organização, atenção, iniciativa, decisão, embora com comunicação e interação espontânea.

Considerações Finais

A aplicação do Roteiro de Observação Clínica Comportamental da Criança permitiu elucidar aspectos relevantes do desempenho acadêmico, permitindo a identificação de recursos e limites das crianças frente a uma situação orientada para aprendizagem.

O Roteiro de Observação Clínica Comportamental da Criança poderá ser utilizado como uma forma de sistematização da observação individualizada de crianças com dificuldades de aprendizagem, visto que aborda aspectos diversos do seu funcionamento tais como: nível de qualidade da produção, reação frente à situação, nível de comunicação e interação e recursos disponíveis para a execução de tarefas acadêmicas. Além desses aspectos, permite observar as manifestações afetivas das crianças, que dizem respeito a sua capacidade de autojulgamento, iniciativa, decisão, auto-regulação e nível de ansiedade.

A utilização deste Roteiro de avaliação como um procedimento diagnóstico pode favorecer o planejamento de intervenções psicopedagógicas, no âmbito educacional ou terapêutico, que levem em conta tanto as capacidades e recursos potenciais quanto às autopercepções.

Neste sentido, com base na análise dos indicadores quantitativos do desempenho acadêmico, pode-se sugerir que o apoio psicopedagógico para as crianças com dificuldades de aprendizagem deva priorizar o favorecimento do desenvolvimento da autoregulação.

Compreendendo o dinamismo das múltiplas variáveis envolvidas no comportamento de crianças orientado para a aprendizagem, por meio da observação sistemática de crianças, pode-se destacar a importância do nível de produção associado ao padrão de interação.

Referências Bibliográficas

Craig, R. J. (1991). O processo clínico de entrevista. Em: R. J. Craig (Org.), *Entrevista clínica e diagnóstica* (pp. 25-43). (M. A. V. Veronese, Trad.) Porto Alegre: Artes Médicas (Trabalho publicado originalmente em 1989).

Erikson, E. (1971). *Infância e Sociedade.* (G. Amado. Trad.) Rio de Janeiro: Zahar (Trabalho original publicado em 1950).

Greenspan, S. I. e Greenspan, N. T. (1993). *Entrevista clínica com crianças.* (D. Batista, Trad.) Porto Alegre: Artes Médicas.

Lindahl, N. Z. (1988) Personalidade humana e cultura: aplicações educacionais da teoria de Erik Erikson. *Revista Brasileira de Estudos Pedagógicos*, v. 69, n.1 63, p. 492-509.

Linhares, M. B. M.; Parreira, V. L. C.; Maturano, A. C. e Sant'Anna, S. C. (1993). Caracterização dos motivos da procura de atendimento infantil em um serviço de psicopedagogia clínica. *Medicina,* v. 26, n. 2, pp. 148-160.

Logan, N. (1991). Avaliação diagnósticas de crianças. Em: R. J. Craig (Org.). *Entrevista clínica e diagnóstica.* (pp. 385-405). (M. A. V. Veronese, Trad.) Porto Alegre: Artes Médicas (Trabalho publicado originalmente em 1989).

Marturano, E. M., Linhares, M. B. M. e Parreira, V. L. C. (1993). Problemas emocionais e comportamentais associados a dificuldades na aprendizagem escolar. *Medicina*, 26, 161-175.

Marturano, E. M., Loureiro, S. R., Linhares, M. B. M. e Machado, V. L. S. (1997). A avaliação psicológica pode fornecer indicadores de problemas associados a dificuldades escolares? Em: E. M. Marturado, S. R. Loureiro, A. W. Zuardi (Orgs.). *Estudos em Saúde Mental* (pp. 11-48). Ribeirão Preto: Comissão de Pós-Graduação em Saúde Mental – USP.

Medeiros, P. C. (2000). *Crianças com dificuldades de aprendizagem: avaliação do senso de auto-eficácia e dos aspectos comportamentais*. Tese de Mestrado, Faculdade de Medicina de Ribeirão Preto, Universidade de São Paulo, São Paulo.

Medeiros, P. C.; Loureiro, S. R.; Linhares, M. B. M. e Marturano, E. M. (2000). A auto-eficácia e os aspectos comportamentais de crianças com dificuldade de aprendizagem. *Psicologia: Reflexão e Crítica*, *13*, 327-336.

Roeser, R. W. e Eccles, J. S. (2000). Schooling and mental health. Em: A. J. Sameroff, M. Lewis & S. M. Miller (ed.), *Handbook of Developmental Psychopathology* (pp. 135-156). New York: Kluwer Academic/Plenun Publishers.

Visca, J. (1987). *Clínica psicopedagógica – Epistemologia Convergente*. Porto Alegre: Artes Médicas.

ANEXO 1
ROTEIRO DE OBSERVAÇÃO CLÍNICA COMPORTAMENTAL DA CRIANÇA

I. PRODUÇÃO – QUALIDADE

A – alta B – Média C – Baixa

A	B	C
ESCRITA		
Escreve uma redação, utilizando palavras conectivas e relacionais ou numerais por extenso, operações matemáticas, com bom traçado, uso diferenciado de letras de fôrma e cursiva, minúscula/ maiúscula. Adequação da disposição da escrita no papel (parágrafo, separação de sílabas). As idéias são expostas de forma clara, com coerência e coesão textual, utilizando-se de adjetivos e verbos.	Letras, sílabas, ou palavras, sem utilização de palavras conectivas e relacionais entre as mesmas, ou ainda a representação dos números sem envolver operações matemáticas, ***entretanto*** com bom traçado, uso diferenciado de letras de fôrma e cursiva, minúscula/maiúscula. Adequação da disposição da escrita no papel. ***OU*** Escreve uma redação, utilizando palavras conectivas e relacionais, ou numerais por extenso; operações matemáticas, ***entretanto*** com traçado indicando dificuldades, uso indiferenciado de letras de fôrma e cursiva, minúscula/ maiúscula. Inadequação da disposição da escrita no papel (parágrafo, separação de sílabas).	Escreve letras, sílabas, ou palavras, sem utilização de palavras conectivas e relacionais entre as mesmas; ou a representação dos números sem envolver operações matemáticas. O traçado indica dificuldades. Uso indiferenciado de letras de fôrma e cursiva, minúscula/ maiúscula. Inadequação da disposição da escrita no papel.

LEITURA		
A	**B**	**C**
A criança lê com pausas apenas nos locais indicados pela pontuação do texto, com entonação adequada. Sem erros na decodificação de letras ou sílabas. Compreensão do texto lido, sendo capaz de reproduzir a mensagem principal, seja espontaneamente seja através da investigação da E.	Pronuncia os nomes das letras e/ou decodifica o texto sílaba por sílaba, com omissão de letras sílabas ou palavras. Comete erros na decodificação de letras ou sílabas, ***entretanto*** apresenta boa compreensão do texto lido, sendo capaz de reproduzir a mensagem principal, seja espontaneamente seja através da investigação da E. ***OU*** A criança lê palavras inteiras ou conjuntos de palavras, com poucas pausas, com entonação adequada, sem erros na decodificação de letras ou sílabas, ***entretanto*** apresentando uma compreensão limitada do texto lido, não sendo capaz de reproduzir partes da história, mesmo com a investigação da E.	Pronuncia os nomes das letras e/ou decodifica o texto sílaba por sílaba, com omissão de letras sílabas ou palavras, erros na decodificação de letras ou sílabas. Apresenta uma compreensão bastante limitada do texto lido, não sendo capaz de reproduzir partes da história, mesmo com a investigação da E.

DESENHO		
A	**B**	**C**
Representa graficamente um conjunto de elementos conectados. Os desenhos correspondem ao objeto/figura que a criança havia se proposto a desenhar, representando detalhes que ajudam na identificação do mesmo. Traçado firme. Adequação quanto à forma e/ou tamanho. Descreve o desenho com detalhes, sendo capaz de elaborar uma história sobre o mesmo, seja espontaneamente seja através da investigação da E. As idéias são apresentadas de forma clara, com coerência e encadeamento lógico, podendo utilizar-se de adjetivos e verbos. Uso adequado da borracha.	Desenha poucos elementos, sem conexão associativa entre os mesmos. O desenho não corresponde ao objeto/figura que a criança havia se proposto a desenhar, ou ainda, desenha uma figura e depois atribui a esta uma dada representação, ***entretanto*** com traçado firme, adequação quanto à forma e/ou tamanho. Uso adequado da borracha. ***OU*** Representa graficamente um conjunto de elementos, com conexão associativa entre os desenhos. O desenho corresponde ao objeto/figura que a criança havia se proposto a desenhar, ***entretanto*** o traçado indica dificuldades, com comprometimento quanto à forma e/ou tamanho, não apresenta detalhes que ajudam na identificação do objeto. Uso exagerado da borracha.	Desenha poucos elementos, sem conexão associativa entre os mesmos. O desenho não corresponde ao objeto/figura que a criança havia se proposto a desenhar não sendo possível seu reconhecimento, ou ainda desenha uma figura e depois atribui a esta uma dada representação. Traçado indicando dificuldades, com comprometimento quanto à forma e/ou tamanho. Uso exagerado da borracha.

RECORTE		
A	**B**	**C**
Recortes apresentam conexão associativa entre eles, correspondem ao objeto/figura que a criança havia se proposto a recortar, representando detalhes que ajudam na identificação do mesmo. O recorte acompanha o contorno da figura, com adequação quanto à forma e/ou tamanho.	Os recortes não apresentam conexão associativa entre eles. O recorte não corresponde ao objeto/figura que a criança havia se proposto a recortar, ou ainda recorta uma figura e depois atribui a esta uma dada representação, ***entretanto*** o recorte acompanha o contorno da figura, com adequação quanto à forma e/ou tamanho. ***OU*** Os recortes apresentam conexão associativa entre eles, correspondem ao objeto/figura que a criança havia se proposto a recortar, ***entretanto*** o recorte não acompanha o contorno da figura, com comprometimento quanto à forma e/ou tamanho.	O recorte não corresponde ao objeto/figura que a criança havia proposto a recortar, ou ainda recorta uma figura e depois atribui a esta uma dada representação. O recorte não acompanha o contorno da figura, com comprometimento quanto à forma e/ou tamanho.

COLAGEM		
A	**B**	**C**
A colagem corresponde ao objeto/figura que a criança havia se proposto a colar, representando detalhes que ajudam na identificação do mesmo. Adequação quanto à forma e/ ou tamanho. Disposta no papel respeitando o eixo do objeto e da folha. Cola de forma intencional, com planejamento e organização. Colagem sem borrões.	A colagem não corresponde ao objeto/figura que a criança havia se proposto a colar, ***entretanto*** é disposta no papel respeitando o eixo do objeto e da folha. Cola de forma intencional, com planejamento e organização. Colagem sem borrões. *OU* A colagem corresponde ao objeto/figura que a criança havia se proposto a colar, ***entretanto*** é disposta no papel sem se ater ao eixo do objeto e da folha. Cola de forma aleatória. A cola excede os limites da figura.	A colagem não corresponde ao objeto/figura que a criança havia se proposto a colar, ou ainda cola e depois atribui a esta uma dada representação. A colagem é disposta no papel sem se ater ao eixo do objeto e/ ou da folha. Cola de forma aleatória, sem planejamento e organização. A cola excede os limites da figura, chegando a sujar a colagem, sinalizando dificuldade no manejo do material.

CÓPIA (DESENHO)		
A	**B**	**C**
A cópia corresponde ao objeto/figura que a criança havia se proposto a copiar. Traçado firme. Sem comprometimento quanto à forma e/ ou tamanho. Uso adequado da borracha.	A cópia não corresponde ao objeto/ figura que a criança havia se proposto a copiar, ***entretanto*** com traçado firme, adequação quanto à forma e/ou tamanho. Uso adequado da borracha. ***OU*** A cópia corresponde ao objeto/figura que a criança havia se proposto a copiar ***entretanto*** o traçado indica dificuldades, com comprometimento quanto à forma e/ou tamanho. Uso exagerado da borracha.	A cópia não corresponde ao objeto/figura que a criança havia se proposto a copiar. O traçado indica dificuldades, com comprometimento quanto à forma e/ ou tamanho. Uso exagerado da borracha.

CÓPIA (ESCRITA)		
A	**B**	**C**
A cópia corresponde ao texto que a criança havia se proposto a copiar. Traçado firme. Sem comprometimento na representação das letras e sílabas de forma a dificultar a decodificação do texto. Uso adequado da borracha.	A cópia não corresponde ao texto que a criança havia se proposto a copiar, entretanto com traçado firme, sem comprometimento na representação das letras e sílabas de forma a dificultar a decodificação do texto. Uso adequado da borracha. ***OU*** A cópia corresponde ao texto que a criança havia se proposto a copiar, entretanto o traçado indica dificuldades, com comprometimento na representação das letras e sílabas de forma a dificultar a decodificação do texto. Uso exagerado da borracha.	A cópia não corresponde ao texto que a criança havia se proposto a copiar. O traçado indica dificuldades, com comprometimento na representação das letras e sílabas de forma a dificultar a decodificação do texto. Uso exagerado da borracha.

MINIATURAS		
A	**B**	**C**
Conjunto de elementos associados. A montagem corresponde ao objeto/figura que a criança havia se proposto a montar. Representa detalhes que ajudam na identificação da configuração. O manejo com as miniaturas indica habilidade quanto à coordenação motora. A montagem é disposta na mesa de forma intencional, com planejamento e organização.	A montagem não apresenta conexão associativa , não corresponde à configuração que a criança havia se proposto a realizar, ou ainda monta e depois atribui a esta uma dada representação, ***entretanto*** o manejo com as miniaturas indica habilidade quanto à coordenação motora e a montagem é disposta na mesa de forma intencional, com planejamento e organização. ***OU*** A montagem apresenta conexão associativa, corresponde à configuração que a criança havia se proposto a realizar, ***entretanto*** o manejo com as miniaturas indica dificuldades quanto à coordenação motora. A montagem é disposta na mesa de forma aleatória, sem planejamento e organização.	A montagem não apresenta conexão associativa. Não corresponde à configuração que a criança havia se proposto a realizar, ou ainda monta e depois atribui a esta uma dada representação. O manejo com as miniaturas indica dificuldades quanto à coordenação motora. A montagem é disposta na mesa de forma aleatória, sem planejamento e organização.

DOBRADURA		
A	**B**	**C**
A dobradura corresponde ao objeto/figura que a criança havia se proposto a dobrar. O manejo do papel reflete boa coordenação motora.	A dobradura corresponde ao objeto/figura que a criança havia se proposto a dobrar, ***entretanto*** não representa detalhes que ajudam na identificação do mesmo. Comprometimento quanto à forma e/ou tamanho, indicando dificuldades na coordenação motora. Faz várias tentativas, dobrando e redobrando o papel várias vezes, antes de concluir. ***OU*** A dobradura não corresponde ao objeto/figura que a criança havia se proposto a dobrar, **entretanto** apresenta comprometimento quanto à forma e/ou tamanho, o manejo do papel reflete boa coordenação motora.	A dobradura não corresponde ao objeto/figura que a criança havia se proposto a dobrar, não sendo possível seu reconhecimento, ou ainda dobra e depois atribui a esta uma dada representação. Comprometimento quanto à forma e/ ou tamanho. Dificuldades na coordenação motora. Faz várias tentativas, dobra e redobra o papel várias vezes antes de concluir.

II. DESEMPENHO GERAL

II. 1 – Reações frente à manobra

a) Espontaneamente, a criança inicia e executa a atividade sem requerer a apresentação de outras manobras. *Ex: A criança terminou de fazer uma colagem, e em seguida tem a iniciativa de pegar o livro e fazer uma leitura, sem o E. apresentar outra manobra*
b) Mediante a apresentação das manobras, sem necessitar de estimulação por parte do E., a criança dá prosseguimento à atividade (considera-se estimulação: qualquer verbalização ou comportamento do E. que tenha por objetivo ajudar ou incentivar a criança a realizar ou prosseguir a tarefa). *Ex: Após a manobra: "O que mais você sabe fazer?", imediatamente a criança começa a ler um livro*
c) Mediante a apresentação das manobras, a criança necessita de estimulação para dar prosseguimento à atividade. *Ex: Após a manobra: "O que mais você sabe fazer?", a criança responde: "Sei desenhar!", mas não pega os materiais apropriados e/ou não inicia a atividade. E. estimula, para que realize alguma atividade: "Veja! Aqui temos lápis, papel, você pode usá-los para desenhar". A criança permanece apática. O E. novamente estimula: "Você disse que sabe desenhar, você pode fazer isso agora?!!", e a criança inicia o desenho"* .
d) Mediante a apresentação das manobras, mesmo com muita estimulação a criança não dá prosseguimento à atividade. *Ex: Após a manobra: "O que mais você sabe fazer?", a criança não responde, permanecendo paralisada. O E. estimula para que realize alguma atividade e a criança se nega a realizar ou mesmo não tem iniciativa.*

II. 2 – Temática

a) O tema está ligado às tarefas acadêmicas. *Ex: A criança escreve numerais, escolhe um livro para ler, escreve o abecedário, comenta sobre o que aprende ou faz na escola.*

b) O tema está genericamente relacionado à escola. *Ex: A criança faz o desenho da escola, fala da professora.*
c) O tema está ligado à família, colegas, amigos e/ou brincadeiras. *Ex: A criança desenha a própria casa, comenta que mora com o pai, a mãe e a irmã, escreve o nome da mãe e do pai; "C: Meus colegas levam boné na escola e a diretora não gosta!" ou " Minha vizinha repetiu o ano, era para ela estar na segunda série."*
d) Outros temas (diferentes dos itens **b, c,** e **d)**

II. 3 – Comunicação

a) Centrada na realização da atividade, a criança verbaliza idéias e fatos ou faz comentários necessariamente pertinentes à atividade que está executando. *Ex: Enquanto desenha, verbaliza o que aprendeu na escola.*
b) Centrada na realização da atividade, a criança permanece em silêncio. *Ex: Enquanto desenha, permanece em silêncio, parecendo concentrada na realização da atividade.*
c) Distanciando-se da realização da atividade, espontaneamente ou após estimulação, verbaliza idéias e fatos ou faz comentários não necessariamente pertinentes à atividade que está executando, a atenção da criança parece mais voltada para a verbalização. *Ex: A criança não realiza a atividade e começa a contar sobre as brincadeiras da escola.*
d) Distanciando-se da realização da atividade, a criança permanece em silêncio, responde apenas gestualmente e/ou responde monossilabicamente. *Ex: A criança não realiza a atividade e não responde à estimulação do E., permanecendo paralisada.*

II. 4 – Interação

a) Espontaneamente a criança mostra-se com iniciativa para trocas, buscando o contato e respondendo adequadamente ao que é perguntado. *Ex: Responde às perguntas do E. e faz comentários e/ou perguntas à mesma.*

b) Após estimulação verbal do E. a criança responde adequadamente, mostrando-se dependente das estimulações do E. para interagir. *Ex: Cumprimenta o E., responde às perguntas feitas, mantém contato visual.*
c) Após estimulação verbal do E. a criança mostra-se pouco disponível ao contato, respondendo apenas gestualmente e/ou monossilabicamente *Ex: Após manobra, a criança afirma com a cabeça.*
d) Após estimulação verbal do E., a criança o ignora. *Ex: Após manobra, a criança não responde. E. estimula com outras perguntas e a criança permanece em silêncio.*

III. DESEMPENHO GERAL

III. 1 – Recursos

III.1.1

Organização: denota organização e cuidado com os materiais, tampando os materiais que abre, guardando-os após o uso, jogando fora os que não serão mais usados, dispondo-os sobre a mesa de forma a ajudar na realização da atividade. *Ex: Ao final de uma atividade, a mesa está organizada, os materiais que não foram utilizados estão dentro da caixa.*

III.1.2

Planejamento: denota conhecimento das etapas da atividade que executa, seguindo a ordem natural de passos para executar uma atividade e/ou parecendo ter um plano ou roteiro. *Ex: Ao fazer um recorte, primeiro escolhe a figura, recorta, escolhe onde vai colar, passa a cola e depois cola. Ou ainda comenta: "pra fazer um envelope, primeiro eu tenho que dobrar e depois passar cola!" e faz como verbalizado.*

III.1.3

Atenção: a orientação da atenção parece estar voltada para a atividade mesmo quando a interrompe. *Ex: Está desenhando, pára, faz algum comentário referente à produção e continua seu desenho espontaneamente.*

III. 2 – Manifestações afetivas

III.2.1 – Autojulgamento

a)	A criança expressa predominantemente julgamentos, gerais e específicos, positivos sobre si. *Ex: Eu sou bom aluno ou Eu sei escrever.*
b)	A criança expressa predominantemente julgamentos, gerais ou específicos, negativos sobre si. *Ex: Eu não sei nada ou Eu não sei escrever.*
c)	Nenhuma das alternativas.

III.2.2 – Decisão

a) Mostra-se decidida e com capacidade de escolha frente à proposta. *Ex: Eu vou fazer um desenho. (em seguida realiza um desenho)*
b) Mostra-se indecisa e com dificuldade de escolha frente às propostas. *Ex: Eu não sei se eu desenho ou leio o livro. O que você quer que eu faça?*
c) Nenhuma das alternativas

III.2.3 – Ansiedade

a) Manifesta ansiedade inicial frente às propostas, que desaparece ao longo da sessão.
b) Manifesta ansiedade frente às propostas, que permanece ao longo da sessão.
c) Nenhuma das alternativas

III.2.4 – Iniciativa

a) Mostra-se ativa, fazendo perguntas e respondendo à situação proposta de forma a ter controle sobre o que ocorre, não exigindo manobras diretivas do E. *Ex: É pra fazer coisas que eu aprendi na escola ou em casa?*
b) Mostra-se apática exigindo muitas manobras diretivas do E., respondendo a este com submissão. *Ex: Não sei mais o que fazer. (a criança não tem iniciativa). E.: Você pode fazer um desenho, escrever, ler ou recortar.*
c) Nenhuma das alternativas

III.2.5 – Auto-regulação

a) Completa os assuntos ou atividades iniciadas, parecendo ouvir as instruções, respondendo a estas com adequação.
b) Interrompe os assuntos ou atividades iniciadas, parecendo não ouvir, respondendo à estas de forma inadequada.
c) Nenhuma das alternativas

Protocolo do Roteiro de Observação Clínica Comportamental da Criança

Nome da criança:

Os itens das categorias *Produção e Desempenho Específico* devem ser observados e avaliados para cada uma das atividades realizadas. Responda aos itens das categorias *Produção e Desempenho Específico com* o que lhe pareça melhor descrever o que você pode observar no comportamento da criança, em cada atividade.

Número de atividades realizadas pela criança:											
		Produção e Desempenho Específico									
		1	2	3	4	5	6	7	8	9	10
I	1. Nível de qualidade										
II	1. Reação à manobra										
	2. Temática										
	3. Comunicação										
	4. Interação										

Qualidade – a-alta b-média c-baixa

Os itens da categoria *Desempenho Geral* devem ser observados e avaliados considerando o conjunto de atividades realizadas durante toda a sessão. Responda aos itens da categoria *Desempenho Geral* considerando a observação do comportamento geral da criança durante toda a sessão.

DESEMPENHO GERAL					
III.1	1. Organização				
	2. Planejamento				
	3. Atenção				
III.2	1. Autojulgamento				
	2. Decisão				
	3. Ansiedade				
	4. Iniciativa				
	5. Auto-regulação				

F – Freqüentemente N – Não O – Ocasionalmente NO – Não Observado

Capítulo 5

O Desempenho Escolar e o Autoconceito no Contexto da Progressão Continuada

Adriana Vilela Jacob
Sonia Regina Loureiro

O Autoconceito e suas Relações com o Desempenho Acadêmico

O processo do desenvolvimento psicológico do ser humano acontece ao longo de toda a vida, e a infância é considerada a fase na qual ocorrem as principais aquisições relativas à organização da personalidade.

Neste capítulo consideraremos os aspectos relativos à autopercepção que a criança tem de si, relativa ao Autoconceito.

A criança não nasce com um conceito próprio de si. No processo de desenvolvimento vivencia diversas experiências e identifica em si e no ambiente, em especial na interação com os adultos, sinalizações relativas às suas capacidades e dificuldades. As informações provenientes das figuras significativas, geralmente os pais, são fundamentais no processo de desenvolvimento das autopercepções (Villa Sanchéz e Escribano, 1999).

Como as demais funções psicológicas relacionadas à identidade, o Autoconceito é construído e definido ao longo do desenvolvimento, sendo influenciado pelas pessoas significativas do ambiente familiar, escolar e social, bem como pelas repercussões para o indivíduo de suas próprias experiências de sucesso e de fracasso.

A criança ao longo do seu desenvolvimento vai formando uma imagem de si, compreendida em vários níveis, sendo a auto-imagem o conceito geral que tem de si e a auto-estima o afeto que esta percepção lhe desperta.

Além desta percepção geral que vai desenvolvendo a respeito de si, a criança também se auto-avalia atribuindo a si capacidades e habilidades para enfrentar situações específicas e desafios. Estas atribuições caracterizam o Autoconceito. Define-se como Autoconceito o conjunto de atribuições cognitivas que um indivíduo faz a seu respeito, de seu comportamento em diferentes situações objetivas e das suas características pessoais.

Do ponto de vista conceitual, o Autoconceito envolve três níveis de percepção. O primeiro nível é o Descritivo, considerado a avaliação das características e aspectos específicos de capacidades e competências que a criança faz conscientemente de si. Esta avaliação mobiliza respostas emocionais que podem ser positivas ou negativas, o que envolve o segundo nível, o Avaliativo, ou seja, uma determinada autopercepção pode despertar sentimentos de adequação ou de inadequação, o que resulta em satisfação ou insatisfação consigo. Em um terceiro nível, situa-se a Congruência entre a auto-avaliação que uma criança faz de si e a avaliação externa, feita pelos outros indivíduos e resultante das experiências objetivas de enfrentamento das diferentes situações (Candieux, 1996).

O papel dos pais ou responsáveis na formação do Autoconceito dos seus filhos é de suma importância, pois é a partir de suas atitudes para com os filhos que, em grande medida, a autovaloração das crianças se desenvolve.

O Autoconceito reflete, portanto, uma concepção valorativa que um indivíduo tem sobre si mesmo, sobre sua própria pessoa, o que repercute nas suas atitudes.

O ingresso no mundo escolar proporciona à criança múltiplas experiências e desafios. O contato com os professores e com os colegas mediado pelo contexto da aprendizagem acadêmica é intenso. O professor é uma figura percebida pelos alunos como significativa, revestida de prestígio e com influência não apenas na formação acadêmica, mas também na formação do Autoconceito, especialmente o Autoconceito Acadêmico.

O relacionamento com as demais crianças na escola também condiciona a estima que a criança desenvolve sobre si mesma. A formação de sua auto-avaliação será influenciada pela sua aceitação ou rejeição e pelo valor que lhe é atribuído pelos seus pares.

No contexto da aprendizagem, pode-se hipotetizar que a criança terá maior motivação para enfrentar a situação de aprendizagem na medida em que tiver uma percepção positiva de seu potencial intelectual, da sua capacidade para aprender os conteúdos escolares e de obter sucesso, características estas associadas a um Autoconceito positivo. Em contrapartida, a motivação para aprender será menor na medida em que a criança não se perceber com os recursos necessários para tal, o que está associado a um Autoconceito negativo.

Estas idéias têm sido debatidas cientificamente desde os anos 40, apontando para uma relação positiva entre desempenho escolar e o Autoconceito de estudantes, e os trabalhos têm concluído que os sentimentos e percepções de estudantes a respeito de suas habilidades podem influenciar no sentido de melhorar ou piorar a sua performance acadêmica.

Nos anos 70 estes estudos passaram a ser realizados de forma mais sistemática e inúmeros trabalhos empíricos concluíram que há uma relação positiva entre o Autoconceito e desempenho escolar.

Esses estudos demonstraram que quanto mais positivo for o Autoconceito acadêmico, melhor será o desempenho das crianças nas atividades acadêmicas, o que por sua vez contribuirá para a manutenção de um bom Autoconceito. Em contrapartida, um Autoconceito acadêmico rebaixado relaciona-se com maiores dificuldades escolares, repercutindo no desempenho acadêmico das crianças, o que também prejudica o Autoconceito.

As experiências de aprendizagem acadêmica bem-sucedidas têm sido relacionadas com uma avaliação positiva de si, ao passo que as experiências de dificuldade e fracasso na aprendizagem, enquanto uma tarefa psicossocial própria do desenvolvimento, têm sido associadas a uma auto-avaliação negativa de si.

Lindahl (1988) relacionou a questão da aprendizagem acadêmica às etapas do desenvolvimento propostas por Erikson (1976) e apontou para as repercussões do desempenho acadêmico das crianças em fase escolar sobre a personalidade.

O fracasso escolar é percebido como o não cumprimento da tarefa psicossocial atribuída às crianças e este fato tende a comprometer sua aceitação e popularidade frente aos adultos e aos colegas, favorecendo o desenvolvimento de autopercepções negativas (Boruchovich, 1993).

Inúmeros fatores podem estar relacionados ao desempenho escolar. No processo do aprender, as questões ligadas ao ambiente, ou seja, ao nível sócio-econômico-cultural, à estrutura familiar e ao processo educacional ao qual a criança está submetida são tão relevantes quanto às questões relativas ao indivíduo, que dizem respeito ao seu potencial intelectual e às suas condições psicológicas.

A criança que vivencia o fracasso enfrenta um círculo vicioso de fracasso, identificando-se como fracassada e como única responsável pelas dificuldades escolares. Essa percepção de si reflete negativamente no seu modo de enfrentar as diferentes situações na família e na escola.

Muitas vezes, a criança que fracassa de forma recorrente abandona a escola, carregando consigo a crença de que seu fracasso é decorrente de suas limitações e de sua incapacidade para aprender (Nunes, 1990).

A falta de incentivo e a exposição constante ao desinteresse e depreciações a respeito das suas realizações repercutem em comportamentos de resistência ou mesmo de oposição da criança às situações relacionadas ao aprender acadêmico (Marturano, 1997).

O enfrentamento das diferentes situações de vida está diretamente relacionado às interpretações que as crianças fazem das suas capacidades e qualidades, das suas crenças e atribuições conscientes que fazem a respeito de si e do mundo, resultando em maior ou menor motivação.

A motivação também está sujeita às influencias do ambiente familiar. O suporte para a aprendizagem e a exposição da criança a experiências cognitivamente enriquecedoras podem influenciar os recursos desta para a situação acadêmica.

Além da família, as motivações dos professores também se mostraram importantes no processo de ensino e aprendizagem. Sabe-se que as expectativas e crenças dos professores a respeito das possibilidades de aprendizagem de seus alunos podem influenciar o desempenho das crianças. As percepções do educador a respeito da criança e as repercussões destas no desempenho têm sido consideradas de impacto, atuando como profecias auto-realizáveis (Lindahl, 1988).

A referida autora relata que em situações nas quais as crianças são tratadas pelos educadores como fracassadas de antemão, há maior ocorrência de dificuldades escolares, o que mantêm a tendência ao fracasso. Compreende-se este fenômeno como decorrente da menor motivação do professor, que resulta em menor investimento em cada criança, menor tolerância para suas dificuldades e na aceitação do fracasso como curso natural.

Ao analisar as questões a respeito das relações entre as autopercepções e o desempenho acadêmico de crianças com dificuldades de aprendizagem, destaca-se um questionamento central: Como promover intervenções que possam romper com este ciclo de fracasso?

A Questão do Desempenho Acadêmico no Contexto Brasileiro

Em nosso meio, lidar com o fracasso escolar coloca-se como um desafio que envolve um conjunto amplo de variáveis do indivíduo, da família e da própria escola.

A questão do fracasso escolar no Brasil tem sido considerada importante, tendo-se em conta a extensão do problema, na medida em que 68,7% das crianças apresentam alguma distorção entre idade e série escolar, e a cronicidade das dificuldades quando se constata que a probabilidade de uma criança repetente ser reprovada é de cerca de 50% (Colóquio sobre programas de classes de aceleração, 1998).

O governo brasileiro, preocupado com a relação entre reprovação e a taxa de evasão escolar, propôs medidas de progressão continuada em que as crianças das séries iniciais de ensino fundamental não são reprovadas, sendo automaticamente promovidas para as séries seguintes (LDB 9394/96; Decreto Federal nº 2.207 de 15/04/1997; Decreto Estadual nº 42.965 de 27/03/1998).

> "*Os estabelecimentos que utilizam progressão regular por série podem adotar no ensino fundamental o regime de progressão continuada, sem prejuízo da avaliação do processo de ensino-aprendizagem, observadas as normas do respectivo sistema de ensino*".
>
> LDB, Lei n° 9394, Seção III, Art. 32 IV § 2°

Tal medida tem sido justificada como uma maneira de minimizar o impacto das reprovações sobre a auto-estima das crianças e com isso incentivá-las a permanecer na escola.

Esta experiência, recente, tem sido submetida aos primeiros estudos sistemáticos sobre as repercussões destas medidas implementadas, e os resultados preliminares têm sido discutidos.

Neste contexto, Placco, André e Almeida (1999) relataram e avaliaram a experiência do Projeto de Classes de Aceleração do Estado de São Paulo, implementado nas escolas da rede estadual de ensino, visando eliminar a defasagem entre série e idade regular de matrícula dos alunos da 1ª a 4ª série do ensino fundamental. O objetivo do projeto foi resgatar a auto-estima dos alunos e favorecer o desenvolvimento das condições necessárias a sua reintegração em série compatível com sua idade. Segundo o relato, as crianças que foram integradas ao projeto apresentaram melhora da auto-estima enquanto freqüentavam as classes de aceleração, o que contudo não permaneceu quando foram reintegradas ao ensino regular.

Os autores consideraram que o preparo dos professores das classes de aceleração para lidar com este aspecto específico foi um dos fatores importantes para o desenvolvimento das crianças.

Analisando as diferentes variáveis envolvidas neste processo, as referidas autoras destacaram a importância da auto-avaliação dos alunos, afirmando:

> *"a compreensão e avaliação de si mesmo são muito importantes na escola, uma vez que o desempenho reflete, em certa medida, o nível de auto estima e, em contrapartida, essa auto-estima contribui para as modificações nesse nível"* (Placo e cols., 1999, p.65).

A implantação recente da progressão continuada tem criado uma situação peculiar de convivência de crianças em uma mesma sala de aula, com uma maior variação de desempenho escolar, não implicando retenção escolar.

Considerando-se o contexto de implantação da progressão continuada, foi realizado um trabalho de pesquisa, visando estudar de forma sistemática as autopercepções das crianças em relação ao seu Autoconceito frente à situação instituída de progressão continuada, na qual o desempenho acadêmico não implica mais retenção ou reprovação escolar. Para tal, avaliaram-se crianças sem déficit intelectual que apresentavam baixo desempenho quando submetidas a uma avaliação pedagógica sistemática. Frente a esta mudança contextual, questionava-se: Como estaria o Autoconceito destas crianças agora que têm garantida a não reprovação?

O Autoconceito no Contexto da Progressão Continuada – Um Estudo Realizado

O estudo foi realizado com o consentimento formal dos pais ou responsáveis (atendendo às normas éticas), mediante anuência por escrito, em um Centro de Atendimento Integral da Criança e Adolescente (CAIC) vinculado às Secretarias Municipais da Educação e do Bem Estar Social de Ribeirão Preto (SP).

No contexto da progressão continuada, teve-se por objetivo geral a avaliação do Autoconceito de dois grupos de crianças, alunos do ensino fundamental de escolas da rede pública de ensino da cidade de Ribeirão Preto (SP), diferenciadas pelo desempenho escolar e a avaliação de aspectos comportamentais das crianças com base nas informações fornecidas pelos professores, relacionando as autopercepções das crianças às percepções dos adultos com relação a ela.

Foram estudadas 40 crianças, de ambos os sexos, com idade variando de 7 anos e 8 meses à 11 anos e 8 meses, sem história de deficiências ou limitações físicas e com nível intelectual médio (avaliado pelas Matrizes Progressivas Coloridas de Raven – Escala Especial), objetivando excluir assim algumas variáveis que pudessem comprometer o desempenho escolar.

As crianças foram distribuídas em dois grupos, com base no desempenho escolar formalmente avaliado:

Grupo 1. Constituído por 20 crianças sem dificuldades escolares, avaliadas através do Teste do Desempenho Escolar – TDE (Stein, 1994);

Grupo 2. Constituído por 20 crianças com desempenho em leitura e/ou escrita compatíveis com uma escolarização insatisfatória, apresentando resultados inferiores ao esperado para sua faixa etária ou nível de escolarização.

Avaliação do autoconceito

A avaliação do Autoconceito foi realizada através da *Escala Infantil Piers-Harris de Autoconceito "O que eu sinto sobre mim mesmo"* (Piers, 1984), traduzida e adaptada para o nosso meio por Jacob e Loureiro (1999). O instrumento é formado por 80 itens que são apresentados à criança solicitando-lhe que avalie se a sentença descreve como ela se sente em relação a si mesma na maioria das situações, devendo responder "sim" ou "não", caso considere as sentenças verdadeiras ou falsas para si. Cada resposta recebe uma pontuação igual a um (1) se corresponder a uma avaliação positiva de si, o que em alguns itens se obtém com a resposta negativa e em outros com a resposta afirmativa. A somatória das respostas com valor positivo corresponde ao escore total. O conjunto das afirmativas dividiu-se em seis agrupamentos de acordo com a temática da questão, o que caracteriza as seguintes categorias de avaliação do Autoconceito: *Comportamento; Status Intelectual e acadêmico; Aparência Física e Atributos; Ansiedade; Popularidade; Felicidade e Satisfação.* A partir das respostas das crianças avalia-se a fidedignidade das respostas através dos índices de inconsistência e viés.

Com relação aos resultados, observou-se quanto à avaliação de Autoconceito que as crianças com bom desempenho escolar tiveram escores gerais mais elevados, sugerindo um Autoconceito global mais positivo que as crianças com baixo desempenho escolar, que apresentaram resultados inferiores, sugestivos de uma auto-avaliação mais negativa de si.

Dentre as seis categorias de avaliação do Autoconceito, os dois grupos de crianças diferenciaram-se apenas em duas categorias, Autoconceito Intelectual e Status Acadêmico, e Comportamento, sendo que as crianças com bom desempenho escolar apresentaram uma avaliação de si mais positiva do que as crianças com baixo desempenho escolar quanto ao reconhecimento de suas habilidades e competência acadêmica e quanto ao seu ajustamento comportamental.

Avaliação dos professores a respeito das crianças

Para a avaliação da criança no contexto escolar foi utilizado o questionário para caracterização do desempenho e comportamento da criança no ambiente escolar proposto por Machado, Figueiredo e Selegato (1989). Tal instrumento foi aplicado com as professoras que avaliaram as crianças a respeito de três categorias: o comportamento da criança no ambiente escolar em relação às tarefas, em relação aos colegas e em relação à própria professora.

A avaliação das professoras apontou para a diferenciação das crianças dos dois grupos no que diz respeito ao comportamento frente à professora e aos colegas. As crianças com baixo desempenho escolar, segundo as professoras, apresentaram maiores dificuldades nos relacionamentos no contexto escolar comparativamente às crianças com bom desempenho escolar.

As relações entre o desempenho escolar, o autoconceito e o comportamento das crianças avaliadas pelas professoras, no contexto da progressão continuada.

As crianças estudadas apresentavam características semelhantes quanto à idade, sexo e contexto sociocultural, na medida em que todas freqüentavam um mesmo núcleo de assistência da prefeitura, sendo todas moradoras e procedentes de bairros vizinhos e com pais e mães com nível de escolaridade semelhante.

A prova específica de avaliação do desempenho escolar (TDE) pôde diferenciar o nível de desempenho das crianças em tarefas semelhantes às escolares, embora as crianças não sejam diferenciadas formalmente por este crivo no contexto acadêmico, na medida em que não experimentam mais a retenção escolar e freqüentam as mesmas salas de aula.

Constatou-se que a ausência da retenção escolar para estas crianças estudadas com baixo desempenho escolar, em um primeiro momento, não eliminou a avaliação diferenciada de Autoconceito.

No geral, as crianças com maior facilidade para leitura e escrita, com desempenho compatível à série cursada ou à faixa etária (com base no Teste do Desempenho Escolar), avaliaram-se mais positivamente que as crianças que tiveram maiores dificuldades de desempenho nestas áreas.

Estas crianças, que apresentaram escores mais positivos de Autoconceito e que também apresentaram melhor desempenho escolar, provavelmente estão obtendo sucesso acadêmico, o que por sua vez está mantendo seus sentimentos positivos em relação a si.

As crianças com baixo desempenho escolar, por sua vez, além das dificuldades de aprendizagem, também se julgaram com menos recursos, sugerindo um Autoconceito mais negativo, característico das crianças com dificuldades de aprendizagem. Estas crianças, ao apresentarem uma baixa expectativa de aprendizagem, pareceram mais vulneráveis e com prejuízo na sua capacidade de enfrentamento.

Neste sentido, observou-se que os resultados das crianças dos dois grupos estudados são concordantes com os dados de estudos prévios da literatura caracterizando uma relação positiva entre o Autoconceito e o desempenho escolar. O baixo desempenho também tem repercussões no Autoconceito, o que, portanto, pode incrementar um círculo vicioso, indicando a necessidade de intervenção.

As categorias de autoconceito que melhor diferenciaram os grupos relacionaram-se ao Comportamento e ao Status Intelectual e Acadêmico. As questões relacionadas a essas duas categorias apontaram no sentido de que as crianças com bom desempenho escolar consideram-se obedientes, com bom comportamento na escola e em casa, não se considerando responsáveis pelos eventos negativos a que estão sujeitos. Julgam-se ainda espertas, com boa capacidade de leitura e atenção. As crianças com baixo desempenho escolar, comparativamente, fizeram uma avaliação de si menos positiva, e uma menor porcentagem destas crianças respondeu favoravelmente a estes aspectos destacados.

Esta relação positiva do Autoconceito Geral e o Autoconceito Acadêmico com o desempenho escolar das crianças dos grupos estudados são concordantes com os achados da literatura.

Esses resultados são sugestivos de que as crianças com melhor desempenho no Teste do Desempenho Escolar têm uma percepção de si e de seus atributos mais positiva, identificando em si melhores condições comportamentais e intelectuais, julgando-se como mais capazes para enfrentar a realidade acadêmica, o que se constitui em recurso de aprendizagem importante para o bom desempenho escolar.

Já as crianças que tiveram dificuldades de desempenho (no Teste do Desempenho Escolar) pareceram atribuir a si as dificuldades que de fato estão vivenciando com relação à aprendizagem acadêmica, o que pode ser agravado na medida em que suas percepções e julgamentos de menor capacidade podem influenciar na sua motivação e persistência no enfrentamento de atividades escolares, principalmente nas atividades relacionadas à leitura.

Contudo, pôde-se observar a partir dos resultados relativos à avaliação de Autoconceito que a interpretação que as crianças com baixo desempenho escolar fazem das suas dificuldades pareceram equivocadas, na medida em que justificam-nas como decorrentes de menores recursos para a aprendizagem, o que do ponto de vista intelectual não coincide com os dados que alcançaram na avaliação psicométrica da inteligência. Neste caso, seu desempenho escolar rebaixado pode estar sofrendo a influência da interpretação que as crianças estão dando aos eventos, atribuindo responsabilidade a menores recursos intelectuais. Esta interpretação pode estar influenciando de maneira relevante a forma como as crianças com baixo desempenho escolar vêm enfrentando a situação de aprendizagem, já que a auto-avaliação de poucos recursos intelectuais prejudica o processo de aprender, uma vez que a auto-atribuição de menores recursos e a crença de menor capacidade podem influir no nível de motivação frente à aprendizagem acadêmica.

Estas autopercepções negativas que as crianças com dificuldades escolares têm de si parecem alimentar um círculo vicioso no qual as dificuldades acadêmicas interferem na avaliação que as crianças fazem de suas competências, resultando em dificuldades de enfrentamento das situações tidas como ameaçadoras, favorecendo expectativa rebaixada de sucesso e, conseqüentemente, implicando em outras dificuldades acadêmicas.

Neste sentido, as crianças com baixo desempenho escolar, apesar de bom nível intelectual, tenderam a subestimar seus recursos, atribuindo suas dificuldades de aprendizagem exclusivamente a si. Possivelmente, em função disto podem estar se envolvendo menos com as atividades ligadas à aprendizagem escolar, entrando no círculo vicioso descrito por Macedo (1992) como o fracasso que gera fracassados.

Se por um lado as crianças com bom desempenho sentem-se mais motivadas em função das vivências positivas, por outro, as crianças com baixo desempenho parecem passar a utilizar seus recursos intelectuais na identificação e comparação do seu desempenho com o de seus colegas, resultando numa avaliação negativa de suas possibilidades, favorecendo problemas de comportamento, estresse, depressão e prejuízo na aprendizagem futura e possíveis dificuldades quanto à saúde mental.

Tais dados são concordantes com as afirmativas de Boruchovitch (1993) com relação às crianças com dificuldades de aprendizagem que muitas vezes passam a utilizar-se de mecanismos defensivos na tentativa de evitação e não comprometimento com o processo do aprender, o que pode ser manifesto em comportamentos pouco adequados para a situação escolar, e problemas de comportamento, podendo ainda relacionar-se à dificuldade em enfrentar as vicissitudes do processo de aprender.

Já as crianças com bom desempenho apresentaram indícios de confiança nas suas capacidades intelectuais e de realização acadêmica, o que pode estar favorecendo uma melhor adaptação à situação de aprendizagem formal, o que resulta em comportamentos mais adaptativos e a identificação de recursos em si.

Considerando-se que o desenvolvimento da personalidade se processa a partir das relações que cada indivíduo tem com os adultos, inicialmente a mãe ou sua substituta, o pai, e posteriormente com os demais membros da família e com a escola, faz-se necessário colocar que as autopercepções das crianças não surgiram espontaneamente, mas sim em decorrência da inter-relação delas com os outros.

Neste sentido, as percepções das professoras a respeito das crianças caracterizam-se como importante fator que influencia as percepções que as crianças têm de si. Concomitantemente, suas autopercepções influenciam seus comportamentos manifestos nas situações diárias escolares, gerando um sistema inter-relacional.

Não foi possível, neste estudo, pelo delineamento adotado, determinar os fatores que deram origem às percepções menos positivas das crianças com baixo desempenho escolar com relação aos seus recursos intelectuais e comportamentais, já que não se procedeu a avaliação destas crianças anteriormente ao processo de escolarização, ou mesmo previamente à situação de progressão continuada.

Pode-se observar nas autopercepções destas crianças, quanto a sua capacidade para aprender e ao seu desempenho em atividades acadêmicas, a permanência das dificuldades quanto a aquisições escolares apesar de estarem vivenciando as medidas implementadas no sistema educacional há pelo menos um ano.

A progressão continuada, em um primeiro momento, não pareceu suficiente em si para alterar significativamente as auto-avaliações que as crianças fazem de seus recursos.

Considerando-se que a construção das autopercepções se faz também a partir da interação eu-outro, pode-se questionar a influência das interpretações que as pessoas significativas (pais, professores e colegas) fazem das realizações e das capacidades das crianças como fatores que também repercutem nos pensamentos auto-avaliativos que cada criança faz de si.

Sob este ponto de vista, deve-se considerar que o contexto de progressão continuada é bastante amplo, abrangendo além das implicações políticas e ideológicas, questões mais específicas relativas à história pessoal das crianças, ao preparo dos professores e ao envolvimento dos pais com o processo educacional de seus filhos.

Placco e cols. (1999), ao descreverem a experiência do projeto de classes de aceleração do estado de São Paulo, sugerem que medidas específicas relacionadas ao material pedagógico utilizado e ao maior preparo e apoio dado aos professores, tiveram repercussões positivas na aprendizagem e na auto-estima de crianças com dificuldades escolares.

As autoras relataram que as condições diferenciadas dos professores destas classes quanto à qualidade do material, tempo para o preparo das aulas e de ajustamento do conteúdo a ser trabalhado individualmente com cada aluno, com base em uma assessoria técnica especializada, favoreceram a melhora no desempenho acadêmico e na auto-estima das crianças.

Ressaltaram ainda, com base nos relatos dos professores e na avaliação dos alunos egressos quando da inclusão nas classes regulares, que estas condições favoreceram maior motivação das crianças e conseqüentemente melhor rendimento, o que não foi observado quando as crianças foram reintegradas ao ensino regular.

A análise de tais questões chama atenção para a necessidade de implementação efetiva de medidas pedagógicas de ensino/aprendizagem que permitam que a estratégia de progressão continuada seja implantada não como um decreto, mas como um recurso de promoção do desenvolvimento que se contrapõe ao fracasso escolar.

Cabe destacar que todas as crianças do presente estudo permanecem na escola em período integral (metade do dia no CAIC e metade na escola), convivendo poucas horas com a família, estando, portanto, muito mais sujeitas às medidas e relações institucionais pouco individualizadas.

As dificuldades destas crianças comparativamente às crianças com bom desempenho também foram observadas nos resultados do questionário respondido pelas professoras a respeito de aspectos comportamentais no ambiente escolar (Machado e cols., 1989).

Observou-se que do ponto de vista das professoras, os grupos não se diferenciaram com relação à execução de tarefas. As professoras descreveram as crianças dos grupos como alunos semelhantes do ponto de vista da execução das atividades propostas em sala de aula.

No entanto, apontaram para diferenças entre os grupos com relação aos aspectos comportamentais. Segundo as professoras, as crianças com bom desempenho apresentaram menor dificuldade de relacionamento com os colegas e com a própria professora. Já as crianças com baixo desempenho foram identificadas pelas professoras como crianças com dificuldades comportamentais, tanto em relação a seus pares, quanto em relação a elas.

As dificuldades, segundo avaliação das professoras, apareceram mais acentuadas no relacionamento com as pessoas, expressando-se no âmbito do comportamento e não propriamente ligadas à maneira como as tarefas escolares são executadas, já que as professoras não avaliaram diferencialmente os grupos quanto a este aspecto.

Pode-se pensar que as professoras fizeram a avaliação considerando o processo da execução das tarefas e não só o produto destas que se relaciona mais diretamente ao desempenho escolar.

Interessante notar a concordância entre a avaliação de Autoconceito das crianças e o questionário das professoras no que se refere à área de comportamento.

Em síntese, pode-se descrever o perfil das crianças com bom desempenho escolar, como apresentando sinais de um Autoconceito positivo, julgando-se com recursos para a aprendizagem e bom comportamento, facilidade nos contatos interpessoais, baixo nível de ansiedade e tristeza e com energia para agir.

Em contrapartida, o perfil das crianças com baixo desempenho escolar pode ser descrito como apresentando bons recursos intelectuais, apesar da avaliação mais negativa do Autoconceito, atribuindo a si mais problemas de comportamento e menores recursos para a aprendizagem. Estas crianças experimentam um Autoconceito negativo ligado ao seu comportamento e aos seus recursos intelectuais e acadêmicos apesar da não retenção escolar na situação atual e da progressão continuada. Possivelmente, estas autopercepções são influenciadas e relacionadas ao contexto das relações interpessoais que se estabelecem entre professor/aluno e entre os próprios alunos, favorecendo oportunidades múltiplas de avaliações informais negativas frente às dificuldades que se manifestam no processo de aprendizagem e que são exteriorizados em comentários dos professores, bem como das outras crianças de uma mesma sala de aula a respeito do desempenho e da capacidade das crianças.

O contexto de progressão continuada por si não pareceu, portanto, garantir mudanças nas interações e no peso das comparações que as crianças fazem de seu desempenho com o de seus colegas, requerendo para tal a implementação de outras medidas pedagógicas.

As crianças com dificuldades escolares pareceram avaliar de forma realística os seus recursos de desempenho, o que pode ser um ponto de vista positivo para a implementação de medidas pedagógicas que visem o suporte pedagógico no cotidiano da vida escolar. Por outro lado, as autopercepções realísticas sem o devido suporte podem funcionar como mais uma fonte de dificuldade.

Pode-se dizer que estas crianças estão vivenciando situações de estresse tanto no ambiente familiar quanto escolar e que, em virtude do julgamento que fazem de si e do julgamento de seus professores e colegas, de não possuírem recursos intelectuais para a aprendizagem, podem estar vinculando-se pouco à situação de aprendizagem.

Dentre as variáveis estudadas quanto ao Autoconceito, o Status Intelectual e Acadêmico, isto é, a crença da criança a respeito de seus recursos e potenciais intelectuais para o desempenho acadêmico, pareceu ser a variável que isoladamente assumiu maior peso na diferenciação dos grupos. A capacidade intelectual, enquanto potencial avaliado pelo teste de nível intelectual, não pareceu ser um indicador suficiente para um bom desempenho.

Neste estudo pode-se observar a necessidade de que as crianças identifiquem em si este recurso e o associem a autopercepções positivas com relação à realização de atividades acadêmicas.

As crianças que se perceberam com recursos intelectuais e com autopercepções positivas são aquelas que têm bom desempenho acadêmico, e pode-se pensar que o bom desempenho acadêmico possa estar incrementando também a crença dessas crianças quanto aos seus recursos intelectuais. Do mesmo modo, o baixo desempenho escolar pode estar associado a autopercepções mais negativas para as crianças com baixo rendimento.

A expectativa de recursos para a aprendizagem acadêmica também interferiu nos comportamentos das crianças, influenciando os relacionamentos com os pares e a sua atitude frente à situação de dificuldade.

Neste contexto, pode-se observar de forma sistemática que a progressão continuada isoladamente, não parece estar sendo suficiente para instrumentalizar as crianças com baixo desempenho no que diz respeito à auto-estima. Embora inseridas na escola e sendo aprovadas, as crianças de baixo desempenho fizeram um autodiagnóstico negativo de si, identificando-se com dificuldades na comparação com os seus pares, não se percebendo com recursos para enfrentar o processo de aprendizagem.

Como estas crianças não estão sendo retidas e também não estão recebendo nenhum outro tipo de intervenção psicopedagógica que as auxilie a superar as dificuldades, pode-se considerar que a ausência de retenção escolar por si só não está favorecendo o desenvolvimento sócio-emocional e nem as protegendo da vulnerabilidade associada ao fracasso escolar.

Neste sentido, considera-se necessária à implementação de medidas preventivas que levem em conta o autodiagnóstico das crianças e instrumentalizem os professores no sentido de envolverem-se com práticas psicopedagógicas que mantenham a motivação mesmo frente a expectativas baixas de resultados.

Analisando-se alguns aspectos metodológicos, vale destacar que a seleção das crianças para este estudo ocorreu nos primeiros anos de implantação da progressão continuada e que este estudo foi realizado com um número pequeno de crianças, apontando para a necessidade de novos estudos nesta linha.

Neste sentido, faz-se necessário o desenvolvimento de outros estudos de caráter longitudinal, que possibilitem uma compreensão mais aprofundada das relações entre as autopercepções das crianças com o desempenho e com o contexto acadêmico em que este ocorre, tomando-se ela como seu próprio controle e avaliando-se em longo prazo o impacto da progressão continuada enquanto um conjunto de medidas pedagógicas implementadas no cotidiano da escola.

Referências Bibliográficas

Boruchovitch, E. (1993). A psicologia cognitiva e a metacognição: Novas perspectivas para o fracasso escolar brasileiro. *Tecnologia Educacional*, 22 (110/111), 22-28.

Candieux, A. (1996). Psychometric properties of a Pictorial Self-Concept Scale among young learning disabled pupils. *Psychology in the Schools*, 33 (3), 221-229.

Colóquio sobre programas de classes de aceleração (1998). São Paulo: Cortez. Pontifícia Universidade Católica de São Paulo: Ação Educativa (Série Debates: 7).

Erikson, E. H. (1976). *Infância e Sociedade*. (G.Amado, Trad.) Rio de Janeiro: Zahar.

Jacob, A. V. & Loureiro, S. R. (1999). Autoconceito e o desempenho escolar [Resumo]. Em: Sociedade Brasileira de Psicologia (Org.). Resumos de Comunicações Científicas. *XXIX Reunião Anual de Psicologia. Programa e Resumos* (p.164). Campinas: SBP.

Ministério da Educação e Cultura (1996). *Nova Lei de Diretrizes e Bases da Educação Nacional – LDB 9394/96.* Brasil, Governo Federal.

Lindahl, N. Z. (1988). Personalidade humana e cultura: Aplicações educacionais da teoria de Erik Erikson. *Revista Brasileira de Estudos Pedagógicos*, 69 (163), 492-509.

Macedo, L. (1992). Para uma psicopedagogia construtivista. Em: E. S. Alencar (Org.). *Novas contribuições da psicologia aos processos de ensino e aprendizagem* (pp.121-140). São Paulo: Cortez.

Machado, V. L. S., Figueiredo, M. A.; Selegato, M. V. (1989). Caracterização do comportamento de alunos em sala de aula através de escalas de desempenho. *Estudos de Psicologia*, 6 (1), 50-76.

Marturano, E. M. (1997). A criança, o insucesso escolar precoce e a família: condições de resiliência e vulnerabilidade. Em: E. M. Marturano; S. R. Loureiro & A. W. Zuardi (Orgs.). *Estudos em Saúde Mental* (pp. 132-145). Comissão de Pós-graduação em Saúde Mental. Ribeirão Preto: FMRP/USP.

Nunes, A. N. A. (1990). Fracasso escolar e desamparo adquirido. *Psicologia: Teoria e Pesquisa*, *6*, 139-154.

Piers, E. V. (1984). *Piers-Harris Children's Self-Concept Scale – revised manual*. Los Angeles: Counselor Psychological Tests, WPS.

Placco, V. M. N. S., André, M. E. D. A. & Almeida, L. R. (1999). Estudo avaliativo das classes de aceleração na rede estadual paulista. *Cadernos de Pesquisa*, 108, 49-79.

Stein, L. M. (1994). *T. D. E.: Teste do Desempenho Escolar – Manual para aplicação e Interpretação*. São Paulo: Casa do Psicólogo.

Villa Sanchéz, A. & Escribano, E. (1999). *Medição do Autoconceito*. Bauru: EDUSC.

Capítulo 6

O Autoconceito de Crianças com Dificuldades de Aprendizagem Atendidas em um Programa de Suporte Psicopedagógico

Cynthia Barroso Okano
Sonia Regina Loureiro

A Criança, a Escola e o Desempenho Escolar

A capacidade de aprender na escola expressa mais que uma adequação a essa situação específica, fornecendo indicadores das habilidades da criança para lidar com as situações da vida.

Os problemas de aprendizagem e o prejuízo no rendimento escolar durante muito tempo foram relacionados à deficiência em habilidades específicas, o que segundo Martin e Marchesi (1995) limita a compreensão do problema, em função dos limites encontrados no estabelecimento de uma relação direta entre o prejuízo na dimensão psicológica e o rendimento acadêmico.

No contexto escolar a exposição a situações de fracasso implica desaprovação, podendo favorecer outros fracassos com efeitos adversos, influenciando a capacidade produtiva, a aceitação pelos pares e a auto-estima (Linhares, Parreira, Marturano, e Sant'Anna 1993). O sucesso escolar, por outro lado, pode favorecer o desenvolvimento, a valorização e a auto-estima (Jacob, 2001).

Inúmeros estudos têm destacado a associação de fatores afetivos e dificuldades escolares em um modelo de inter-relação, que em um sistema de *feedback* contínuo resulta em atribuições valorativas que influenciam as interpretações que as crianças fazem de suas capacidades e recursos para responder às demandas da vida escolar. Variáveis como motivação e envolvimento com as atividades acadêmicas nesse contexto ganham destaque.

A motivação para aprender não pode ser considerada um traço imutável de personalidade, estando relacionada a atribuições causais, conflitos conceituais, expectativas de sucesso, memórias de comportamentos de outras pessoas, pensamentos e sentimentos (Boruchovitch, 1994). Assim, a maneira como a pessoa interpreta os eventos que experiencia influencia a sua motivação, o que por sua vez influencia a maneira como se coloca frente às situações, chamando atenção para a característica relacional e interativa desse processo.

Sob essa perspectiva, a motivação para a aprendizagem pode ser considerada multideterminada, abrangendo um processo relacional que envolve as demandas externas e as variáveis internas do indivíduo.

A maior fonte de motivação humana está sustentada pela atividade cognitiva. As pessoas se motivam e guiam suas ações antecipatórias através de exercícios de previsão. Embora os eventos futuros não possam ser causa da motivação atual, pela representação cognitiva no presente, os eventos concebidos como futuros são convertidos em motivadores e reguladores do comportamento no presente. Assim, a previsão personifica objetivos cognitivos e se traduz em incentivos e ação auto-reguladora (Bandura, 1989).

No contexto escolar a motivação para aprender é dependente de um conjunto de elementos que criam um ambiente favorável para despertar no estudante o desejo ou a necessidade de atingir um dado objetivo, o que desencadeia ações no sentido da realização de tarefas guiadas por objetivos ou metas. Os objetivos e metas podem estar relacionados à tarefa específica em si, à valorização social, à realização pessoal ou a recompensas externas, o que em geral é considerado pouco efetivo quando se trata de desempenho acadêmico.

Avanços recentes têm enfatizado a importância dos processos atributivos dos alunos e suas relações com o desempenho acadêmico, chamando atenção para o valor do reforçamento nesse contexto, sendo a atenção do professor, os prêmios e notas elementos iniciais que permitem aos alunos continuarem interessados pela aprendizagem que por si só precisa adquirir um valor auto-reforçador, que funcione como um motivo intrínseco para a realização.

Segundo Lima (2000), "independentemente de as conseqüências de suas tarefas serem positivas ou negativas, as pessoas motivadas para a realização apresentam duas tendências ou disposições opostas de personalidade, denominadas *expectativa do sucesso e medo do fracasso*" (p154). A expectativa de sucesso e o medo de fracasso refletem a experiência prévia e a história de aprendizagem do indivíduo com seus acertos e erros.

O conhecimento sobre as tendências atributivas dos estudantes e sua relação com o desempenho acadêmico têm implementado as investigações sobre a motivação, e sua influência nas expectativas, no interesse e na persistência para estudar, o que tem implicações com o nível de esforço despedido e com o enfrentamento dos fracassos. As tendências atributivas estão diretamente relacionadas às percepções e julgamentos dos estudantes sobre as suas capacidades.

Segundo Fierro (1996), é relevante para o processo de aprendizagem a crença do indivíduo de que pode, com a sua ação, executar com êxito determinada atividade ou atingir um dado resultado, o que se faz presente tanto no início, como na manutenção do comportamento.

Com relação ao desempenho acadêmico, uma multiplicidade de fatores se faz presente. Neste texto destacar-se-á a influência das percepções e julgamentos dos estudantes sobre suas capacidades como elementos associados ao seu desempenho. Dentre as autopercepções focalizar-se-á o construto autoconceito e sua associação ao desempenho acadêmico.

O Autoconceito e o Desempenho Acadêmico

O construto autoconceito, com características multidimensionais, compreende crenças e autopercepções construídas ao longo da vida envolvendo atitudes, sentimentos e conhecimentos sobre capacidades, habilidades, aparência e aceitação social (Harter, 1993). Pode ser definido como um conjunto de atribuições cognitivas que um indivíduo faz a respeito de si, do seu comportamento em diferentes situações objetivas e das suas características pessoais. Envolve três tipos principais de percepção, a saber: descritiva, relativa às avaliações *conscientes* de si, abrangendo aspectos específicos de capacidades e competências; avaliativa, relativa às *respostas emocionais* positivas ou negativas; e de congruência, referente às discrepâncias entre a auto-avaliação e a avaliação externa, feita por outros (Candieux, 1996).

De uma maneira muito simplificada pode-se dizer que o autoconceito e a auto-estima são constructos correlacionados e recíprocos. O autoconceito reflete a avaliação cognitiva que a pessoa faz de seus atributos, habilidades e características frente a domínios específicos, como a aparência física, a competência acadêmica ou para o esporte, enquanto a auto-estima reflete o significado afetivo mais geral que estes atributos, habilidades e características têm para o indivíduo (Harter, 1993).

O autoconceito, portanto, envolve a avaliação que a criança faz de si de um modo global, como também as atribuições que faz de características específicas do seu modo de ser, caracterizando domínios específicos de competência e percepção, relacionados a: comportamento, aparência, desempenho acadêmico e aceitação social, dentre outros.

Extensos estudos têm sido realizados avaliando o impacto do autoconceito no desempenho escolar, relacionando os dados a características de temperamento, *locus* de controle, percepção de competência e aceitação. Hamacheck (1995), revisando 25 anos de literatura sobre autoconceito, chama a atenção para a reciprocidade entre autoconceito e desempenho escolar, particularmente após os primeiros anos de escolarização quando as percepções se tornam mais sensíveis ao efeito do próprio desempenho.

Estudos empíricos têm demonstrado que o autoconceito acadêmico é claramente diferenciável do autoconceito geral e que é mais forte a correlação do desempenho acadêmico com o autoconceito acadêmico do que com o autoconceito geral, o que chama atenção para variáveis motivacionais (Marsh, 1990; Kloomok e Cosden, 1994; Muijs, 1997).

Ainda no contexto escolar, inúmeros estudos empíricos sobre autoconceito têm apontado para aspectos diversos como: o impacto da permanência em programas de educação especial; a reintegração de crianças em programas de educação especial no ensino regular; a associação de desempenho acadêmico a problemas de comportamento, como internalização e externalização; a associação com estresse e a vulnerabilidade, e ainda o efeito terapêutico das intervenções.

Sintetizando os principais resultados de estudos empíricos sobre autoconceito e desempenho escolar, Hamacheck (1995) propôs um inventário informal com indicadores positivos e negativos de autoconceito, visando auxiliar a prática de profissionais que trabalham com escolares. Apresentamos abaixo os quadros com os indicadores propostos:

Comportamento e Experiências Associadas com um Autoconceito Positivo e Bom Desempenho Acadêmico	**Comportamento e Experiências Associadas com um Autoconceito Negativo e Mau Desempenho Acadêmico**
• Tende a sentir-se confiante e positivo em relação aos seus talentos e habilidades.	• Tende a ser autodesencorajador com seus talentos e habilidades.
• É popular com pares, faz amizades com facilidade.	• Não muito popular com pares, tem dificuldades de fazer amigos.
• Parece geralmente feliz e motivado para o desempenho em tarefas.	• Parece geralmente infeliz e desmotivado à realização/desempenho.
• Tende a atribuir o sucesso às suas próprias habilidades.	• Tende a atribuir o sucesso à sorte e fracasso a pouca habilidade.

• É capaz de ser assertivo e se proteger em relacionamentos interpessoais.	• Abre mão de si facilmente a favor dos outros.
• Tende a estabelecer objetivos realistas, razoáveis.	• Tende a estabelecer objetivos ir reais, inatingíveis, tornando o sucesso mais difícil.
• Teve poucas (se teve) experiências de fracasso escolar.	• Tem numerosas experiências de fracasso.
• É persistente na tarefa, geralmente termina o que começou.	• Não é muito persistente na tarefa, tem problemas em terminar o trabalho escolar.
• Leva a sério o trabalho escolar, se esforça para se sair bem nas tarefas.	• Não toma o trabalho escolar muito seriamente, tende a desistir fácil.
• É capaz de trabalhar independentemente em atividades de escolha própria.	• Tem dificuldade em trabalhar de forma independente, necessita de supervisão e direção.
• Exibe um alto grau de curiosidade sobre o mundo ao seu redor.	• Exibe pouca curiosidade quando começa a aprender sobre coisas novas.
• Demonstra preferência por atividades ou trabalho escolar que sejam desafiadores ou difíceis.	• Tende a perder o interesse quando atividades ou trabalho escolar são muito difíceis ou desafiadores.
• Parece estar intrinsecamente motivado a ir bem na escola, a ser competente academicamente.	• Aparenta necessitar de muita motivação extrínseca para fazer o trabalho escolar; não vê a competência acadêmica como algo importante.
• Tem pais que são suportivos, com expectativas razoáveis e racionais.	• Tem pais que não são muito suportivos; suas expectativas tem dem a ser irreais/não realísticas.

O autoconceito é uma das variáveis em uma multiplicidade de outras que têm sido estudadas como forma de compreensão das dificuldades escolares.

Em nosso meio, muitas crianças ao ingressarem no ensino fundamental experimentam dificuldades de aprendizagem, principalmente no início da escolarização formal. Nesse contexto, a proposta de programas psicopedagógicos tem por finalidade tentar ajudar essas crianças a superarem essas dificuldades iniciais de forma a favorecer-lhes a aprendizagem e o desenvolvimento. O impacto destes programas, em nosso meio, requer ainda estudos mais sistemáticos que delimitem melhor o alcance dos mesmos na promoção do desempenho acadêmico e da socialização das crianças. Para tal faz-se necessário analisar como se efetiva a aplicação de programas de suporte psicopedagógico na escola, avaliando as peculiaridades do perfil cognitivo e afetivo das crianças, alvo desta modalidade de atendimento.

Considerando as peculiaridades de tais programas será relatada uma experiência de programa de suporte psicopedagógico aplicado na escola pública desenvolvido em Uberaba (Minas Gerais), focalizando o autoconceito de crianças com dificuldade de aprendizagem a ele encaminhadas, discutindo algumas implicações relativas a tal modalidade de suporte psicopedagógico.

Programa de suporte psicopedagógico na escola pública – a experiência de Uberaba

A análise das conseqüências da problemática do fracasso, do atraso e evasão escolar traz a necessidade de busca por alternativas que possam minimizar tal situação. Neste contexto, a Superintendência Educacional da Secretaria do Estado da Educação de Minas Gerais desde o início da década de 1990, vem-se ocupando de regulamentar a Educação Especial no Estado e de propor programas de suporte educacional visando ao atendimento de crianças com dificuldades escolares.

No município de Uberlândia foi implantado em 1990 um programa educacional denominado "Projeto Ensino Alternativo", atualmente denominado "Programa Ensino Alternativo", destinado a portadores de diversas deficiências, o qual envolvia inicialmente 26 escolas das zonas urbanas e rurais.

O Programa Ensino Alternativo de Uberlândia constitui-se em uma proposta de ação pedagógica que acontece dentro da escola, visando favorecer a aprendizagem dos alunos com deficiência auditiva, visual ou mental educável e também dificuldade de aprendizagem, tendo como objetivo a integração destes alunos ao ensino regular, bem como sua escolarização.

A estrutura do "Ensino Alternativo" funciona de forma integrada à dinâmica da escola, oferecendo um atendimento individual em horário extraturno e/ou no próprio turno, considerando o conteúdo ministrado ao aluno e o tipo de deficiência ou dificuldade apresentada. Conta com uma equipe específica por escola incluindo: diretor, especialista (orientador ou supervisor pedagógico), professores e uma equipe técnica (instrutores de Língua Brasileira de Sinais, intérpretes de Língua Brasileira de Sinais, professores de Braille, psicomotricistas, psicopedagogos) (Lima, 1999).

O programa se desenvolve de forma global subsidiando todas as ações práticas e técnicas necessárias para o cumprimento dos objetivos propostos. No caso específico das crianças que não progridem no processo de escolarização por deficiência mental leve, elas são integradas no programa, permanecendo na escola regular e recebendo atendimento individualizado no extraturno.

Em Uberaba, a Educação Especial foi implantada como um programa complementar ao ensino regular na rede pública **estadual** em 1992 e, em 1994, foram implantados nas escolas da rede pública **municipal** dois programas complementares ao ensino regular, o Ensino Alternativo e o CIEM (Centro Integrado de Ensino Municipal), sendo este último destinado ao atendimento de crianças cujas mães trabalham fora do lar e que não contam com suporte familiar para a permanência da criança fora do horário regular da escola.

Neste texto, buscar-se-á de caracterizar a experiência desenvolvida em Uberaba. Tal programa de suporte psicopedagógico na escola tem como objetivos e princípios: "Identificar e resolver as principais dificuldades enfrentadas pelos alunos; promover a integração e combater a discriminação existente com relação aos alunos portadores de dificuldades e/ou deficiências; envolver a comunidade escolar e familiares dos alunos atendidos; avaliar constantemente o desenvolvimento do projeto; e reduzir a médio prazo a repetência e evasão escolares" (Ensino Alternativo. 1996, p. 1).

Segundo essa publicação da Secretaria Municipal da Educação e Cultura de Uberaba (SMEC), o ensino alternativo consiste de uma dinâmica pedagógica que acontece dentro da escola, em horário extraturno, destinado aos alunos com dificuldades, selecionados para atendimento através de um sistemático diagnóstico psicopedagógico que os identifica e prioriza para preenchimento das vagas disponíveis. Todo esse processo é realizado pelas professoras alternativas e pedagogas das unidades escolares. As professoras e pedagogas, para participarem do projeto de ensino alternativo, passam por um curso de 180 horas coordenado por profissionais da secretaria e, posteriormente, na aplicação do programa, são supervisionadas pela equipe de coordenação central composta por uma psicóloga e duas pedagogas.

A proposta prioritária deste programa psicopedagógico, foco do relato, é prover suporte às crianças que ao ingressarem no ensino fundamental experimentam dificuldade de aprendizagem, de modo a ajudá-las a superarem as dificuldades iniciais, favorecendo-lhes a aprendizagem e o desenvolvimento.

Para tal, o Ensino Alternativo nas escolas municipais de Uberaba se propõe ao atendimento psicopedagógico a crianças com dificuldade de aprendizagem, em pequenos grupos, por dois períodos semanais complementares aos horários em que as crianças freqüentam o ensino regular.

A inclusão das crianças no ensino alternativo é feita mediante o encaminhamento da professora do ensino regular e a realização de uma prova pedagógica preparada pela equipe de Coordenação Central. A condição essencial para a inclusão no ensino alternativo é a caracterização de dificuldade de aprendizagem, e a constituição dos pequenos grupos de atendimento leva em conta o desempenho das crianças na prova pedagógica e o nível de dificuldade demonstrado.

Visando analisar o perfil de crianças incluídas em um programa de suporte psicopedagógico na escola, desenvolveu-se um estudo empírico em uma escola no município de Uberaba, que atende a aproximadamente 350 crianças de 1ª a 4ª série. A escola em questão conta com duas classes de ensino alternativo, sendo uma pela manhã e outra à tarde, e no ano da realização da coleta de dados do presente estudo, freqüentaram este programa 40 crianças.

O delineamento do estudo empírico no Programa "Ensino Alternativo"

O estudo desenvolvido teve como foco de interesse a avaliação do autoconceito de crianças no início da escolarização formal, identificadas como apresentando dificuldades de aprendizagem escolar, que freqüentavam além do ensino regular, o programa "Ensino Alternativo". Para tal, comparou-se este grupo de crianças a outros dois grupos, sendo um formado por crianças com dificuldades escolares que freqüentam apenas o ensino regular, e outro formado por crianças sem dificuldades escolares.

Participaram do estudo 60 crianças diferenciadas em três grupos constituídos por crianças de ambos os sexos, na faixa etária de sete a dez anos, com inteligência pelo menos média inferior (avaliação através do Raven Infantil), alunos de 1ª e 2ª série de uma escola municipal de Uberaba. Foram excluídos do estudo alunos que apresentavam história de deficiências físicas e déficits sensoriais.

Os grupos foram compostos tomando-se como critério as seguintes variáveis: Grupo 1, composto por 20 crianças com dificuldades de aprendizagem escolar, avaliadas por prova pedagógica, que freqüentavam o ensino regular e o programa complementar denominado ensino alternativo há um ano; Grupo 2, constituído por 20 crianças com dificuldades escolares, segundo a indicação das professoras, que freqüentavam apenas o ensino regular, não estando incluídas em nenhum programa de suporte psicopedagógico; Grupo 3, composto por 20 crianças sem dificuldades escolares, segundo a indicação das professoras, que freqüentavam, com bom desempenho acadêmico, o ensino regular.

Todas as crianças foram avaliadas individualmente nas dependências da escola. Para a avaliação do autoconceito utilizou-se a Escala Infantil Piers-Harris de Autoconceito "O que eu sinto sobre mim mesmo" (Piers-Harris, 1984), traduzida e adaptada para o nosso meio por Jacob e Loureiro (1999). Tal escala abrange seis áreas de autoconceito, a saber: comportamento; *status* intelectual e acadêmico; aparência física e atributos; ansiedade; popularidade; felicidade e satisfação.

O autoconceito de crianças atendidas em um programa de suporte psicopedagógico na escola.

No que se refere ao autoconceito, observou-se que as crianças sem dificuldades escolares obtiveram escores de autoconceito mais elevados, compatíveis com um autoconceito global mais positivo, quando comparadas com as crianças com dificuldades escolares que freqüentavam o ensino alternativo ou apenas o ensino regular. Não se observaram diferenças entre as crianças com dificuldades de aprendizagem escolar que freqüentam, além do ensino regular, o programa complementar ensino alternativo, e as crianças com dificuldades escolares que freqüentam somente o ensino regular.

Tabela 1 – Autoconceito – Comparação dos sujeitos dos grupos 1, 2 e 3 relativas às seis categorias avaliadas.

Categorias	Comparação
Comportamento	G1 = G2 < G3**
Status Intelectual	G1< G3*
Aparência	SD
Ansiedade	G1= G2< G3*
Popularidade	G1< G3*
Satisfação/Felicidade	SD

Teste não paramétrico de Kruskal-Wallys
* p = 0,05   ** p = 0,01
SD – Sem diferença.

Em quatro das seis áreas avaliadas através da escala, observou-se que as crianças sem dificuldade escolar apresentaram valores maiores do que os obtidos pelas crianças com dificuldades escolares. As maiores diferenças foram observadas nas categorias comportamento, *status* intelectual e acadêmico, ansiedade e popularidade. Crianças sem dificuldades escolares apresentaram um autoconceito mais positivo com relação ao comportamento, *status* intelectual e acadêmico, e popularidade; por outro lado, elas se percebem como mais ansiosas comparativamente às crianças que apresentam dificuldades escolares. Observou-se também que os três grupos de crianças não apresentaram diferenças quanto à avaliação do autoconceito relativa a aparência e felicidade.

As crianças que freqüentam o ensino alternativo se avaliaram de forma semelhante às crianças com dificuldades escolares que freqüentam apenas o ensino regular, no que diz respeito às áreas comportamento e ansiedade.

Observou-se maior freqüência de itens relacionados ao *comportamento e* status *intelectual e acadêmico* na diferenciação dos grupos. Apenas quatro itens: aparência física e atributos, ansiedade e popularidade, diferenciaram os grupos.

Interessante notar que um quarto dos itens incluídos na área comportamento diferenciaram os três grupos, apontando, na maior parte dos itens, para uma auto-avaliação pior por parte das crianças com dificuldades escolares, resultando em uma percepção de si mais negativa quanto ao seu comportamento na escola e em casa.

Na área ***Status* Intelectual e Acadêmico**, quase um quarto dos itens diferenciaram os grupos. Nestes itens, os grupos formados pelas crianças com dificuldades escolares, apresentaram, comparativamente às crianças sem dificuldades escolares, uma menor porcentagem de crianças que fizeram uma avaliação positiva de si no que diz respeito a sua capacidade, atenção e concentração, e conhecimentos gerais, assim como na presença de ansiedade quando chamado pela professora.

Observou-se ainda que na área **aparência física**, uma maior porcentagem de crianças com dificuldades escolares que não freqüentavam o ensino alternativo, considerou-se bonita. No grupo de crianças com dificuldades escolares que freqüentam o ensino alternativo, comparativamente às crianças sem dificuldades escolares, uma menor porcentagem de crianças, considerou-se da mesma forma.

As crianças com dificuldades escolares que freqüentavam apenas o ensino regular e as crianças sem dificuldades escolares perceberam-se como menos desajeitados, comparativamente às crianças com dificuldades escolares que freqüentam o Ensino Alternativo. As crianças com dificuldades escolares se perceberam como tendo mais habilidade para a música comparativamente às crianças sem dificuldades escolares.

Analisando-se o autoconceito de crianças com e sem dificuldades escolares, observou-se que as crianças sem dificuldades escolares obtiveram escores mais elevados, com diferenças significativas quanto ao autoconceito geral, e em áreas específicas do autoconceito relativas ao comportamento e *status* intelectual. Tais dados foram compatíveis com um autoconceito mais positivo, comparativamente aos resultados das crianças com dificuldades escolares freqüentando o ensino alternativo ou apenas o ensino regular.

As crianças com dificuldades escolares se percebem com menor habilidade para aprender e com mais dificuldades comportamentais no sentido de ajustar-se às demandas do meio.

Estas percepções de autoconceito relacionadas a uma percepção negativa quanto às habilidades escolares, apresentadas pelas crianças com dificuldades escolares, podem ser relacionadas ao que Renick e Harter (1989) destacam como efeito da comparação social. Os autores relatam em seus estudos que o processo de comparação social é de grande importância na formação da autopercepção dos estudantes com dificuldades escolares, no que se refere à competência acadêmica. Afirmam que estudantes com dificuldades escolares se percebem como menos competentes academicamente, quando comparados a estudantes com rendimento satisfatório de suas salas de aula.

As percepções negativas por parte das crianças a dificuldades escolares, no que se refere a comportamento e *status* intelectual, comparativamente às crianças sem dificuldades escolares, podem estar relacionadas ao que Lindahl (1998) considera o impacto continuado de situação de fracasso e desaprovações, o que possivelmente favorece a estas crianças sentirem-se inferiorizadas.

O autoconceito mais positivo das crianças sem dificuldades escolares nestas áreas pode estar associado a uma maior autonomia e competência, variáveis estas consideradas por Deci, Hodges, Pierson e Tomassone (1992) fatores motivacionais muito importantes para a aprendizagem e para a socialização das crianças.

Outro ponto a ser comentado diz respeito à maior popularidade dessas crianças sem dificuldades escolares, possivelmente relacionado ao que Hamacheck (1995) destaca quanto aos estudantes com autoconceito mais positivo, descrevendo-os como mais assertivos, sendo mais aceitos e respeitados nos grupos de pares.

Por outro lado, as crianças sem dificuldades escolares apresentaram mais indicadores de ansiedade comparativamente às crianças com dificuldades escolares, denotando possivelmente o esforço que empreendem para controlar-se e a preocupação em se fazer valer.

Este dado vai de encontro aos achados de Jacob, Loureiro, Marturano, Linhares & Machado (1999) quando descreveram os aspectos afetivos e o desempenho acadêmico de escolares. Segundo as autoras, as crianças sem dificuldades escolares apresentaram um alto nível de exigência interna associada à intensa angústia em satisfazerem as demandas externas e de si próprias.

No que se refere às seis áreas de autoconceito avaliadas, não foram observadas diferenças nos três grupos com relação à aparência e satisfação/felicidade.

Pode-se perceber que especificamente aparência e satisfação/felicidade não estão diretamente relacionadas com a habilidade acadêmica, sendo que a maioria das crianças com dificuldades escolares, mesmo apresentando tais dificuldades, se percebem com boa aparência e felizes. Tal avaliação sugere a presença de recursos que podem ser aproveitados no sentido de preservar e favorecer o desenvolvimento destas crianças.

Algumas diferenças observadas requerem uma análise mais aprofundada, sendo que para tal, foram analisados alguns itens específicos. Em dois itens ("Eu **não** faço muitas coisas ruins" e "Eu **não** sou atormentado em casa") da categoria comportamento, as crianças com dificuldades escolares que freqüentam o ensino alternativo, apresentaram uma valoração mais positiva do que as crianças com dificuldades escolares que freqüentam apenas o ensino regular. Em outros dois itens ("Eu **não** odeio escola" e "Eu **não** entro em muitas brigas") da mesma categoria, as crianças com dificuldades escolares que freqüentam apenas o ensino regular, apresentaram uma valoração mais positiva do que as crianças com dificuldades escolares que freqüentam o ensino alternativo. O mesmo foi observado nas categorias *Status* Intelectual e Acadêmico, e Ansiedade, em que as crianças com dificuldades escolares que freqüentam o ensino alternativo por vezes apresentaram uma valoração mais positiva do que as crianças com dificuldades escolares que freqüentam apenas o ensino regular. Pode se relacionar tais dados ao que Beltempo e Achile (1990) afirmaram sobre a diversidade de efeitos da classe especial ou de reforço sobre o autoconceito das crianças. Segundo os autores, a situação de tratamento diferenciado dado às crianças com dificuldades escolares pode implicar em efeitos positivos, mas também em alguns efeitos negativos, do ponto de vista psicológico. Leondari (1993), também com relação a esta questão, observou que crianças de classe especial pensam mais negativamente sobre elas próprias no que se refere ao autoconceito. No estudo em questão, isto foi também observado quanto à diferenciação de alguns itens das áreas de aparência física/atributos e popularidade.

No que se refere à relação do autoconceito com o nível intelectual, observou-se que isto ocorreu nos três grupos de forma positiva e significativa. Tal dado, em parte, tem relação com o delineamento adotado que selecionou crianças com nível cognitivo pelo menos médio inferior. Nesse sentido foi possível assegurar que as crianças estudadas têm recursos cognitivos estando as variações na avaliação do autoconceito associadas a variáveis afetivas.

Pode-se supor que a dificuldade de aprendizagem escolar, enquanto um indicador de produtividade, está sendo influenciada pela diversidade de variáveis afetivas, apontando para a necessidade de o suporte psicopedagógico levar em conta essas diferentes áreas.

Percebeu-se que as crianças que não apresentavam dificuldades escolares, segundo as professoras, apresentaram quanto à autopercepção, uma visão mais integrada do que é adequado e esperado socialmente. Os recursos cognitivos e maturacionais dessas crianças são possivelmente utilizados no esforço de adequar-se enquanto recursos que pesam positivamente na aceitação e reconhecimento por parte dos pares. E ainda, nos três grupos de crianças, foi evidenciada a importância de ser aceito pelo grupo, independente da presença ou ausência de dificuldades escolares.

As crianças com dificuldades escolares que freqüentam o ensino alternativo e o ensino regular apresentaram dificuldades de comportamento e de se sentirem aceitas pelos outros, ou seja, colegas, professores e pela própria família. Pode-se supor que essas autopercepções também estão influenciando o que as crianças sentem com relação a si, afetando o seu modo de viver e de agir.

As crianças que freqüentaram o ensino alternativo se perceberam como menos populares e capazes, e como mais desajeitadas que o seu grupo de pares, possivelmente em função das dificuldades escolares. Segundo Briggs (2000), uma criança que se considera inadequada esperará sempre fracasso e agirá de acordo com essa expectativa.

No que se refere às crianças com dificuldades escolares que freqüentam apenas o ensino regular, observa-se que estas, do ponto de vista acadêmico, se consideram pouco competentes, mas valorizam positivamente a sua habilidade para música e sua aparência, considerando-se bonitas. Tal dado sugere que para estas crianças estas habilidades podem ter um valor protetor no sentido de ajudá-las a superar o impacto das dificuldades escolares. Este dado vai ao encontro da afirmação de Boruchovitch (1994) sobre as crianças procurarem situações em que se sintam capazes de desempenhar bem uma tarefa, como forma de estarem protegendo a sua autocompetência, a auto-eficácia e o autoconceito.

Considerações Finais

A análise dos dados do estudo empírico chama atenção para o impacto das dificuldades escolares tanto para os aspectos cognitivos como afetivos das crianças. Nesse sentido espera-se que o suporte psicopedagógico possa ajudá-las não só a compensar as dificuldades acadêmicas, mas também possa diminuir as vivências afetivas inadequadas.

Deste ponto de vista, ao observarem-se as muitas semelhanças nas crianças com dificuldades escolares que freqüentam o ensino alternativo ou apenas o ensino regular, pode-se questionar o impacto do ensino alternativo para as crianças incluídas em tal programa.

Não foi possível responder totalmente a tal questão em função do delineamento adotado, ou seja, a avaliação das crianças em um dado momento em condições diversas. Para responder de forma apropriada a esta questão, seria necessário avaliar as crianças ao ingressarem no Ensino Alternativo e após um dado tempo de freqüência ao mesmo. O alcance dos dados em função do delineamento adotado só permite dizer que as crianças com dificuldades escolares dos dois grupos apresentam características semelhantes. Nesse sentido, pode-se ter como hipótese que o estar em um programa de suporte psicopedagógico na própria escola, pelo menos, não está significando para estas crianças mais uma fonte de dificuldade ou de discriminação. Pode se hipotetizar apenas que, com a freqüência ao ensino alternativo, melhore o rendimento acadêmico das crianças, e conseqüentemente, melhore a imagem que têm de si dada a relação do *status* intelectual com o autoconceito e com a aceitação pelos pares. Segundo Marturano, Magna e Murta (1993), a provisão de suporte de estima, informação e motivação para a criança pode ter efeitos imediatos de elevação da auto-estima e auto-confiança.

Percebe-se que as crianças sem dificuldades escolares se percebem mais positivamente do que as demais. A criança aprende, segundo Briggs (2000), a ver a si mesma tal qual as pessoas importantes que a cercam a vêem, ela constrói a sua auto-imagem a partir das palavras, da linguagem corporal, das atitudes e dos julgamentos dos outros.

Possivelmente a boa capacidade de realização acadêmica dessas crianças está favorecendo-lhes essa auto-avaliação positiva, o que pode ter um efeito positivo para o seu desenvolvimento.

Observa-se assim a importância do desempenho acadêmico para as crianças no que se refere ao autoconceito, e também no que se refere à aceitação por parte dos colegas, professores, familiares e da própria criança. A criança julga a si mesma de acordo com as observações que faz de si, em comparação com os outros e das reações dos outros para com ela. Possivelmente o autoconceito positivo por parte das crianças sem dificuldades escolares resulta de experiências positivas com a vida familiar e escolar.

Outro ponto a ser destacado quanto às semelhanças entre as crianças com dificuldades escolares que freqüentam o ensino alternativo e as crianças com dificuldades escolares que freqüentam apenas o ensino regular, é que possivelmente estas últimas não estão sendo encaminhadas para o ensino alternativo devido ao número limitado de vagas, de certo modo forçando que as professoras escolham entre os casos aqueles que lhes parecem mais urgentes.

Tal contexto chama atenção para a necessidade de programas psicopedagógicos que atendam de forma abrangente em função da extensa demanda e que forneçam às professoras recursos para lidar também com aspectos comportamentais e afetivos que se fazem presentes independentemente do rendimento escolar.

Possivelmente, pelas peculiaridades do ensino alternativo, ele estará provendo às crianças com dificuldades escolares que freqüentam tal programa uma oportunidade de melhorar as aquisições acadêmicas, favorecendo o desenvolvimento de um autoconceito mais positivo. Contudo, do ponto de vista das variáveis afetivas, a questão parece ser mais complexa, abrangendo as crianças dos três grupos, requerendo possivelmente mudanças nas práticas educativas envolvendo professores, pais e a comunidade.

Quanto ao programa de suporte psicopedagógico ensino alternativo na escola, conclui-se que um dos seus objetivos de não discriminar crianças com dificuldades está sendo cumprido, pois essas crianças mostraram-se muito semelhantes a outras crianças com dificuldades não encaminhadas para tal programa, embora comparativamente às crianças sem dificuldades escolares se apresentem mais imaturas e com baixo autoconceito. Tal dado chama atenção para a necessidade de valorização de outros princípios do ensino alternativo como o envolvimento da comunidade escolar e dos familiares dos alunos de modo a favorecer o desenvolvimento das habilidades sociais e do autoconceito destas crianças.

Referências Bibliográficas

Bandura, A. (1989). Human agency in social cognitive theory. *American Psychologist*, 44 (9), September, 1175-1184.

Beltempo, J. & Achielle, P. A. (1990). The efect of special class placement on the self-concept of children with learning disabilities. *Child Study Journal*, 20 (2), 81-103.

Boruchovitch, E. (1994). As variáveis Psicológicas e o Processo de Aprendizagem: uma contribuição para a psicologia escolar. *Psicologia: Teoria e Pesquisa*, 10 (1), 129-139.

Briggs, D. C. (2000). *A auto-estima do seu filho*. (W. Dutra, Trad.) São Paulo: Martins Fontes (Trabalho original publicado em 1986).

Candieux, A. (1996). Psychometric properties of a pictorial self-concept scale among young learning disabled pupils. *Psychology in the Schools*, 33 (3), 221-229.

Deci, E. L.; Hodges, R.; Pierson, L. & Tomassone, J. (1992). Autonomy and competence as motivational factors in students with learning disabilities and emotional handicaps. *Journal of Learning Disabilities*, 25 (7), 457-471.

Superintendência Educacional da Secretaria de Estado da Educação de Minas Gerais (1992). *Educação Especial – Instrução N.º 001/92*. Minas Gerais / Belo Horizonte

Secretaria Municipal de Educação e Cultura de Uberaba (1996). *Ensino Alternativo*. Minas Gerais / Uberaba.

Fierro, A. (1996). Personalidade e aprendizagem no contexto escolar. (A. M. Alves, Trad.). Em: P. Coll; J. Palácios e A. Marchesi (Orgs.). *Desenvolvimento psicológico e educação: psicologia da educação* (pp. 154-160). n. 2. Porto Alegre: Artes Médicas.

Hamacheck, D. (1995). Self-Concept and school achievement: Interaction Dynamics and a tool for assessing the self-concept component. *Journal of Counseling & Development*, 73, 419-425.

Harter, S. (1993). Causes and consequences of low self-esteem in children and adolescents. Em: R. F. Baumeister (Ed.), *Self-Esteem: The Puzzle Of Low Self-Regard* (pp. 87-116). New York: Plenum.

Jacob, A.V. (2001). *O desempenho escolar e suas relações com autoconceito e o auto-eficácia*. Tese de Doutorado, Faculdade de Medicina de Ribeirão Preto, Universidade de São Paulo.

Jacob, A.V. & Loureiro, S. R. (1999). Aspectos afetivos e o desempenho acadêmico de escolares. *Psicologia: Teoria e Pesquisa*, 15 (2), 153-162.

Jacob, A. V. & Loureiro, S. R. (1999). Autoconceito e o desempenho escolar [Resumo]. Em: Sociedade Brasileira de Psicologia (Org.). Resumos de Comunicações Científicas. *XXIX Reunião Anual de Psicologia. Programa e Resumos* (p.164). Campinas: SBP.

Kloomok, S. e Cosden, M. (1994). Self-concept in children with learning disabilities: the relationship between global self-concept, academic "discounting", nonacademic self-concept, and perceived social support. *Learning Disability Quarterly*, 17 (2), 140-153.

Leondari, A. (1993). Comparability of self-concept among normal achievers, low achievers and children with learning difficulties. *Educational Studies*, 19 (3), 357-371.

Lima, V. S. (1999). *Programa "Ensino Alternativo" da Secretaria Municipal de Educação de Uberlândia: caracterização do funcionamento e concepções das professoras*. Dissertação de Mestrado, Faculdade de Filosofia, Ciências e Letras – USP, Ribeirão Preto.

Lima, L. M. S. (2000). Motivação em sala de aula: a mola propulsora da aprendizagem. Em: F. F. Sisto; G. C. Oliveira e L. D. T. Fini (Orgs).

Leituras de Psicologia para a Formação de Professor (pp. 148-162). Petrópolis: Vozes.

Lindahl, N. Z. (1988). Personalidade humana e cultura: Aplicações educacionais da teoria de Erik Erikson. *Revista Brasileira de Estudos Pedagógicos*, 69 (163), 492-509.

Linhares, M. B. M.; Parreira, V. L. C.; Maturano, A. C. e Sant'anna, S. C. (1993). Caracterização dos motivos da procura de atendimento infantil em um serviço de psicopedagogia clínica. *Medicina*, 26 (2), 148-60.

Marsh, H. W. (1990). A multidimensional, hierarchial model of self-concept: theorical and empirical justification. *Educational Psychology Review*, 2, 77-172.

Martín, E. e Marchesi, A. (1995). Da terminologia do distúrbio às necessidades educacionais especiais (M. A. G. Domingues, Trad.). Em: C. Coll; J. Palácios e A. Marchesi (Orgs.). *Desenvolvimento psicológico e educação: Necessidades educativas especiais e aprendizagem escolar* (pp. 7-35). Porto Alegre: Artes Médicas.

Marturano, E. M.; Magna, J. M. & Murtha, P. C. (1993). Procura de atendimento psicológico para crianças com dificuldades escolares: um perfil da clientela. *Psicologia: Teoria e Pesquisa*, 9 (1), 207-226.

Muijs, R. D. (1997). Symposium: self perception and performance predictors of academic achievement and academic self-concept: a longitudinal perspective. *British Journal of Educational Psychology*, 67, 262-277.

Piers, E.V. (1984). *Piers-Harris Children's Self-concept Scale-revised manual*. Los Angeles: Counselor Psychological Tests.

Renick, M. J. & Harter, S. (1989). Impact of social comparisons on the developing self-perceptions of learning disabled students. *Journal of Educational Psychology,* 81 (4), 631-638.

Capítulo 7

O Senso de Auto-eficácia de Crianças com Dificuldades de Aprendizagem

Sonia Regina Loureiro
Paula Cristina Medeiros

Dificuldade de Aprendizagem – Deficiência em Habilidade Específica?

Os atrasos e problemas de aprendizagem foram, durante muito tempo, considerados deficiência em determinada habilidade. As teorias da deficiência, no entanto, apresentaram grandes dificuldades em estabelecer relação direta entre a dimensão psicológica atingida e o rendimento acadêmico, apontando para uma complexa rede de variáveis que não se esgotam em uma relação causal específica (Martín e Marchesi, 1995). Nesse sentido, mais recentemente, tende-se a considerar a interação de uma série de fatores, cuja confluência específica determina o nível de rendimento da criança frente à situação de aprendizagem.

Novas concepções do processo de ensino e aprendizagem vêm reforçando a importância das influências das variáveis internas como as escolhas, crenças, expectativas e emoções, tanto daqueles que ensinam como daqueles que aprendem. De acordo com essa conceituação, a motivação acadêmica é determinada por um conjunto de fatores internos tais como: atribuições causais, expectativas de sucesso, memórias de comportamento de outras pessoas, pensamentos, sentimentos entre outros que funcionam como *mediadores* da relação entre estímulo e resposta (Boruchovitch, 1994).

Pesquisas vêm demonstrando que as percepções e julgamentos dos estudantes sobre as suas capacidades influenciam o seu desempenho, a sua motivação e persistência frente às tarefas escolares. Martín e Marchesi (1995), ao analisarem a importância do "processo de aprender" como fator que interfere na aprendizagem, comentam que a maior eficiência para a aquisição de informação depende não somente do conjunto de habilidades e conhecimentos prévios do indivíduo, mas também do conhecimento e controle que possui sobre seus processos cognitivos, ou seja, de suas habilidades metacognitivas. Os fatores motivacionais e afetivos constituem também uma das dimensões que devem ser consideradas na aquisição de informação, visto que são afetados pelo desenvolvimento da metacognição e podem sustentar e reforçar os comportamentos desencadeados a partir de um objetivo.

A aquisição de estratégias cognitivas e metacognitivas tem impacto positivo no rendimento escolar dos alunos, todavia, não pode ser considerada suficiente para desenvolver a capacidade do aluno para aprender. De acordo com Boruchovitch (1993), é preciso que as estratégias cognitivas e metacognitivas estejam acompanhadas de estratégias de apoio afetivo. O indivíduo precisa estar afetiva ou emocionalmente envolvido com a tarefa de aprendizagem para que a mesma se efetive, porém, não até o extremo de que esse compromisso chegue a ser gerador de elevada ansiedade.

O processo de aprendizagem é favorecido na medida em que a criança desenvolve estratégias de aprendizagem. Um bom processamento de informação, independente de sua natureza, implica acessar os recursos cognitivos, metacognitivos e afetivos do indivíduo. Dificilmente uma criança empregará seus recursos cognitivos em determinada situação se não atender simultaneamente à regulação de seu estado emocional. Por outro lado, é a partir do uso de estratégias cognitivas que a criança poderá alterar sua percepção sobre o que é capaz de realizar.

Neste sentido o bom desempenho acadêmico de um lado e as dificuldades de aprendizagem de outro refletem um conjunto complexo de variáveis cognitivas e afetivas que pautam a percepção da criança quanto ao seu desempenho.

Senso de Auto-eficácia Influencia e é Influenciado pelo Desempenho Acadêmico?

As teorias cognitivistas da motivação para aprendizagem, segundo Boruchovitch (1994), divergem das teorias mais mecanicistas no que se refere à importância dos processos internos, influenciando no desempenho acadêmico. Essas teorias ressaltam que a interpretação que o sujeito confere a um evento é mais importante do que o evento em si.

Estudos sobre o processo de ensino e aprendizagem vêm reforçando a importância das influências das variáveis internas como as escolhas, crenças, expectativas e afetos, que funcionam como mediadores da relação entre estímulo e resposta.

Dentre essas variáveis internas será destacada, nesse estudo, o *senso de auto-eficácia.* Define-se como auto-eficácia a crença do indivíduo sobre sua capacidade de desempenho em atividades específicas. Envolve o julgamento sobre suas capacidades para mobilizar recursos cognitivos e ações de controle sobre eventos e demandas do meio (Bandura, 1989a). Tais crenças influenciam as aspirações e o envolvimento com metas estabelecidas, o nível de motivação, a perseverança face às dificuldades, a resiliência às adversidades, relacionando-se com a qualidade de pensamento analítico, a atribuição causal para sucesso e fracasso e a vulnerabilidade para estresse e depressão.

Os indivíduos possuem um sistema de crenças que afeta pensamentos, sentimentos e ações. Através da reflexão, os indivíduos são capazes de se engajarem em auto-avaliações e alterarem seu próprio pensamento e comportamentos subseqüentes. Essas auto-avaliações incluem o *senso de auto-eficácia* (Bandura, 1989b; Schunk, 1995).

De acordo com Bandura, Barbaranelli, Caprara e Pastorelli (1996), entre os mecanismos de controle pessoal, um dos mais importantes é a crença das pessoas em suas capacidades para exercer controle sobre o seu nível de funcionamento e demanda ambiental. Pessoas que acreditam que podem produzir efeitos desejados pelas suas ações têm mais incentivo para agirem.

O desenvolvimento do senso de auto-eficácia sofre a ação de quatro principais formas de influências: a) experiências significativas, que são os resultados interpretados de um desempenho proposto, sendo que o sucesso aumenta o senso de auto-eficácia e o fracasso o diminui; b) experiências através do outro, que são as observações sociais e a avaliação do desempenho dos outros, "se o outro pode fazer eu também posso"; c) persuasão social, ou seja, as avaliações que as pessoas recebem dos outros; d) os estados psicológicos associados às emoções positivas ou negativas que influenciam na maneira como as situações são percebidas (Schunk, 1995).

A relevância do senso de auto-eficácia se evidência na medida em que influencia a escolha de atividades, motivação, quantidade de esforço a ser investido, bem como promoção ou inibição do nível de desempenho. Estudos em geral têm abordado como os fatores ambientais e pessoais afetam a auto-eficácia e como a auto-eficácia influencia a aprendizagem, motivação e realização acadêmica (Bandura et al., 1996).

A auto-eficácia exerce sua influência sobre o comportamento através de quatro processos que incluem: a cognição, motivação, afeto e seleção de atividades e ambientes (Bandura, 1993; Schunk, 1995; Pajares, 1996). Os efeitos do senso de auto-eficácia no *processo cognitivo* recaem sobre o tipo de cenário antecipatório a ser construído. Pessoas com alto senso de auto-eficácia são capazes de visualizarem a si mesmas executando atividades com habilidades e apresentam boas construções cognitivas para resolverem problemas potenciais, possibilitando diretrizes positivas de desempenho. A crença na auto-eficácia, além de modificar regras de pensamento, determina o *nível de motivação.* Quanto mais alto o senso de auto-eficácia, maior será o esforço despendido, a persistência, o envolvimento com metas e objetivos mais elevados. Pessoas duvidosas de suas capacidades enfraquecem seus esforços ou abandonam prematuramente suas tentativas. O *processo afetivo* é também fortemente afetado pela crença na auto-eficácia, porque pode influenciar na quantidade de estresse e ansiedade que uma pessoa vai experimentar diante de determinadas atividades. A eficácia no *processo de seleção* pode interferir no curso da vida através da influência nas escolhas de atividades e ambientes, baseadas na sua percepção do que é seguro, atingível, desafiador ou recompensador. As pessoas tendem a evitar atividades e situações que elas acreditam exceder suas capacidades (Bandura, 1993; Schunk, 1995).

A auto-eficácia dos estudantes, juntamente com outras crenças e atitudes para a aprendizagem, é forte preditor de desempenho acadêmico. Segundo Pajares (1996), pesquisas que abordam o senso de auto-eficácia, dentro do contexto acadêmico, sugerem que estudantes com alto senso de auto-eficácia são capazes de realizar tarefas acadêmicas usando mais estratégias cognitivas e metacognitivas e persistem por mais tempo do que aqueles com baixo senso. Em contrapartida, crianças que apresentam dificuldades de aprendizagem podem se julgar com baixo senso de auto-eficácia quanto às suas capacidades de desempenharem com sucesso determinadas tarefas acadêmicas.

Um outro fator que prejudica a qualidade do pensamento e da ação é a questão da habilidade. A realização pessoal não requer só habilidade, mas também crença na auto-eficácia para usá-la da melhor forma. Uma pessoa com o mesmo conhecimento e habilidade pode desempenhar pobremente, bem ou extraordinariamente dependendo das flutuações das crenças de auto-eficácia. A maior função do pensamento é habilitar as pessoas a prever eventos e desenvolver ações de controle sobre os eventos que afetam suas vidas.

A convicção de que alguém pode levar a cabo, com êxito, a conduta necessária para produzir determinados resultados é importante tanto para o início como para a manutenção de uma conduta determinada e, portanto, é de enorme relevância para qualquer processo de aprendizagem (Fierro, 1996).

Constata-se, então, que o senso de auto-eficácia influencia o desempenho acadêmico e, ao mesmo tempo, é influenciado por ele, tendo implicações no desenvolvimento da criança.

Como Avaliar o Senso de Auto-eficácia de Crianças com Dificuldades de Aprendizagem?

Em contextos acadêmicos os instrumentos que avaliam auto-eficácia centralizam-se na investigação da confiança da criança para resolver problemas específicos de matemática, desempenhar leituras específicas ou tarefas de escrita, ou se engajar em estratégias de auto-regulação, que são medidas mais específicas dentro da aprendizagem (Pajares, 1996).

Os julgamentos de auto-eficácia são de tarefas e domínios específicos; nesse sentido, avaliações de auto-eficácia definidas inapropriadamente e de forma global têm efeito preditivo de desempenho acadêmico muito fraco. Os resultados de predição são melhores quando os pesquisadores seguem uma linha teórica que os orienta quanto à especificidade e correspondência do constructo.

Quando o propósito de um estudo é avaliar e explicar o poder preditivo do senso de auto-eficácia, os julgamentos devem ser consistentes e elaborados com base no domínio de funcionamento e/ou tarefas da investigação envolvida. As capacidades avaliadas e as capacidades testadas devem ser similares. Devido à especificidade e correspondência requerida entre a crença de auto-eficácia e a tarefa, instrumentos gerais de avaliação de auto-eficácia, do tipo que prevalecem nas pesquisas de autoconceito, não são considerados adequados pelos teóricos da auto-eficácia.

A construção de um instrumento de avaliação do senso de auto-eficácia implica delimitar com clareza quais os domínios e tarefas consideradas metas de aquisição no contexto acadêmico.

Por exemplo: *Como avaliar o senso de auto-eficácia de crianças nos anos iniciais de escolarização formal quando uma das tarefas essenciais é a aprendizagem* de leitura e escrita?

Para responder a esta questão construiu-se um Roteiro de Avaliação do Senso de Auto-eficácia que focaliza a percepção da criança quanto ao seu desempenho acadêmico e sua capacidade de realização. Trata-se de um procedimento elaborado por Medeiros e Loureiro (1999) a partir dos estudos de Bandura (1993) e Shunck (1995). O Roteiro é composto por 20 afirmativas; dessas, 12 são relacionadas à percepção da capacidade quanto ao desempenho acadêmico, compreendendo seis afirmativas com significado positivo (itens 01, 03, 05, 07, 09, 20) e seis afirmativas com significado negativo (itens 02, 12, 14, 16, 18, 19); e 8 afirmativas relacionadas à percepção de desempenho acadêmico, tendo como referência a avaliação de outros ou a comparação com os pares, compreendendo quatro afirmativas com significado positivo (itens 11, 13, 15, 17) e quatro afirmativas com significado negativo (itens 04, 06, 08, 10). (Anexo 1)

Tal procedimento foi testado na avaliação do senso de auto-eficácia de crianças com dificuldades de aprendizagem comparativamente a crianças com bom desempenho escolar, considerando-se hipótese de trabalho as seguintes questões: A percepção de auto-eficácia de crianças com dificuldades de aprendizagem difere da percepção de crianças com bom desempenho? Como as crianças com dificuldades de aprendizagem percebem a sua eficácia para a aprendizagem da leitura e escrita?

Testaram-se estas hipóteses em um estudo com 52 crianças, de ambos os sexos, na faixa etária entre 8 e 12 anos, alunos de 1ª a 4ª série, com nível intelectual pelo menos médio inferior avaliado pelo Raven. As crianças foram divididas em dois grupos diferenciados pelo desempenho acadêmico, a saber: um grupo composto por 26 crianças com *queixa de dificuldade de aprendizagem* encaminhadas para atendimento psicopedagógico pela rede de saúde ao Ambulatório de Psicologia Clínica Infantil do HCFMRP – USP e outro grupo composto por 26 crianças com *bom desempenho* acadêmico avaliado por Teste de Desempenho Acadêmico tendo como critério desempenho compatível com a faixa etária e/ou série escolar nas áreas de leitura e escrita. Tais crianças freqüentavam um Centro de Atendimento Integral a Crianças e Adolescentes (CAIC).

Na composição do grupo com bom desempenho tomaram-se como referência características das crianças do grupo com dificuldades de aprendizagem, buscando-se o balanceamento com relação a sexo, idade da criança e nível de escolaridade dos pais.

As crianças foram avaliadas individualmente no Ambulatório de Psicologia Clínica Infantil do HCFMRP – USP e no CAIC e os resultados foram comparados com base em procedimentos estatísticos, sendo descritos a seguir.

O Senso de Auto-eficácia Mostrou-se Associado ao Desempenho Acadêmico?

Pode-se observar que os dois grupos estudados apresentaram diferenças importantes no que se refere ao senso de auto-eficácia. O grupo de crianças com queixa de dificuldade de aprendizagem apresentou um senso de auto-eficácia mais baixo em relação às crianças com bom desempenho, considerando-se pouco competente para a execução com sucesso de determinadas atividades acadêmicas. Esse padrão de funcionamento é concordante com dados de outros estudos que apontam as relações de baixo senso de auto-eficácia com baixo desempenho acadêmico (Schunk, 1995; Bandura et al., 1996; Pajares, 1996; Pajares e Valiante, 1997).

Observou-se que o grupo de crianças com dificuldades de aprendizagem obteve pontuação significativamente menor na avaliação do senso de auto-eficácia que o grupo com bom desempenho, caracterizando uma avaliação mais negativa do senso de auto-eficácia por parte das crianças com queixa de dificuldade de aprendizagem, o que se fez presente na avaliação do escore geral e nas diferenças observadas quanto a itens específicos do roteiro.

Com relação aos itens específicos do Roteiro de Avaliação do Senso de Auto-eficácia, pode-se observar que dentre os 20 itens apresentados os grupos se diferenciaram em 12 itens. Analisando estes 12 itens é interessante destacar que nove deles (4, 6, 8, 10, 12, 14, 16, 18, 19; ver anexo 1) se relacionam com afirmativas com sentido negativo em relação ao senso de auto-eficácia e nestes itens o grupo com dificuldade de aprendizagem apresentou maior porcentagem comparado ao grupo com bom desempenho. Na maioria das vezes, tais itens iniciavam retratando a dificuldade: "eu demoro, eu esqueço, eu tenho mais dificuldade". Pode-se pensar que essas afirmativas, com sentido negativo, tenham impacto maior para as crianças com dificuldade de aprendizagem, possivelmente por serem parte da sua experiência cotidiana em comentários ou avaliações dos pais, das professoras ou dos colegas. Observou-se ainda que nos itens 4, 6, 8, e 10 (ver anexo 1) o sentido negativo refere-se às percepções baseadas em julgamentos de professoras e família ou comparações com os colegas. Destaca-se aqui a importância do meio ambiente enquanto fonte de influência para a formação das crenças das crianças.

Outro ponto a ser comentado diz respeito à presença do recurso intelectual como condição para inclusão em ambos os grupos. Partindo-se do pressuposto de que as crianças com dificuldade de aprendizagem contavam com recurso intelectual potencial, ou seja, suas dificuldades não poderiam ser atribuídas a um rebaixamento intelectual, pode-se pensar que, embora com recursos, essas crianças não estão em condição de utilizá-lo. Para Bandura (1993), a realização pessoal não requer só o recurso, mas sim alto senso de auto-eficácia para usá-lo da melhor forma. O rendimento escolar pode ser suscetível às flutuações do senso de auto-eficácia e, quando baixo, pode levar a criança a render menos do que realmente poderia, não porque não seja capaz, mas sim porque não acredita em suas capacidades.

De acordo com Wong (1991), a história de fracasso acadêmico na vida de uma criança pode ter, entre outras, três conseqüências negativas: a) diminuição da sua motivação para aprendizagem; b) descrença no valor da aprendizagem com estratégia, considerando o esforço despendido; c) produção de baixo autoconceito. Ao mesmo tempo, tais condições favorecem o desenvolvimento de padrões atribucionais mal adaptados. O resultado de tais auto-sistemas pobremente desenvolvidos é o de restringir o desenvolvimento dos estudantes com dificuldades de aprendizagem quanto à auto-eficácia e à auto-regulação, tornando-os aprendizes passivos.

Na análise dos dados chama a atenção a influência da comparação social, que no caso das crianças com dificuldades de aprendizagem, pode estar contribuindo de forma negativa no denominado "círculo vicioso do fracasso". O que poderia ser fonte de expectativas positivas em relação ao desempenho da criança é apontado como mais uma fonte de estresse. As próprias crianças percebem-se como deficientes nas habilidades sociais. Essas percepções negativas associadas ao baixo senso de eficácia podem favorecer sentimentos de insatisfação com o contato interpessoal.

Marturano, Linhares e Parreira (1993) referem que as crianças com dificuldades de aprendizagem apresentam modos de enfrentamento inadequados quando enfrentam situações cotidianas e relações interpessoais, predominando condutas indicativas de controle pobre de impulsos, hostilidade e resistência a normas, bem como indícios de estados subjetivos negativos, com tendência à generalização de tais reações em algumas crianças.

As pesquisas que relacionam o senso de auto-eficácia e variáveis afetivas são concordantes ao apontarem relação negativa entre auto-eficácia e ansiedade. Pintrich, Anderman e Klobucar (1994) relatam que alto nível de ansiedade aparece relacionado com mau desempenho em tarefas de leitura, sendo que os estudantes que se sentiam muito preocupados quanto ao seu desempenho nos testes de leitura não se saíam bem e apresentavam baixo senso de auto-eficácia.

As crenças das pessoas em suas capacidades afetam o quanto de estresse e depressão elas vão experienciar em situações de dificuldade e ameaça, bem como o nível de motivação. Pessoas que acreditam que não podem manejar situações de ameaça experienciam altos níveis de ansiedade. Elas apresentam enfrentamentos deficientes, percebem o ambiente como mais perigoso e preocupam-se com coisas que raramente acontecem (Bandura, 1989a; Mantzicoloulos, 1997).

Como resposta às questões que guiaram o estudo pode-se dizer que as crianças com dificuldades de aprendizagem apresentaram-se com baixo senso de auto-eficácia comparativamente às crianças com bom desempenho e que se percebem com dificuldades de responder às demandas do início da escolarização formal no que diz respeito a aprendizagem da leitura e escrita. Adicionalmente percebem que seus professores e pais não as consideram capazes e ainda na comparação com seus pares também se percebem em desvantagem.

As implicações destas autopercepções negativas são inúmeras e apontam para o impacto adverso desta experiência de insucesso escolar para estas crianças nos anos iniciais de escolarização. Em tal período do desenvolvimento, a sensibilidade para tais experiências é maior, caracterizando uma situação de vulnerabilidade que pode ser favorecedora de respostas desadaptativas, não só no domínio acadêmico.

Refletir sobre estes dados tem implicação direta com as proposições de intervenção psicopedagógica com crianças com dificuldades de aprendizagem.

Experiências de intervenção mostram que estudantes com dificuldades de aprendizagem que receberam intervenção demostraram aumento substancial no senso de auto-eficácia para a escrita. Wong, Butler, Ficzere e Kuperris (1996), em estudo de intervenção em grupos de crianças com dificuldades de aprendizagem e sem dificuldades, observaram com base em intervenção baseada em interação aluno-aluno e aluno-professor, que os alunos com dificuldades foram capazes de refletir sobre seus próprios processos de escrita, suas potencialidades e fraquezas, apresentando aumento na auto-eficácia e atitudes positivas para a escrita. Os resultados apontaram para um aumento substancial no senso de auto-eficácia dos alunos pela consciência das habilidades aprendidas no planejamento, na escrita e revisão.

Em outro estudo que visou alterar o senso de auto-eficácia frente às tarefas motoras específicas, Zimmerman e Kitsantas (1997) concluíram que esse processo otimizou não só o desempenho em si, mas também aumentou o senso de auto-eficácia e interesse intrínseco na tarefa.

Nesse sentido, o apoio psicopedagógico pode funcionar para essas crianças como condição favorecedora do desenvolvimento do controle dos impulsos na medida em que oferece condições externas de controle e aprendizagem de padrões comportamentais.

A teoria metacognitiva tem direcionado a auto-regulação em termos de seleção de estratégias apropriadas, teste de autocompreensão e estado de conhecimento e correção de deficiências, entre outros. Os estudantes, entretanto, não transferem essas habilidades espontaneamente. Na teoria cognitiva social, as pessoas devem desenvolver habilidades na regulação da motivação, afetos e determinantes sociais do seu funcionamento intelectual tão bem como os aspectos cognitivos. A crença firme dos estudantes em sua auto-eficácia para manejar as suas próprias atividades de aprendizagem e motivação fornece confiança e realce às realizações de desempenho (Bandura, 1993; Schunk, 1995).

Os estudantes necessitam de um guia social durante a fase inicial de aprendizagem de habilidades complexas para prepará-los para se engajarem em uma prática autoregulativa eficaz. Quando estratégias de aprendizagem validadas socialmente são modeladas e adotadas como metas que valorizam o processo de aprendizagem, essas levam à prática e automonitoramento. Isso faz com que os estudantes atribuam sucesso às estratégias pessoais controláveis experienciando ganhos em percepções de sua auto-eficácia e de motivação intrínseca, o que favorece buscar outras habilidades futuras.

Conclui-se assim que uma das mais importantes contribuições da intervenção psicopedagógica é a promoção e o desenvolvimento do senso de auto-eficácia, restaurando para as crianças com dificuldades de aprendizagem a responsabilidade e o gosto pela aprendizagem acadêmica, o que tem impacto positivo também sobre outros domínios do desenvolvimento. Neste sentido, considera-se que um alto senso de auto-eficácia funciona como um mecanismo de proteção ao desenvolvimento saudável.

Considerações Finais

As crianças que apresentam baixo senso de auto-eficácia em um dado domínio tendem a evitar tarefas difíceis, percebendo-as como ameaça pessoal; tendem a apresentar baixas aspirações e envolvimento com metas, mantendo o foco mais no autodiagnóstico negativo do que em como ter boa realização e desempenho. Diante de tarefas difíceis, geralmente, fixam-se muito mais em suas deficiências pessoais, nos obstáculos que irão encontrar e todos os tipos de resultados aversivos. A percepção de ineficácia tende a afrouxar os esforços de realização, dificultando a persistência na tarefa e facilitando o fugir de situações de dificuldade. Em contrapartida, alto senso de auto-eficácia favorece a realização pessoal em muitos domínios do desenvolvimento.

Destaca-se como conseqüência a importância de se oferecer às crianças ferramentas que lhes permitam, além da aquisição de habilidades, desenvolver crenças mais positivas em relação às suas próprias capacidades de realização. Sugere-se que, no âmbito educacional, os profissionais responsáveis pelas crianças na fase inicial de aprendizagem formal valorizem de forma sistemática o desenvolvimento da auto-eficácia como um recurso favorecedor do processo de aprendizagem acadêmica.

Considera-se ainda que o desempenho acadêmico das crianças pode ser favorecido também pela visão educacional que os pais e professores mantêm sobre as suas crianças e o próprio senso de eficácia que eles desenvolvem em relação a poderem ajudá-las a realizar determinadas aspirações acadêmicas

Referências Bibliográficas

Bandura, A. (1989a). A Human agency in social cognitive theory. *American Psychologist Association,* 44 (9), 1175-1184.

Bandura, A. (1989b). Regulation of cognitive processes through perceived self-efficacy. *Developmental Psychology,* 25 (5), 729-735.

Bandura, A. (1993). Perceived self-efficacy in cognitive development and functioning. *Educational Psychologist*, 28 (2), 117-148.

Bandura, A.; Barbaranelli, C.; Caprara, G.V.; Pastorelli, C. (1996). Multifaceted impact ofself-efficacy beliefs on academic functioning. *Child Development, 67*, 1206-1222.

Boruchovith, E. (1993). A psicologia cognitiva e a metacognição: Novas perspectivas para o fracasso escolar brasileiro. *Tecnologia Educacional,* 22 (110/111), 22-28.

Boruchovith, E. (1994). As variáveis Psicológicas e o Processo de Aprendizagem: Uma contribuição para a psicologia escolar. *Psicologia: Teoria e Pesquisa,* 10 (1), 129-139.

Fierro, A.(1996). Personalidade e aprendizagem no contexto escolar. Em: Coll, P.; Palácios, J.; Marchesi, A. (Orgs.). (A. M. Alves, Trad.). *Desenvolvimento Psicológico e educação: psicologia da educação,* (pp. 154-160). v.2. Porto Alegre: Artes Médicas.

Mantzicopoulos, P. (1997). How do children cope with schoo1 failure? A study of social/emotional factors related to children1 s coping strategies. *Psychology in the Schools*, 34 (3), 229-237.

Martín, E.; Marchesi, A. (1995). Da terminologia do distúrbio às necessidades educacionais especiais. Em: Coll, P.; Palácios, J.; Marchesi, A. (Orgs.). (M. A. G. Domingues, Trad.) *Desenvolvimento Psicológico e educação: necessidades educativas especiais e aprendizagem escolar* (pp. 7-35). v. 3. Porto Alegre: Artes Médicas.

Marturano, E. M.; Linhares, M. B. M.; Parreira, V. L. C. (1993). Problemas emocionais e comportamentais associados a dificuldades na aprendizagem escolar. *Medicina*, 26 (2), 161-175.

Medeiros, P. C.; Loureiro, S. R. (1999). Auto-eficácia e aspectos comportamentais de crianças com dificuldade de aprendizagem [Resumo]. Em: Sociedade Brasileira de Psicologia (Org.). Resumos de Comunicações *Científicas. XXIX Reunião Anual de Psicologia.* Resumos (p. 152). Campinas: SBP.

Pajares, F. (1996). Self-efficacy beliefs in academic settings. *Review of Educational Research*, *66*, 543-578.

Pajares, F.; Valiante, G. (1997). The predictive and mediational role of the writing self-efficacy beliefs of upper elementary students. *Journal of Educational Research*, *90*, 353- 360.

Pintrich, P. R.; Anderman, E. M.; Klobucar, C. (1994). Intraindividual differences in motivation and cognition in students with and without learning disabilities. *Journal of Learning Disabilities*, 27 (6), 360-370.

Schunk, D. H. (1995). Self-efficacy and education and instruction. Em: Maddux, J. E. (Org.). *Self-efficacy. adaptation. and adjustment: theory. research and application.* New York: Plenun Press.

Wong, B. Y. L. (1991). The relevance of metacognition to learning disabilities. Em: Wong, B. Y. L (Org.). *Learning disabilities* (pp. 231-258). New York: Academic Press.

Wong, B. Y. L.; Butler, D. L.; Ficzere, S. A.; Kuperris, S. (1996). Teaching low achievers and students with learning disabilities to plan, write, and revise opinion essays. *Journal of Learning Disabilities*, 29(2), 197-212.

Zimmerman, B. J.; Kitsantas, A. (1997). Developmental phases in self-regulation: shifting from process goals to outcome goals. *Journal of Educational Psychology*, 89 (1), 29-36.

ANEXO I

ROTEIRO DE AVALIAÇÃO DE AUTO-EFICÁCIA LOUREIRO E MEDEIROS (1999)

Aplicação

O Roteiro de Avaliação do Senso de Auto-eficácia é fácil e rápido de ser aplicado. Os itens são apresentados através de fita cassete gravada, evitando assim variações de entonações e pausas na leitura dos mesmos. As crianças podem ouvir os itens tantas vezes quantas sentem necessidade, sempre através do gravador. A entrevistadora, presente na situação, apenas assinala a opção da criança na folha de respostas.

Instrução

Vou apresentar para você algumas frases e você vai me dizer o quanto elas tem a ver com o seu jeito de ser. Basta me responder SIM quando elas se parecerem com o seu jeito e NÃO quando elas forem diferentes do seu jeito.

Pontuação

As respostas são pontuadas em O (zero) ou 1 (um), de acordo com a alternativa escolhida. Os sujeitos dispõem de duas alternativas de resposta, "sim" ou "não". Para as respostas favoráveis a um senso de auto-eficácia positivo é atribuído valor 1 (um), que pode corresponder a um sim ou não, dependendo do item em questão. No conjunto de 20 itens, nas dez afirmativas positivas (01, 03, 05, 07, 09, 11, 13, 15, 17, 20), a resposta sim é pontuada com valor 1 (um), e nas dez afirmativas negativas (02, 04, 06, 08, 10, 12, 14, 16, 18, 19) a resposta não é pontuada com valor 1 (um).

Ex.: Eu tenho me saído bem — Sim = 1 e Não = 0

Eu quero parar de estudar logo — Sim = 0 e Não = 1.

A somatória do total de pontos obtidos no conjunto de 20 itens corresponde ao escore total, tendo-se por esse critério que quanto maior a pontuação mais alto é o senso de auto-eficácia da criança.

ROTEIRO DE AVALIAÇÃO DE AUTO-EFICÁCIA

NOME: ______________________________________DATA: ___/___/___

NA ESCOLA,	SIM	NÃO
01. Eu tenho me saído bem.		
* 02. Eu quero parar de estudar logo.		
03. Eu consigo ler com facilidade.		
* 04. Minha família me considera um aluno fraco.		
05. Eu consigo copiar com facilidade.		
06. Minha professora me considera um aluno fraco.		
07. Eu consigo escrever as palavras que são ditadas.		
08. Eu demoro mais que os outros para acabar as atividades.		
09. Eu lembro com facilidade do que aprendi.		
10. Eu tenho mais dificuldade para a prender que os meus colegas.		
11. Eu aprendo tão bem quanto os meus colegas.		
12. Eu esqueço rápido o que aprendi.		
13. Eu acabo as atividades no mesmo tempo que os colegas.		
14. Eu tenho dificuldade para escrever as palavras que são ditadas.		
15. Minha professora me considera um bom aluno.		
16. Eu tenho dificuldade para fazer cópia		
* 17. Minha família me considera um bom aluno.		
18. Eu tenho dificuldade para ler.		
19. Eu tenho me saído mal.		
*20. Eu quero continuar estudando por muitos anos.		

* Estes itens não devem ser precedidos da expressão: "NA ESCOLA".

Capítulo 8

Habilidades de Solução de Problemas Interpessoais e a Prevenção dos Problemas de Comportamento em Escolares

Luciana Carla dos Santos Elias
Edna Maria Marturano

O Problema

Embora descrições clássicas apresentam os anos escolares como um período de "remanso na construção da personalidade... que parece organizar-se de maneira menos agitada que nos anos anteriores..." (Hidalgo e Palacios, 1995, p. 244), trata-se de uma fase crucial pelo acúmulo de demandas impostas ao indivíduo.

Parece não ser por acaso a elevada demanda para atendimento psicológico de crianças entre seis e 12 anos junto às clínicas de Psicologia, sendo essa demanda constituída principalmente por meninos e tendo um elevado percentual de queixas de baixo rendimento escolar e problemas de comportamento externalizante (Silvares, 1998). Hinshaw (1992), em trabalho de revisão, indicou que em vários estudos encontra-se uma forte ligação entre problemas de comportamento externalizante (hiperatividade, desatenção, agressividade...) e baixo rendimento escolar. Essa associação também tem sido estudada em nosso meio.

Marturano, Parreira e Benzoni (1997) realizaram um estudo sobre a ligação entre baixo rendimento escolar e problemas de comportamento em uma amostra clínica referida por baixo rendimento escolar. As autoras observaram que a maioria das crianças apresentava sinal de problemas de comportamento, necessitando de acompanhamento psicológico na visão dos pais. Os comportamentos mais freqüentes apresentados por essas crianças foram: serem agarradas à mãe, desobediência, irritação, impaciência; agitação, insegurança, timidez, dispersão, preocupação, brigas e destruição de objetos. Foram observados também altos índices de problemas de saúde (dor de cabeça) e hábitos (medo, dificuldades de sono e alimentação). As autoras observaram ainda que a maior demanda de atendimento para crianças do sexo masculino não está associada à maior intensidade de problemas de comportamentos nos meninos.

Marturano, Loureiro, Linhares e Machado (1997) realizaram um estudo com o objetivo de detectar indicadores específicos de problemas associados ao baixo rendimento escolar. Comparando três grupos de crianças (alunos com atraso escolar que foram encaminhados para atendimento psicopedagógico junto a uma clínica-escola; alunos com atraso escolar que não procuraram por atendimento psicopedagógico e alunos sem história de atraso escolar), observaram diferenças entre os grupos, sugestivas de problemas emocionais, comportamentais (na visão de pais e professores) e cognitivos associados a dificuldades escolares, mais pronunciados entre as crianças que foram encaminhadas para atendimento psicopedagógico. As crianças encaminhadas para atendimento psicopedagógico são vistas por pais e professores como mais provocativas, agressivas, desrespeitosas, individualistas, dependentes, intolerantes e explosivas, mais retraídas e com menor persistência ao lidar com a tarefa, em relação às demais crianças dos outros grupos.

Esses resultados deixam clara a associação entre baixo rendimento escolar e problemas de comportamento (em particular problemas de comportamento externalizantes).

Diante da associação entre essas variáveis, potencialmente prejudicial ao desenvolvimento, surgem indagações:

1. O que representa esse quadro de co-ocorrência de baixo rendimento escolar e problemas de comportamento, em termos de prejuízo à saúde emocional dos indivíduos identificados?
2. Em havendo prejuízo é possível preveni-los? Como?

A resposta à primeira questão pode ser obtida através de estudos de seguimento como os relatados no Capítulo 9 deste livro e outros existentes na literatura.

No estudo de Degani e Marturano (1994) verificou-se que adolescentes que haviam apresentado, na meninice, problemas sócio-emocionais associados a queixas escolares tiveram trajetórias de vida desfavoráveis. Santos (1999) observou que crianças com maiores dificuldades comportamentais associadas ao baixo rendimento escolar eram as que apresentavam maiores dificuldades de ajustamento sócio-emocional quando seguidas na adolescência. Em um estudo sobre o período de transição da adolescência para a vida adulta de indivíduos com distúrbios de aprendizagem (que têm entre outras características o baixo rendimento escolar e dificuldades no comportamento), Sitlington (1996) afirma que muitas das dificuldades e necessidades dessas crianças persistem na adolescência e na vida adulta.

A partir dos trabalhos mencionados, sejam esses pertencentes à literatura nacional ou internacional, torna-se claro que a associação entre baixo rendimento escolar e problemas de comportamento constitui condição que aumenta o nível de vulnerabilidade desses indivíduos ao longo do desenvolvimento (Rutter, 1987; Tompson e col., 1990). Tendo ciência dessa maior vulnerabilidade, retoma-se então a segunda indagação acima formulada, em busca de respostas que ajudem a evitar conseqüências prejudiciais ao indivíduo e de modo geral a toda a sociedade.

Em Busca de Respostas

Indícios de risco para o desenvolvimento são substanciais; a questão a ser trabalhada é então a que se refere à possibilidade de prevenção. O presente texto envereda por esse caminho, em busca de respostas, certamente parciais e provisórias, a essa questão. Essa busca é guiada por alguns princípios teóricos e metodológicos, que definem prevenção, pesquisa preventiva e seus fundamentos conceituais.

O conceito de prevenção aqui adotado é o exposto por Mrazek e Haggerty (1994). Derivado da saúde pública, no sentido literal significa evitar que alguma coisa aconteça, considerando a relação risco-benefício, ou seja, o custo, o risco e o desconforto causado por uma intervenção preventiva devem ser menores que o risco e as conseqüências em si que a prevenção pretende evitar. Os autores advertem que para prevenir faz-se necessário conhecer o fato a ser prevenido quanto a sua incidência, onde recai, as disfunções associadas ao fato e as condições de risco do fato em si. Com base no modelo de Gordon, dividem o espectro da prevenção em três níveis: universal, indicada e seletiva. A prevenção universal é aquela dirigida a toda uma população elegida (por exemplo: o uso do cinto de segurança, a vacinação do sarampo). A prevenção seletiva é aquela dirigida a um membro ou subgrupo de uma população, que apresenta o risco de se tornar "doente" (por exemplo: suporte a filhos de usuários de drogas, vacinação contra febre amarela dirigida a indivíduos que irão para um país com autos índices da doença). Finalmente a prevenção indicada é aquela destinada a pessoas que sob avaliação apresentaram fatores de risco que as colocam em condição de alto risco para desenvolver "doenças" no futuro (por exemplo: seguimento de pacientes que tiveram câncer de pele e removeram, atendimento a crianças com baixo rendimento escolar para evitar a evasão escolar). Segundo os autores, para o trabalho em saúde mental é importante situar no espectro de ações preventivas a intervenção que está sendo ou será realizada, pois informa o nível de comprometimento que o indivíduo apresenta.

Baseada no conceito de prevenção, a ciência da prevenção tem como objetivo prevenir ou atenuar as principais disfunções humanas e, nesse sentido, os esforços preventivos ocorrem antes de a doença ser totalmente manifestada. Ciência preventiva em saúde mental acessa processos biomédicos e sociais que influenciam a incidência e prevalência de doenças mentais (Coie e cols.,1993). O avanço da ciência da prevenção é apoiado em pesquisas empíricas, notadamente a pesquisa preventiva que concentra primariamente seus estudos sobre os precursores potenciais de disfunção (fatores de risco) ou de saúde (fatores de proteção). As intervenções preventivas buscam diminuir ou eliminar os fatores de risco e reforçar fatores protetivos que atuam sobre a disfunção humana. A determinação dos fatores de risco e proteção, uma etapa importante da pesquisa preventiva, é feita a partir do conceito de tarefa de desenvolvimento.

De acordo com o conceito, o meio social não só define as tarefas e estabelece critérios de competência, mas também deve prover suporte para seu cumprimento. Assim, em um enfoque preventivo, o conceito de tarefa de desenvolvimento pode ser empregado como critério de competência nas diversas etapas do desenvolvimento, e é útil também para definir fatores de risco e proteção salientes em cada etapa, conforme sua relevância para o cumprimento das demandas típicas de cada fase. Na abordagem de prevenção proposta por Mrazek e Haggerty (1994), o modelo de pesquisa preventiva tem como eixo o cumprimento das tarefas de desenvolvimento nas diversas etapas do curso da vida.

Com base nesse referencial, a pesquisa relatada neste capítulo buscou resposta à indagação sobre como prevenir os possíveis prejuízos causados pelo acúmulo de condições que foram identificadas como prejudiciais ao desenvolvimento. A fim de responder a essa indagação, aplicou-se o modelo de pesquisa preventiva ao problema concreto da co-ocorrência de baixo rendimento escolar e problemas de comportamento, como condição de risco para problemas de saúde mental em etapas posteriores.

Diante da visão de tarefas do desenvolvimento sabe-se do papel fundamental que o desempenho escolar ocupa em nossa sociedade. A aprendizagem adequada e conseqüentemente o bom rendimento escolar tem importância marcante no desenvolvimento do indivíduo.

Dificuldades nessa aquisição levam à não produção da criança e podem gerar nesta uma série de comportamentos e sentimentos inadequados. A vivência de situações de fracasso (baixo rendimento) gera não só sentimentos como baixa auto-estima, mas também influencia na capacidade produtiva do indivíduo em outras áreas e na aceitação pelos pares e familiares (Linhares e cols., 1993). O sucesso escolar, por outro lado, favorece o desenvolvimento sócio-afetivo adequado.

Outra tarefa evolutiva de grande importância nessa fase é o desenvolvimento de competência interpessoal, requisito decorrente da ampliação do contexto social e da crescente exposição ao grupo de pares. Assim, os problemas de comportamento, sobretudo aqueles marcados por dificuldades de comportamento externalizante, comprometem os relacionamentos sociais influenciando em etapas posteriores do desenvolvimento, já que a competência resulta de uma série de interações entre a criança e o ambiente, interações essas que vão se alterando à medida que ocorrem mudanças no desenvolvimento da criança e/ou mudanças do ambiente (Masten e Coartsworth, 1998).

Nesse processo, tanto fatores ligados ao próprio indivíduo como fatores relacionados ao ambiente podem engendrar mecanismos de risco ou proteção. Como já foi enfatizado neste capítulo o baixo desempenho escolar e os problemas sócio-emocionais estão entre os fatores de risco salientes na meninice, que decorrem da natureza das próprias tarefas de desenvolvimento típicas dessa fase.

Romero (1995) menciona que os estudos da associação entre baixo rendimento escolar e as dificuldades nos relacionamentos sociais (problemas de comportamento) ajudam a compreender melhor as próprias dificuldades escolares, dadas as múltiplas relações existentes entre o rendimento escolar e o grau de ajuste social. O autor ressalta também o papel previsor que as relações sociais ocupam na vida de um indivíduo, ou seja, dificuldades nos relacionamentos sociais na infância parecem freqüentemente ligadas a problemas de ajustamento em etapas posteriores.

Em contraponto aos fatores de risco salientes na meninice existem os fatores de proteção, fatores esses que podem ser inerentes ao próprio indivíduo ou ao ambiente com o qual interage, ou ainda resultar das transações entre o indivíduo e seus contextos de desenvolvimento.

Dentre os fatores de proteção que emergem das transações entre o indivíduo e o ambiente, a literatura tem apontado a estreita relação entre as habilidades de solução de problemas interpessoais e o desenvolvimento sócio-emocional, enfatizando o papel protetor dessas habilidades ao longo do desenvolvimento.

Habilidades de solução de problemas interpessoais e seu papel preventivo

As habilidades de solução de problemas interpessoais fazem parte das habilidades sociais que um indivíduo pode desenvolver.

Entendem-se habilidades sociais como sendo todo e qualquer desempenho emitido em interações sociais, ou seja, é um universo abrangente nas relações interpessoais, estendendo-se para além da assertividade, de modo a incluir as habilidades de comunicação, de solução de problemas interpessoais, de cooperação, de desempenhos interpessoais próprios de algumas atividades profissionais, etc. (Del Prette e Del Prette,1998).

Michelson, Wood e Kadzdin (apud Merrel e Gimpel, 1998, p. 3) explicitam algumas características das habilidades sociais: elas são aprendidas, compostas de comportamentos específicos, incluem iniciativas e respostas, maximizam o reforço social, são interativas em situações específicas e podem ser alvo de intervenção.

Diante desse contexto tem-se que as habilidades de solução de problemas interpessoais são aprendidas e passíveis de intervenção.

Segundo Spivack e Shure (1982 b), as habilidades de solução de problemas interpessoais (a partir de agora referidas como HSPI) são constituídas de seis diferentes capacidades: gerar soluções alternativas, consideração de conseqüências sociais, desenvolvimento de pensamento meios-fins, desenvolvimento do pensamento social-causal, sensibilidade para problemas e orientação dinâmica. Segundo os autores, as HSPI definem como o indivíduo pensa a respeito de problemas interpessoais, especificamente como os avalia e enfrenta. Obviamente existem outras formas utilizadas para resolver uma situação problema sem o uso das HSPI; algumas dessas formas são satisfatórias (exemplo: busca de suporte social ou a reconstrução cognitiva do problema), enquanto outras formas não são satisfatórias pois não resolvem a situação problema e ainda podem gerar novos problemas (por exemplo: não pensar no problema, negar o problema, inversão do significado do problema, projeção do problema).

Shure e Spivack (1982a) verificaram que a partir dos quatro anos é possível detectar diferenças nas HSPI, e que os escores nessas habilidades parecem ser um importante preditor do nível de ajustamento e de competência interpessoal dos indivíduos. Segundo esses autores, independentemente do QI, crianças competentes em HSPI são menos propensas a apresentarem impulsividade ou inibição, são mais queridas por seus pares e mais afetuosas em situação de estresse, quando comparadas com crianças deficientes nessas habilidades.

Pont (1995) realizou um estudo sobre o mau ajustamento e as HSPI. O autor avaliou duas diferentes capacidades: gerar solução alternativa para problemas interpessoais e pensamento meio-fim. Foram avaliados três grupos de meninos de sete a 11 anos, um grupo com problemas de conduta, um grupo sem problemas de conduta e com alto nível de habilidades sociais e um grupo sem problemas de conduta e com menor nível de habilidades sociais. Os resultados indicaram que os participantes do grupo com problemas de comportamento eram menos eficientes em pensamento meio-fim (em soluções hipotéticas de problemas sociais), em itens específicos e nos resultados totais. Quanto à capacidade de gerar solução alternativa para problemas interpessoais, os participantes com problemas de comportamento eram tão capazes quanto os sem problemas, quando se considerava apenas o número de respostas. No entanto, ao se considerar a qualidade de suas respostas, essas eram menos eficazes e mais violentas. O autor conclui que as crianças com problemas de comportamento podem apresentar escores em medidas de HSPI iguais ou maiores que crianças sem problemas de comportamento, porém o uso dessas habilidades é geralmente menos efetivo, tendendo a usá-las de forma menos coerente e mais agressiva e impulsiva. Embora a capacidade de gerar soluções alternativas esteja preservada, as soluções encontradas é que são inadequadas.

Mediante o exposto, parece claro o papel de fator de proteção que as HSPI podem exercer.

Há diversas propostas de prevenção que, partindo do pressuposto de que problemas sócio-emocionais na meninice constituem fatores de risco para transtornos mentais em fases posteriores, atuam diretamente sobre esses fatores de risco. Dentre as intervenções preventivas destinadas a atenuar problemas de comportamento, ganharam relevo nas últimas décadas aquelas que incluem o desenvolvimento de HSPI. A partir dos estudos realizados sobre as HSPI e sua influência no nível de ajustamento do indivíduo, observou-se que essas habilidades podem ser aprimoradas ou desenvolvidas através de programas que levem o indivíduo a pensar em suas ações e sentimentos, assim como nas ações e sentimentos do outro, tentando buscar alternativas para seus problemas interpessoais, pensando sempre nas possíveis conseqüências de seus atos. Diferentes autores enfatizam que o objetivo de tais programas não é dizer para a criança o que ela deve ou não fazer, mas sim ensiná-la a pensar no que pode fazer, a partir de suas experiências e nível de desenvolvimento (Shure e Spivack, 1982b; Elias e Clabby, 1992).

Spivack e Shure (1982a) citam que diferentes trabalhos de intervenção realizados por eles e outros autores têm revelado que as crianças que passam por um programa de desenvolvimento de HSPI se mostram melhor adaptadas ao longo do tempo.

Elias e cols. (1991) realizaram um estudo longitudinal sobre uma intervenção preventiva de caráter universal, destinada à promoção de competência social, através de um programa escolar. Os alunos participantes receberam na escola, durante dois anos (4ª e 5ª séries), um programa de intervenção para o desenvolvimento de HSPI. Os participantes foram comparados, seis anos após o término da intervenção, a um grupo que não havia passado pela intervenção. Os resultados obtidos através das diferentes avaliações sinalizaram que os estudantes que haviam passado pela intervenção apresentavam melhores índices quanto ao ajustamento social, menores índices relativos à psicopatologia e melhor desempenho acadêmico.

Recentemente, o desenvolvimento das HSPI passou a fazer parte de programas preventivos com componentes múltiplos, como por exemplo o programa de prevenção indicada proposto por Webster-Stratton e Hammond (1997), focalizando crianças com transtornos de conduta e suas famílias.

Em nosso meio, vem sendo aplicado um programa para o desenvolvimento das HSPI junto a crianças que apresentam baixo rendimento escolar e problemas de comportamento associados, tendo como meta atenuar os problemas de comportamento através do desenvolvimento ou aprimoramento das HSPI, e conseqüentemente atenuar as dificuldades acadêmicas. O programa, assim como os resultados obtidos, são apresentados a seguir.

O programa de desenvolvimento das HSPI

Trata-se de uma adaptação do programa "I Can Problem Solve" – ICPS (Shure, 1992), para crianças com problemas de comportamento e de aprendizagem escolar. O programa "I Can Problem Solve" – ICPS (Shure, 1992) foi originalmente desenvolvido para ser aplicado em sala de aula. Foi traduzido e adaptado para nossa realidade recebendo o nome de "Eu Posso Resolver Problemas". O programa não diz para as crianças o que fazer frente a conflitos ou situações problemas com outros indivíduos, mas sim trabalha com as crianças formas de pensar sobre o problema, diferentes visões sobre o mesmo e possíveis caminhos para solucioná-lo. É trabalhado com as crianças "*como pensar sobre os problemas*", não "*o que pensar*".

O programa é composto originalmente de 84 lições, no entanto, a autora recomenda que se inicie da lição 15, se o trabalho for realizado com crianças que já cursam a escola elementar. Desta forma o programa adaptado foi composto de 69 lições, cada qual com um roteiro a ser seguido. Esses roteiros incluem esquemas de diálogos com as crianças, sugestões de jogos a serem desenvolvidos e indicação dos recursos necessários. As lições são agrupadas em duas categorias amplas, segundo seu objetivo maior que é desenvolver, respectivamente, os pré-requisitos cognitivos para resolução de problemas interpessoais e as HSPI propriamente ditas.

As habilidades prévias para a resolução de problemas, desenvolvidas nas lições iniciais, são: identificação dos próprios sentimentos e dos sentimentos dos outros, considerar o ponto de vista dos outros (diferentes sentimentos) e aprender a seqüenciar os eventos. As habilidades para resolução de problemas compreendem: pensar em mais de uma solução (diferentes caminhos para um mesmo objetivo) considerar as conseqüências (ações e sentimentos) e decidir que solução tomar.

O programa foi originalmente desenvolvido para crianças de pré-escola e séries iniciais do ensino fundamental. Para aplicação em contexto clínico, voltada para crianças com baixo desempenho escolar, foram incluídas atividades de leitura e escrita relacionadas aos temas das lições. Atividades dessa natureza foram adicionadas a todas as lições do programa original. Foram também adicionadas atividades lúdicas, através das quais se trabalham não só os temas propostos no programa, mas também as dificuldades acadêmicas das crianças.

No programa original é proposto o trabalho de uma lição por dia, com duração aproximada de 20 minutos, três ou quatro vezes por semana. Frente às condições de trabalho na clínica (agendamento semanal, contratos semestrais com as famílias), optou-se por trabalhar várias lições em um único encontro, tendo esse encontro um tempo maior (duas horas). Além dos conteúdos e atividades propostos pelo programa nos roteiros, esse considera e inclui atividades relacionadas a problemas que ocorrem no dia-a-dia da criança. Essas atividades se desenvolvem a partir do relato das crianças ou em situações-problema, que ocorrem nos grupos.

O processo de diálogo tem papel central no programa. Durante os diálogos preestabelecidos nos roteiros ou que ocorrem espontaneamente durante as sessões, o coordenador do grupo guia as crianças na aplicação dos conceitos do programa para resolver problemas de vida real. Esse tipo de diálogo reflete um estilo de pensamento que ajudará as crianças a tentarem novamente se falhar a primeira tentativa para resolver um problema. Ele ensina a lidar com a frustração quando seus objetivos devem ser adiados ou negados. A natureza do problema a ser discutido determinará como se dará o diálogo. Nos diálogos propostos nos roteiros existem seqüências preestabelecidas a serem seguidas, o que não ocorre nos diálogos espontâneos durante as sessões. Para esses diálogos espontâneos, cinco princípios devem ser observados pelo adulto, de modo a guiar as crianças a pensarem nos problemas. Esses princípios são: identificar e definir o problema, entender e saber lidar com o problema do ponto de vista da criança, não alterar o problema para atender às necessidades do coordenador, não resolver o problema para a criança e dar atenção ao pensamento da criança. Alguns passos podem ser seguidos para auxiliar a criança a solucionar os problemas, como: definir o problema com a criança, eliciar sentimentos e percepção dos sentimentos dos outros, eliciar conseqüências, eliciar sentimentos sobre conseqüências, encorajar a criança a pensar em soluções alternativas, encorajar a evolução da solução, e elogiar a ação da criança de pensar. O elogio é para o pensar em si e não para o conteúdo da idéia; estimula-se assim o "brainstorming" e evita-se inibir posterior pensamento sobre outras soluções. Obviamente nem sempre ocorrem diálogos ou esses são oportunos; momentos de silêncio para acalmar os ânimos podem ser necessários.

O programa se desenvolve ao longo de aproximadamente 20 sessões. Na primeira sessão, trabalha-se a apresentação do grupo; os objetivos do trabalho e do programa; construção conjunta com o grupo das regras iniciais do mesmo (essas podem ser modificadas ao longo do processo); possíveis conseqüências para as transgressões das regras e nome do grupo. Nas sessões seguintes até a penúltima sessão,

são trabalhados os conteúdos das 69 lições. A cada sessão são trabalhadas quatro lições cumprindo-se os roteiros propostos e adicionando-se outras atividades lúdicas (dramatizações, troca de papéis, jogos, construção conjunta de trabalhos com diferentes materiais) e os exercícios de leitura e escrita. Várias dessas atividades são baseadas em modelos de enfrentamento, nos quais se encorajam as crianças a utilizar e discutir as HSPI. Na última sessão faz-se um fechamento do trabalho retomando os objetivos, sinalizando os progressos alcançados. No final é entregue a cada criança um certificado de participação no programa.

A estrutura de uma sessão inclui inicialmente uma conversa em círculo, versando sobre as atividades realizadas na semana (prazerosas ou não), a ocorrência de alguma situação problema que pode ser contada para o grupo (na avaliação da criança), a retomada dos objetivos do grupo quando necessário, a leitura das regras e a apresentação das atividades que irão ser realizadas. Em seguida, passa-se para a mesa de trabalho, onde os temas das lições são tratados através de diálogos, atividades de leitura e escrita e atividades lúdicas. Antes de finalizar a sessão no círculo, as crianças organizam a caixa de material do grupo e jogam um jogo de regras. Finaliza-se cada sessão com nova conversação em círculo, na qual se recapitulam as atividades realizadas, com foco nas ocorrências positivas ou negativas durante a sessão e percepção das crianças sobre as atividades.

Os recursos utilizados nas sessões são sugeridos pelo programa original e outros adaptados de acordo com nossa realidade. Utilizam-se recursos como: lousa e giz, livros de história, cenas ilustradas de situações-problema, gravador, fitas-cassete de histórias, argila, sucatas, cartolinas, diferentes tipos de papéis, fantoches (crianças e animais), isopor. Quanto às técnicas utilizadas, acrescentaram-se algumas ao roteiro original. As técnicas utilizadas são diálogos preestabelecidos no roteiro do programa, diálogos espontâneos, leituras de histórias, construção de trabalhos em equipe, desempenho de papéis incluindo as crianças e a coordenadora, dramatizações com os fantoches pelas crianças e coordenadora, troca de papéis, jogos.

A intervenção é realizada em sala com espaço físico adequado para colocar os móveis necessários. A sala necessita ter mesa de tamanho suficiente para todos os participantes sentarem-se em volta, cadeiras para compor o círculo, lousa e mural.

O programa original foi desenvolvido para ser aplicado pelo professor de ensino fundamental. Para realizar essa modalidade de intervenção o profissional necessita ter conhecimento e experiência de trabalho com grupo e treino supervisionado na aplicação do programa. Na versão clínica adaptada, o programa tem sido aplicado por psicólogos com especialização em Psicopedagogia.

Os Resultados de uma Intervenção com o Programa para Desenvolvimento das HSPI

O programa acima descrito foi aplicado em um grupo de crianças encaminhadas a uma clínica de Psicologia da rede pública de saúde, devido a seu baixo rendimento escolar. Todas apresentavam indícios de dificuldades sócio-emocionais em nível clínico, identificadas através de um instrumento de rastreamento, a Escala Comportamental Infantil A2 de Rutter, versão para pais (Graminha, 1998). Participaram 24 crianças, de ambos os sexos, com idade entre seis e 12 anos, que não apresentavam deficiência cognitiva. O programa foi aplicado em sessões semanais, com duas horas de duração, durante um semestre. As crianças foram avaliadas quanto às HSPI (Procedimento de Solução de Problemas Interpessoais em Crianças), problemas de comportamento (Escala Comportamental Infantil A2 de Rutter e Inventário de Comportamentos da Infância e Adolescência de Achenbach) e desempenho acadêmico (Teste de Desempenho Escolar), antes do início da intervenção, imediatamente após o término da intervenção e seis meses após o término da intervenção. Os resultados obtidos apontaram claramente a eficácia do programa em produzir desenvolvimento ou aprimoramento das HSPI e atenuar problemas de comportamento, além do ganho no desempenho escolar.

No que se refere às influências dessa modalidade sobre o desempenho acadêmico, os resultados encontrados foram significativos; observou-se que os participantes apresentaram progressos em escrita, aritmética e leitura na avaliação logo após o término da intervenção e que mantiveram os ganhos em uma avaliação de seguimento feita seis meses após o término do programa. Esses resultados vão ao encontro da literatura de que crianças que passam por intervenção para o desenvolvimento das HSPI apresentam progressos no desempenho escolar à medida que melhoram seus comportamentos (Webster Stratton e Hammond, 1997; Lochman e Curry, 1986).

Quanto ao desenvolvimento ou aprimoramento das HSPI, os resultados sinalizaram progressos dos indivíduos na avaliação após intervenção.

Quanto às influências da modalidade de intervenção sobre os problemas de comportamento, os resultados mostraram-se significativos. Os participantes antes da intervenção apresentavam problemas de comportamento em nível clínico, e após a intervenção a pontuação estava abaixo do índice clínico, apontando assim para a influência da intervenção, atenuando os problemas de comportamentos. No seguimento após seis meses do término da intervenção, os participantes não voltam a apresentar os mesmos escores observados antes do início da intervenção, mantendo as melhoras obtidas. Verifica-se redução nos índices de hiperatividade, problemas emocionais e problemas de conduta após a intervenção e a manutenção desses resultados no seguimento.

A influência da intervenção sobre os problemas de comportamento foi confirmada por resultados que apontavam redução em escores de problemas de comportamento de internalização e externalização. Essas melhoras se mantiveram seis meses após o término da intervenção. Observou-se ainda que os participantes reduzem, após a intervenção, problemas de comportamento específicos como retraimento, complicações somáticas, ansiedade e depressão, problemas de pensamento, problemas de atenção, comportamento delinqüente e comportamento agressivo. O mais importante a ser considerado é que essas melhoras se mantêm no seguimento.

Ao ser comparado com uma intervenção psicopedagógica convencional, o programa para desenvolvimento de habilidades de solução de problemas interpessoais se mostrou mais eficaz, tanto para atenuar as dificuldades sócio-emocionais como para melhorar o desempenho escolar.

Os resultados vão ao encontro da literatura indicativa de que trabalhos de intervenção que utilizam programas para o desenvolvimento ou aprimoramento das HSPI contribuem para que os indivíduos se mostrem mais ajustados em termos comportamentais após receberem o treino nessas habilidades (Webster -Stratton e Hammond, 1997; Shure e Spivack, 1982c).

Os resultados obtidos através da intervenção foram encorajadores, sinalizando que o trabalho de desenvolvimento das HSPI pode ser aplicado para melhorar os dois conjuntos de problemas: baixo rendimento escolar e problemas de comportamento.

Através dos conceitos teóricos, prática e resultados apresentados nesse capítulo, espera-se ter deixado clara a necessidade de atenção e prevenção a indivíduos que apresentam baixo rendimento escolar associado a dificuldades de comportamento. A proposta desse capítulo foi mostrar de forma teoricamente fundamentada a possibilidade de uma modalidade de intervenção preventiva.

Referências Bibliográficas

Coie, J. D., Watt, N. F., West, S. G., Hawkins, J. D., Asarow, J. R., Markman, H. J., Ramey, S. L., Shure, M. B., e Long, B. (1993). The science of prevention: a conceptual framework and some directions for a national research program. *American Psychologist*, *48*, 1013-1022.

Degani, I. C. C. e Marturano, E. M. (1994). Dificuldades de aprendizagem: estudo de seguimento [Resumo]. Em: Faculdade de Medicina de Ribeirão Preto (Org.) Resumos de Comunicações Científicas. *2º Ciclo de Estudos em Saúde Mental* (p.11). Ribeirão Preto: FMRP.

Del Prete, Z. A. P., e Del Prete, A. (1999). *Psicologia das habilidades sociais: terapia e educação*. Petrópolis: Vozes.

Elias, M. J., Gara. M. A., Schuyler. T. F., Branden-Muller. L. R., e Sayette. M. A . (1991). The promotion of social competence: longitudinal study of a preventive school-based program. *American Journal of Orthopsychiatry*, *61*, 409- 417.

Elias, M. J. e Clabby, J. F. (1992) *Building social problem solvisg skills: guidelines from a school-based program*. San Francisco, Jossey-Bass.

Graminha, S. S. V. (1998). Recursos metodológicos para pesquisas sobre riscos e problemas emocionais e comportamentais na infância. Em: G. Romanelli e Z. M. M. B. Alves (Org.). *Diálogos metodológicos sobre prática de pesquisa*. (pp. 71-86). Ribeirão Preto, Programa de Pós-Graduação em Psicologia da FFCLRP – USP.

Hidalgo, V. e Palacios, J. (1995). Desenvolvimento da personalidade dos 6 aos 12 anos. Em: C. Coll, J. Palacios e A. Marchesi (Org.). *Desenvolvimento psicológico e educação: necessidades educativas especiais e aprendizagem escolar* (pp. 243-249). (M. A. G. Domingues, Trad.) Porto Alegre: Artes Médicas.

Hinshaw, S. P. (1992). Externalizing behavior problems and academic underachievement in childhood and adolescence: causal relationships and underlying mechanisms. *Psychological Bulletin*, *111*, 127-155.

Linhares, M. B. M., Parreira., V. L. C., Marturano, A. C. e Sant'anna, S. C. (1993). Caracterização dos motivos da procura de atendimento infantil em um serviço de psicopedagogia clínica. *Medicina*, *26*, 148-160.

Lockman, J. E. e Curry. J. F. (1986). Effects of social problem-solving training and self-instruction training with agressive boys. *Journal of Clinical Child Psychology*, *15*, 159-164.

Marturano, E. M., Loureiro, S. R., Linhares, M. B. M., e Machado, V. L. S. (1997). A avaliação psicológica pode fornecer indicadores de problemas associados a dificuldades escolares? Em: E. M. Marturano, S. R. Loureiro e A.W. Zuardi (Org.). *Estudos em Saúde Mental* (pp.11-48). Ribeirão Preto: CPG em Saúde Mental – FMRP/USP.

Marturano, E. M., Parreira, V. L., e Benzoni, A. G. (1997). Crianças com queixa de dificuldade escolar: avaliação das mães através da Escala Comportamental Infantil A2 de Rutter. *Estudos de Psicologia*, *14*, 3-15.

Masten, A . S., e Coatsworth, J. D. (1998). The development of competence in favorable and unfavorable environments – lessons from research on successful children. *American Psychological Association*, *53*, 205-220.

Merrell, K. W., e Gimpel, G. A. (1998). *Social skills of children and adolescents – conceptualization, assessment, treatment*. Mahwah, New Jersey: Laurence Erlbaum Associates, Publishers.

Mrazek, P., e Haggerty, R. J. (1994). *Reducing risks for mental disorders – Frontiers for preventive intervention research – Comitee on prevention of mental disorders*. Washington DC: Institute of Medicine – National Academy Press.

Pont, H. B. (1995). Maladjustment and socio-cognitive problem solving: the validity of quantitative and qualitative assessment. *British Journal of Clinical Psychology*, *34*, 53-65.

Romero, J. F. (1995). As relações sociais das crianças com dificuldades de aprendizagem. Em: C. Coll, J. Palacios e A. Marchesi (Org.), *Desenvolvimento psicológico e educação: necessidades educativas especiais e aprendizagem escolar*. (pp.71-82). (M. A. G. Domingues, Trad.). Porto Alegre: Artes Médicas.

Rutter, M. (1987). Psychosocial resilience and protective mechanisms. *Armer. J. Orthopsychiatry*, *57*, 316 -331.

Santos, L. C. (1999). *Crianças com dificuldade de aprendizagem: estudo de seguimento*. Dissertação de Mestrado, Faculdade de Medicina de Ribeirão Preto – Universidade de São Paulo, Ribeirão Preto.

Shure, M. B. (1992). *I can problem solve (ICPS): interpersonal cognitive problem solving program*. Champaign: Research Press.

Shure, M. B., e Spivack, G. (1982a). Interpersonal problem – solving in young children: a cognitive approach to prevention. *American Journal of Community Psychology*, *10*, 341-356.

Shure, M. B., e Spivack, G. (1982b). The cognition of social adjustment: interpersonal cognitive problem-solving thinking. *Psychology*, *6*, 323-372.

Shure, M. B., e Spivack, G. (1982c). The problem-solving approach to adjustment: a competency – building model of primary prevention. *Prevention in Human Services*, *1*, 87-103.

Silvares, E. F. M. (1998). *Clínicas escolas: novas formas de atendimento psicológico*. Trabalho apresentado como parte dos requisitos para a outorga do título de livre docente em psicologia ao Instituto de Psicologia, Universidade de São Paulo, São Paulo.

Sitlington, P. L. (1996). Transition to living: the neglected component of transition programming for individuals with learning disabilities. *Journal of Learning Disabilities*, *52*, 31- 39.

Thompson, J. R. J., Lampron, L. B., Johanson, D. F., e Eckstein, T. L. (1990). Behavior problems in children with the presenting problem of poor school performance. *Journal of Pediatric Psychology*, *15*, 3-29.

Webster-Stratton, C., e Hammond, M. (1997). Treating children with early-onset conduct problems: a comparison of child and parent training interventions. *Journal of Consulting and Clinical Psychology*, *65*, 93-109.

Capítulo 9

A Criança com Queixas Escolares e sua Família

Edna Maria Marturano
Marlene de Cássia Trivellato Ferreira

Uma parcela apreciável da demanda das clínicas de psicologia vinculadas à rede de saúde é constituída por famílias que buscam ajuda profissional para as dificuldades escolares de seus filhos. Essas famílias freqüentemente trazem sentimentos de angústia, perplexidade, irritação e impotência ante a dificuldade persistente que a criança demonstra para obter progresso em seus estudos. Acreditam, muitas vezes, que nada mais conseguem fazer para enfrentar o problema, no âmbito de seus recursos, e por isso procuram ajuda. De outras vezes, os pais buscam o serviço de saúde pressionados por cobranças do pessoal técnico da escola, que insiste na incapacidade da criança para aprender.

Esse quadro de inquietação familiar configura, para o aluno afetado, uma vivência de fracasso escolar. Ou seja, quando a criança que vai mal na escola chega ao profissional de saúde, conduzida pela família, uma crise está instalada. São sintomáticas de um quadro de crise as manifestações sócio-emocionais encontradas em uma elevada porcentagem de crianças, bem como as reações de perplexidade dos cuidadores, quando se entrevistam as famílias por ocasião da busca de atendimento (Marturano, Linhares e Parreira, 1994; Parreira e Marturano, 1998).

A presença de sofrimento psíquico requer do profissional de saúde mental a quem a criança foi referida a mobilização de meios de suporte para enfrentamento da crise. Motivadas por esse quadro, as autoras do capítulo apresentam um conjunto de informações, decorrentes de pesquisas sobre a criança com queixas escolares e sua família, que possam subsidiar a definição de estratégias de apoio a esse segmento importante da clientela infantil dos serviços de saúde mental. A apresentação das pesquisas é precedida por uma breve exposição de seus fundamentos conceituais.

O Conceito de Competência e as Tarefas de Desenvolvimento da Meninice

A noção de competência está implícita em definições correntes de saúde, que incluem componentes de qualidade de vida e bem-estar subjetivo. A manutenção da saúde tem sido associada, por exemplo, à habilidade de lidar com estresse e pressões na vida (WHO, 1994). O conceito, analisado por Masterpasqua (1989), está na base da concepção contemporânea de ajustamento psicológico. O paradigma de ajustamento com foco na competência oferece, no lugar do tradicional modelo médico baseado na doença, uma alternativa psicológica baseada na saúde. A competência pode ser definida com atributos adaptativos cognitivos, emocionais, comportamentais e sociais, complementados pelas crenças e expectativas da pessoa sobre sua possibilidade de ter acesso a esses atributos e sua habilidade para implementá-los. Trata-se de um conceito fundamentado em uma perspectiva de desenvolvimento, segundo a qual o desenvolvimento ótimo consistiria em um processo contínuo de reorganização e integração ativa, pelo indivíduo, das diversas competências adquiridas ao longo da vida (Egeland e cols., 1990).

Essas transformações são concebidas por referência ao conceito de tarefa de desenvolvimento, que pode ser compreendido em uma perspectiva do desenvolvimento humano enquanto processo dinâmico de trocas constantes entre o indivíduo e o ambiente. A noção corrente de tarefa de desenvolvimento implica em um conjunto de critérios, alguns universais, outros específicos de determinada cultura ou momento histórico, através dos quais se avalia a competência do indivíduo no enfrentamento dos desafios psicossociais típicos de cada etapa (Masten e Coatsworth, 1998). Pressupõe-se que o grau de sucesso no cumprimento das tarefas em uma dada etapa afeta o desenvolvimento em etapas posteriores, de modo que a competência individual em um dado momento da vida decorre do interjogo entre condições internas e externas, passadas e presentes. Os contextos onde o indivíduo se desenvolve podem contribuir tanto para a competência, em maior ou menor grau, como para a vulnerabilidade aos riscos, tanto aqueles inerentes a cada etapa do ciclo da vida, como os decorrentes de circunstâncias de vida adversas ao desenvolvimento.

Deve-se enfatizar o caráter co-construtivo e transacional do conceito, no sentido de que: a) o indivíduo participa ativamente do processo de desenvolvimento das competências necessárias ao cumprimento das tarefas que lhe são propostas pelo meio; b) é nas transações dentro dos diversos sistemas sociais em que o indivíduo está inserido que as tarefas são enfrentadas com maior ou menor chance de sucesso. Em outras palavras, o meio social não só define as tarefas e estabelece critérios de competência, mas também deve prover suporte para seu cumprimento. Desse modo, o conceito de tarefa de desenvolvimento permite diagnosticar disfunções nos sistemas sociais de suporte, quando as exigências impostas aos indivíduos excedem os recursos de enfrentamento disponibilizados por esses mesmos sistemas.

A noção de tarefa de desenvolvimento é particularmente útil para a compreensão do papel da escola no desenvolvimento durante a meninice. Ao ingressar na meninice intermediária, que para muitos indivíduos coincide com o ingresso na escolarização formal, espera-se que a criança já tenha estabelecido, nas etapas anteriores, um vínculo seguro com figuras de apego, assim como as bases para um sistema eficaz de auto-regulação. As principais tarefas que então se apresentam, como desafios a serem enfrentados pelo escolar, incluem o desempenho acadêmico, o ajustamento ao ambiente escolar, a capacidade de se dar bem com os companheiros e a adesão às regras da sociedade para comportamento moral e conduta pró-social (Masten e Coastworth, 1998). Nesse percurso, ele deve poder contar com os sistemas de suporte constituídos pela família e pela escola, para resolver satisfatoriamente os desafios da fase.

O sucesso escolar constitui assim um critério de competência que, quando não atendido, pode ocasionar dificuldades adaptativas ou intensificar problemas pré-existentes. Frente ao acúmulo de exigências, muitas crianças encontram dificuldades para superar os desafios que lhes são colocados, sobretudo quando existem condições prévias de vulnerabilidade. Tem sido enfatizado que a transição para o ensino fundamental é um momento difícil, estimulando seja comportamento externalizantes ou internalizantes, tanto em casa como na escola (Johnson, Cowan e Cowan, 1999).

Com efeito, crianças com desempenho escolar pobre freqüentemente apresentam problemas sócio-emocionais associados (Graminha, 1992; Hinshaw, 1992; Santos, 1990). Nos primeiros anos da escola elementar, manifestações externalizantes e internalizantes são comuns (Thompson, Lampron, Johnson & Eckstein, 1990), mas prevalecem sinais de hiperatividade e impulsividade (Hinshaw, 1992). Pesquisas têm demonstrado que os problemas comumente antecedem as dificuldades escolares e podem ser exacerbados por estas (McGee, Willians,, Share, Anderson & Silva, 1986). Quando as dificuldades interpessoais já estão presentes nessa fase, é maior o risco de persistência dos problemas (Denham e cols., 2000).

A associação entre baixo desempenho escolar e problemas sócio-emocionais é condição preocupante. Ambos os problemas representam questões centrais na meninice, interessando à psicologia do desenvolvimento, por interferirem no cumprimento de tarefas evolutivas proeminentes nessa fase, e ao campo da saúde mental, por terem alta prevalência e serem fatores de risco para inadaptação psicossocial na adolescência. No contexto brasileiro, sabe-se que problemas externalizantes e dificuldades no aprendizado escolar são os principais motivos de procura de atendimento psicológico para crianças na rede pública de saúde e nas clínicas-escola de Psicologia (Sales, 1989; Santos 1990; Barbosa e Silvares, 1994). E quando se comparam crianças cujas famílias buscaram ou não ajuda psicológica para as dificuldades escolares, a incidência e a intensidade dos problemas de comportamento são maiores no grupo que buscou atendimento (Marturano, Linhares, Loureiro e Machado, 1997). Esses dados sugerem que a co-ocorrência de problemas de comportamento e baixo desempenho na escola pode ser um dos fatores responsáveis pela elevada demanda motivada por dificuldades escolares, encontrada em clínicas de psicologia e serviços de saúde mental.

A Criança com Queixas Escolares e sua Família – Investigações Conduzidas em Contexto Clínico

Pesquisas conduzidas no Núcleo de Estudos em Problemas de Aprendizagem da Faculdade de Medicina de Ribeirão Preto – USP têm contribuído para a compreensão dos processos psicossociais relacionados a dificuldades escolares precoces. Focalizando crianças das séries iniciais do ensino fundamental, que foram formalmente referidas para atendimento em uma clínica de psicologia vinculada ao SUS, em virtude do rendimento escolar insatisfatório, as investigações capturam *o momento crítico em que esses indivíduos recebem uma chancela social de incompetência frente àquela que é considerada, em nossa cultura, uma das principais tarefas evolutivas da fase escolar* – a produtividade.

Os participantes dos diversos estudos são crianças referidas para atendimento e suas respectivas mães ou responsáveis. As crianças, com idade entre 7 e 12 anos, freqüentam séries correspondentes ao primeiro ciclo do ensino fundamental. Nas diferentes amostras, o percentual de meninos oscila entre 65 e 70%. O motivo do encaminhamento, em todos os casos, é o pobre rendimento escolar.

No relato que segue, são focalizados resultados de investigações que focalizaram características do ambiente familiar enquanto sistema de suporte ao desenvolvimento da criança. A proposta de análise dos estudos trata dos processos envolvidos nesse suporte a partir de dois componentes, um ligado aos temas centrais da meninice e o outro, às polaridades inerentes aos conceitos de competência – vulnerabilidade. No componente temático, características da criança são definidas com referência seja ao desempenho escolar, seja ao funcionamento sócio-emocional, ao passo que variáveis do ambiente familiar são selecionadas em função de sua relevância para o desenvolvimento dessas competências. No componente dimensional, estabelecem-se para a criança indicadores do grau de competência ou vulnerabilidade; para o ambiente, indicadores do nível de suporte ou obstáculo ao desenvolvimento.

Instrumentos e procedimentos específicos foram derivados dessa proposta de análise, para obtenção dos indicadores de competência / vulnerabilidade pessoal e recursos/adversidades ambientais. Uma Nota Técnica em anexo traz informações sobre cada instrumento.

Os dados dos diversos estudos foram coletados durante a entrevista de admissão à clínica, mediante consentimento informado. Os resultados são comentados nos parágrafos que seguem, organizados segundo associações entre características do ambiente e indicadores de realização escolar, de competência sócio-emocional e de vulnerabilidade.

Ambiente familiar e realização escolar

Investigações sobre o perfil da demanda clínica com queixas escolares têm demonstrado que mais de 70% das crianças apresenta capacidade intelectual em torno da média, porém o baixo rendimento escolar se confirma, através de teste psicomérico, em 84% dos casos. Prejuízos discretos em indicadores de inteligência verbal e processamento da linguagem oral aparecem quando as crianças são comparadas com colegas sem dificuldades escolares. Por outro lado, quando comparadas com colegas que também apresentam baixo desempenho escolar, as crianças referidas ao serviço de saúde mostram potencial cognitivo e lingüístico equivalente, porém maior prejuízo em leitura e escrita (Marturano e cols., 1997; Benzoni e cols., 1998; Elias, 2002).

O conjunto dos resultados sugere que o desempenho atual dessas crianças está definidamente aquém do seu potencial de aprendizagem e realização escolar. No pressuposto de que a ativação e a potencialização de recursos presentes no ambiente familiar pode contribuir para melhor capitalização do potencial cognitivo das crianças, uma linha de investigação foi desenvolvida, guiada por questões relativas ao suporte parental para o progresso escolar; essas questões, examinadas nos próximos parágrafos, abordam a natureza e extensão do suporte oferecido, sua dependência em relação a fatores socioeconômicos e educacionais, diferenças individuais no acesso aos recursos e o grau em que o suporte efetivamente favorece o desempenho escolar da criança.

1. Quais recursos facilitadores do progresso acadêmico podem ser identificados no ambiente familiar da criança com queixas escolares?

Essa questão foi investigada por Marturano, Alves e Santa Maria (1996, 1998). Os dados foram obtidos através de um roteiro, usado na clínica para a entrevista de admissão, que busca reconstruir a história de vida da criança, investigando tópicos de desenvolvimento, relacionamentos, vida familiar e vida escolar. Setenta famílias participaram, sendo informante o cuidador principal da criança, em geral a mãe. Com base em uma revisão da literatura (Marturano, 1998), estabeleceram-se quatro grandes áreas para a classificação dos recursos facilitadores do progresso escolar identificados nos relatos: *suporte para desenvolvimento e aprendizagem*; *relacionamento pais – criança; clima emocional*; *práticas educativas*.

O levantamento indicou a predominância de recursos relativos ao *suporte para desenvolvimento e aprendizagem*, mencionados em

63% dos relatos. Nessa categoria estão incluídos recursos como acompanhamento da vida escolar; oferta de material educacional; ajuda na lição de casa; acesso a atividades de lazer; criação de oportunidades para aprendizagem; hábitos de leitura; acesso a atividades extra-escolares; valorização da atuação da escola; valorização do estudo. O recurso mais freqüentemente mobilizado pelas famílias era o *acompanhamento da vida escolar* da criança, presente em 44% dos casos. Dos demais recursos relacionados ao suporte para desenvolvimento e aprendizagem, estão mais presentes nesta amostra aqueles diretamente associados à escolaridade, como provisão de material educacional e ajuda na lição de casa. Nesse contexto pode ser entendida a iniciativa de buscar ajuda para a criança em um serviço especializado: o suporte à escolaridade parece ser preocupação de uma parcela significativa de famílias.

Relatos sobre *um bom relacionamento entre os pais e a criança*, incluindo compartilhamento de atividades e um relacionamento afetivo próximo, aparecem em 54% dos casos. Indícios de um *clima emocional positivo*, caracterizado pelo relacionamento harmônico do casal parental, foram encontrados em 47% dos relatos. Contudo, recursos relacionados a *práticas educativas proativas*, como argumentação e estabelecimento de regras, são citados em apenas 23% das entrevistas. Os demais recursos são mencionados em menos de 30% dos relatos.

Esses achados são relevantes, por sinalizarem escassez de recursos, uma condição que tende a se perpetuar no tempo. Em seu estudo de seguimento com crianças que apresentavam dificuldades escolares, Santos (1999) constatou que em famílias com menos recursos promotores do desenvolvimento na meninice, era menor o monitoramento materno da vida escolar do adolescente, dois a quatro anos mais tarde. Essa associação entre diversidade de condições favoráveis na idade escolar e grau de monitoramento parental na adolescência sugere um prolongamento das condições ambientais.

Em resposta à questão que motivou o estudo sobre a presença de recursos no lar, os resultados sugerem um perfil de ambiente familiar dotado de recursos básicos centrados no suporte para aprendizagem escolar; a dinâmica familiar inclui vínculos positivos entre os membros da família; contudo, há certa escassez de recursos nas demais áreas relevantes para o progresso escolar.

2. *Há alguma relação entre a presença de recursos e variáveis sociodemográficas como escolaridade dos pais e nível socioeconômico?*

A literatura tem apontado essas duas variáveis distais como condicionantes do envolvimento parental nas questões relativas à vida escolar de seus filhos (Kellaghan e cols., 1993; Stevenson e Baker, 1987). Elas foram incluídas em três estudos (Magna, 1997; Marturano, Alves e Santa Maria, 1998; Marturano, 1999).

Magna (1997) realizou um estudo retrospectivo, baseado em entrevista, sobre a história de desenvolvimento de 40 crianças com queixas escolares, selecionadas em dois centros psicológicos de referência do SUS no município de Ribeirão Preto. Nesse levantamento, a escolaridade da mãe se mostrou positivamente associada com o estabelecimento de regras nas práticas educativas e com o hábito de ler histórias para a criança. O indicador socioeconômico, baseado na contagem de itens de consumo no lar, mostrou correlação com os mesmos recursos, e ainda correlacionou fortemente com o acesso da criança a uma variedade maior de atividades de lazer. Escolaridade materna e índice socioeconômico apresentaram entre si correlação positiva moderada.

Esses resultados foram confirmados em estudos subseqüentes. Marturano, Alves e Santa Maria (1998) constataram ser a escolaridade materna positivamente correlacionada com o total de recursos de suporte ao desenvolvimento e à aprendizagem. Marturano (1999) encontrou diversas associações: os anos de escolaridade materna tiveram correlação positiva com o indicador socioeconômico; este, por sua vez, mostrou correlação com indicadores de variedade de brinquedos e livros, rotinas organizando a vida familiar e acesso a atividades de lazer. Da mesma forma, a escolaridade da mãe correlacionou com a variedade de brinquedos e livros.

Diante desses resultados, a resposta à pergunta formulada é afirmativa, concordante com achados obtidos sobre crianças sem queixas escolares. Os resultados indicam que a distribuição de recursos nessa população clínica é afetada pelo aporte financeiro, e que a escolaridade materna é um diferencial na disponibilização, para a criança, de recursos promotores do desenvolvimento.

3. O gênero e a idade da criança fazem alguma diferença no acesso aos recursos?

Essa é uma questão relevante, dado o predomínio do sexo masculino na população referida por queixas escolares, e tendo em vista que, em amostras não clínicas, o envolvimento dos pais na vida escolar de seus filhos diminui à medida que a criança cresce (Stevenson e Baker, 1987).

Não têm sido encontradas diferenças de gênero na distribuição dos recursos, exceto quanto a aspectos específicos, como por exemplo, a natureza dos brinquedos proporcionados pela família (Marturano, 1998). Por outro lado, tem sido confirmada a observação de que quanto mais velha a criança, menor a probabilidade de contar com recursos de apoio ao seu desenvolvimento no ambiente familiar.

No estudo baseado em entrevista clínica, feito por Marturano, Alves e Santa Maria (1998), correlação negativa com idade, indicando mais recursos no ambiente das crianças mais jovens, foi detectada na grande área *suporte para desenvolvimento e aprendizagem*, bem como nas seguintes classes de recursos: acompanhamento da vida escolar pelos pais; práticas educativas baseadas em argumentação; ajuda na lição de casa; criação de oportunidades para aprendizagem; oferta de material educacional. Resultados semelhantes foram obtidos por Marturano (1999) através de um inventário em que a mãe deveria indicar, em um rol de recursos, quais os que estavam disponíveis para a criança.

A relação inversa entre idade e envolvimento parental na escolarização, coerente com o estudo de Stevenson e Baker (1987), parece fazer parte de uma tendência mais abrangente nas famílias, no sentido de diminuir a oferta de recursos à medida que a criança cresce. Investigando os antecedentes de crianças com queixa de dificuldade no aprendizado, Magna (1997) verificou que, entre a fase pré-escolar e a escolar, diminui a diversidade do lazer que os pais proporcionam à criança. Tendência descendente semelhante foi encontrada por Marturano, Santos, Dela Coleta e Matos (1997), ao compararem um grupo de pré-adolescentes com um grupo de adolescentes, ambos apresentando dificuldades escolares. Investigando a presença de recursos relativos a uso do tempo livre, interação dos pais com a criança (incluindo atividades compartilhadas, rotinas e supervisão) e presença de recursos no ambiente físico, esses autores verificaram que as crianças mais novas contam com mais recursos que as mais velhas em todos os tópicos investigados.

4. Quais dentre os recursos disponíveis se mostram associados a indicadores de realização escolar?

Essa questão de interesse central foi explorada em diversos estudos. Na investigação conduzida por Marturano, Alves e Santa Maria (1998), indicadores de realização escolar foram identificados nos relatos maternos e posteriormente classificados em duas áreas – *habilidades escolares* (tais como escrita, leitura e aritmética) e *motivação* (tais como interesse, responsabilidade e persistência). O ambiente familiar foi caracterizado com as mesmas categorias já descritas: *suporte para desenvolvimento e aprendizagem*; *relacionamento pais–criança; clima emocional*; *práticas educativas*.

Os dados resultantes da classificação foram padronizados para as análises estatísticas, que compreenderam análises de regressão e correlações. Nas análises de regressão múltipla, as quatro medidas *globais* de recursos ambientais foram incluídas como variáveis preditoras de cada um dos indicadores de desempenho – *habilidades escolares* e *motivação*.

Os resultados indicaram que, segundo uma análise quantitativa dos relatos maternos, os recursos do ambiente familiar respondem por 29% da variação nas *habilidades escolares* da criança. As variáveis ambientais de maior peso são o *suporte para desenvolvimento e aprendizagem* e o *clima emocional positivo*. Em relação à *motivação escolar*, o poder preditor do conjunto de recursos ambientais não foi significativo; apenas o *bom relacionamento pais–criança* se mostrou associado à motivação escolar.

O cálculo de correlações entre medidas *específicas* de recursos ambientais e os indicadores de realização escolar mostrou que o indicador de *habilidades escolares* derivado do relato das entrevistas correlacionou com o *acompanhamento da vida escolar*, a *disponibilidade de material educacional* e o *relacionamento harmônico do casal parental*.

A análise permitiu detectar nessa amostra alguns dos ingredientes da combinação de recursos favorável ao bom desempenho escolar. Dos quatro conjuntos amplos de variáveis considerados, na literatura, relevantes para o progresso escolar - suporte para aprendizagem e desenvolvimento, interação entre pais e filhos, clima emocional e práticas educativas –, os três primeiros apareceram associados a recursos da criança na esfera da escolaridade. Os resultados realçam a importância do apoio afetivo do lar, tanto para o desempenho como para a motivação acadêmica. Eles sugerem que o apoio afetivo dos pais, expresso em um relacionamento próximo e amigável com os filhos, pode ter efeitos indiretos no desempenho, através de uma ação positiva sobre a motivação escolar da criança.

Em síntese, o estudo de Marturano, Alves e Santa Maria (1998) estabeleceu associações entre medidas de suporte parental e indicadores de desempenho e motivação escolar, derivados de uma análise quantitativa dos relatos maternos que reconstituíam a história de vida das crianças. Ou seja, todos os dados foram obtidos de um único informante – a mãe, que os forneceu de acordo com suas percepções. A percepção da mãe pode ser bastante acurada em relação aos processos da vida familiar, porém nem sempre é possível para ela formular uma avaliação precisa sobre as habilidades escolares de seu filho.

Procurando responder à questão da associação entre recursos de suporte parental e indicadores de realização escolar, através de medidas independentes do desempenho da criança, Marturano (1999) realizou um estudo do qual participaram 100 crianças inscritas na mesma clínica. Os instrumentos utilizados foram o Inventário de Recursos do Ambiente Familiar, a Escala de Eventos Adversos e a Lista de Adversidade Crônica.

Durante a entrevista de admissão, eram colhidos dados sobre recursos do ambiente e informações sobre a vida escolar da criança e circunstâncias de vida adversas. À criança era solicitado um desenho livre e um texto sobre este desenho.

Foram utilizados dois indicadores de realização escolar. O *atraso escolar*, ou medida de compatibilidade entre idade e série, foi determinado computando-se a diferença entre a série cursada e a esperada a partir da idade da criança. O *nível de elaboração da escrita* foi obtido mediante uma tarefa de escrita de texto. A produção escrita da criança obtida durante a entrevista foi classificada em quatro níveis de elaboração: (1) intenção de escrita; (2) escreve palavras; (3) escreve frase(s); (4) escreve um texto coerente, articulando frases por meio de elementos coesivos.

Para a análise dos dados, os escores obtidos nos três instrumentos de avaliação do ambiente foram padronizados. Diversos testes estatísticos foram aplicados, ajustados às características dos dados. Nas análises envolvendo a variável atraso escolar foi controlado o fator idade. Os resultados estão resumidos no Quadro 1.

Os resultados apresentados no Quadro 1 sugerem que o progresso na aprendizagem escolar, indicado seja pela ausência de atraso ou pela qualidade de produção escrita, está associado à supervisão e à organização das rotinas no lar, a oportunidades de interação com os pais e à oferta de recursos no ambiente físico. A escolaridade materna não foi um preditor direto de medidas de realização escolar, embora tenha apresentado correlação com indicadores de recursos, tanto o global como alguns específicos.

Quadro 1 – Associações entre indicadores de realização escolar e variáveis do ambiente familiar

Indicador	Associação com variáveis do ambiente familiar
Atraso escolar	Relação direta com a medida de *adversidade crônica.* Relação inversa com indicadores de recursos específicos: - horário definido para atividades da vida diária; - acesso a passeios; - disponibilidade de brinquedos.
Nível de elaboração da escrita	Relação direta com indicador global de *recursos* Relação direta com indicadores de recursos específicos: - disponibilidade de livros (em particular, livros infantis e dicionário); - disponibilidade de brinquedos estimuladores do desenvolvimento; - horário para lição: antes de ir brincar; - participação em atividades lúdicas com os pais. Relação inversa com a medida de *adversidade crônica.*

Os dois indicadores de desempenho escolar empregados na pesquisa, embora com alguns resultados superpostos, parecem refletir aspectos distintos do desenvolvimento. O *nível de elaboração da escrita* tem relação direta com a presença de recursos como disponibilidade de livros e brinquedos estimuladores do desenvolvimento e relação inversa com a presença de adversidade. As crianças que apresentam uma escrita mais elaborada com mais freqüência fazem lição antes de ir brincar, têm ou tiveram livros infantis e dispõem de dicionário em casa. Além da oferta maior de brinquedos apropriados, contam com a possibilidade maior de compartilhar atividades lúdicas com os pais. A configuração de recursos ambientais associados ao nível de elaboração da escrita é sugestiva de efeitos favorecedores do desenvolvimento da simbolização, da linguagem oral e da concepção de escrita, com a mediação dos pais.

Diversamente, o *atraso escolar* se vincula mais fortemente à menor estruturação do tempo em casa, a menos oportunidades de interação com os pais e à presença de situações adversas, sinalizando condições psicossociais que podem interferir com a integração da criança na escola. Essa combinação de baixos níveis de suporte com alta incidência de estressores ambientais configura uma condição de vulnerabilidade (Dubois e cols., 1992; Dubow e Tisak, 1989; Masten e cols., 1988). Os resultados da análise de regressão mostraram que a adversidade crônica mantém relação com o atraso escolar, mesmo quando controlado estatisticamente o fator idade.

O delineamento do estudo apenas permite detectar relações de co-ocorrência e não de causalidade. Dentro desses limites, há coerência entre os resultados obtidos junto a essa clientela de uma clinica-escola brasileira e aqueles derivados de investigações conduzidas na população geral em outros países, sugerindo que recursos do ambiente familiar, favorecedores do desempenho escolar, incluem presença de materiais educacionais e envolvimento dos pais, em forma de participação e organização das rotinas (Bradley e cols., 1988; Grolnick e Ryan, 1992; Martini, 1995). Outras tendências relatadas na literatura também se confirmaram nesta população específica, tais como a associação entre indicadores de envolvimento parental e escolaridade da mãe, sem que esta variável apresente efeito direto sobre o desempenho escolar (Stevenson e Baker, 1987).

Ambiente familiar e indicadores de competência e vulnerabilidade sócio-emocional

Estudos que avaliaram o funcionamento sócio-emocional das crianças referidas por baixo desempenho escolar, no momento crítico do seu encaminhamento à clínica, identificaram uma parcela de crianças que prosseguem bem adaptadas, mostrando-se competentes nas relações interpessoais e no enfrentamento dos demais desafios da fase. Essa parcela corresponde a 30% da população clínica. Nos restantes 70%, as mães relatam sintomas emocionais e comportamentais em nível clínico. Um estudo recente encontrou comorbidade de problemas de comportamento internalizantes e externalizantes em uma preocupante porcentagem de 35% dos casos (Campos, 2002; Elias, 2002; Marturano e cols., 1997; Marturano, Parreira e Benzoni, 1997; Parreira, 1995). Segundo o relato das mães, os problemas freqüentemente antecedem a dificuldade escolar. Para algumas crianças, o ingresso na pré-escola já teria sido uma experiência difícil, com problemas adaptativos (Magna e Marturano, 1998; Parreira e Marturano, 1998).

Felizmente, essa desadaptação parece ser momentânea para a maioria das crianças que a apresentam. Como é enfatizado no Capítulo 9, o percurso de vida a partir do marco do insucesso escolar é em geral favorável, pois, quando vistas de novo na adolescência, 78% das crianças se apresentam razoavelmente adaptadas nos contextos familiar e escolar, bem como entre os pares. Ainda assim, uma minoria significativa persiste apresentando dificuldades adaptativas importantes (Marturano, 1997; Santos, 1999), um achado que motivou a pesquisa sobre circunstâncias ambientais associadas ao funcionamento sócio-emocional da criança com baixo desempenho escolar.

Os primeiros levantamentos sobre os contextos de desenvolvimento de crianças referidas ao sistema de saúde por dificuldades no aprendizado escolar identificaram uma porcentagem de crianças cuja história de vida era marcada por adversidade múltipla e crônica (Marturano, Magna e Murtha, 1992; 1993).

Em um estudo baseado em entrevistas clínicas e testes psicológicos, Marturano, Magna e Murtha (1992) exploraram a associação entre a presença de estressores ambientais e problemas sócio-emocionais nas crianças. Em uma amostra de 50 famílias, identificaram um subgrupo, constituído de 10 crianças, com potencial cognitivo preservado (QI superior a 70 no WISC), mas com história de vida marcada pela presença de estressores psicossociais múltiplos, crônicos e de severidade moderada a alta, segundo o Manual Diagnóstico e Estatístico dos Transtornos Mentais (DSM-III – R). Esse grupo se diferenciou dos demais participantes pela intensidade e diversidade das manifestações sócio-emocionais, incluindo reações internalizantes e, principalmente, agressividade, oposição e indisciplina na escola. As manifestações desafiantes nesse grupo são compatíveis com o perfil do "aluno difícil", o que talvez explique seu encaminhamento precoce a agências externas à escola.

Utilizando-se relatos derivados da entrevista de admissão, obtidos nos estudos de Marturano (1999) e Brito e cols. (1998), procedeu-se a uma análise das associações entre recursos e adversidades ambientais e recursos e dificuldades da criança, em 175 famílias. As características das crianças relatadas pelas mães foram categorizadas como *recursos afetivos* (persistência, calma...) e de *sociabilidade* (fácil relacionamento, respeito a regras e normas...) ou como *dificuldades afetivas* (introversão, ansiedade...) ou *problemas nas relações interpessoais* (agressividade, atos anti-sociais...).

Os recursos do ambiente, mencionados pelas mães durante as entrevistas, foram incluídos em cinco categorias: *clima emocional positivo, bom relacionamento entre os pais e a criança, sentimentos e crenças positivos em relação à criança, práticas educativas proativas, suporte ao desenvolvimento e à aprendizagem escolar*. As circunstâncias adversas, citadas pelas mães com maior freqüência que os recursos, foram incluídas em sete categorias principais: *adversidade crônica* (dificuldades financeiras, conflitos recorrentes entre os pais, abuso de álcool ou droga por um dos pais...), *eventos de vida adversos, problemas no relacionamento entre os pais e a criança, sentimentos e crenças negativos sobre o filho, práticas educativas inconsistentes ou coercitivas, estresse materno* e *falhas no suporte para o desenvolvimento e o aprendizado e*scolar.

Depois de padronizados os dados, foram feitos cálculos de correlação e análises de regressão.

Os resultados relativos a recursos foram menos salientes que aqueles relativos a circunstâncias adversas. O recurso ambiental mencionado mais freqüentemente foi o de *suporte ao desenvolvi-*

mento, denotando a preocupação das famílias com o desenvolvimento e o aprendizado escolar de seus filhos. Esse recurso apareceu fortemente correlacionado com práticas educativas proativas e indicadores de bom relacionamento entre os pais e a criança, porém correlacionou também com indicadores de práticas coercitivas e problemas no relacionamento pais–criança. No outro extremo, o recurso menos mencionado foi o indicador de crenças e sentimentos positivos em relação à criança, em 9% dos relatos, correlacionando-se apenas com práticas proativas. Essa configuração sugere que as famílias estão se mobilizando para ajudar as crianças em suas dificuldades escolares, mas encontram certa dificuldade na implementação da ajuda e não nutrem expectativas favoráveis.

Nas análises de regressão, tendo como preditores as variáveis do ambiente e como critério as variáveis da criança, encontrou-se associação entre recursos de *sociabilidade* da criança e indicadores de *bom relacionamento pais–criança e crenças e sentimentos positivos dos pais*. Essas associações são sugestivas de um processo de retro- alimentação, em que características de fácil relacionamento da criança evocam percepções mais favoráveis e estimulam maior disposição dos pais para interação, estabelecendo um círculo virtuoso.

Os recursos afetivos da criança se associaram à provisão de suporte para o desenvolvimento e o aprendizado escolar.

No que diz respeito a circunstâncias adversas, um dos resultados relevantes da análise de correlações foi que a *adversidade crônica* aparece como pano de fundo para uma gama variada de ocorrências negativas, como *eventos de vida adversos*, *estresse materno*, *falhas no suporte ao desenvolvimento e ao aprendizado escolar*, *problemas no relacionamento entre os pais e a criança* e *práticas educativas coercitivas*. Embora 66% das famílias relatassem pelo menos uma condição adversa crônica e mais de 40% estivessem enfrentando duas ou mais situações concomitantes nessa categoria, o indicador de adversidade crônica **não** tem correlação com nenhuma das medidas relativas ao funcionamento da criança. Já os indicadores de estresse materno e de problemas no relacionamento pais–criança têm correlação com as duas medidas de dificuldades socioemocionais da criança. Em conjunto, os resultados sugerem que a ação das condições adversas crônicas seria mediada por processos da vida familiar. Essa interpretação é corroborada pelos resultados das análises de regressão, focalizando separadamente cada classe de dificuldade da criança como critério e o conjunto de variáveis ambientais como preditores. O estresse materno está presente, como um preditor significativo, seja para as dificuldades afetivas, seja para os problemas interpessoais manifestados pela criança, enquanto os problemas no relacionamento pais–criança são preditores de dificuldades interpessoais. Assim, pode-se supor um conjunto de mecanismos em que a adversidade crônica afeta processos da vida familiar, os quais por sua vez influenciam as manifestações sócio-emocionais da criança.

Ferreira e Marturano (2002) realizaram uma investigação com o objetivo de verificar, em crianças com queixa de dificuldade de aprendizagem, associações entre problemas de comportamento e variáveis do ambiente familiar. O estudo empregou um delineamento de comparação entre grupos constituídos a partir da presença ou ausência de indicadores de problemas de comportamento externalizantes com componentes anti-sociais, em nível considerado clínico. De um universo de 141 crianças, formaram-se dois grupos com base na pontuação da Escala Comportamental Infantil: Crianças sem problema de comportamento (n = 30) e crianças com problema de comportamento com componentes anti-sociais (n = 37). As mães foram entrevistadas, obtendo-se informações sobre recursos e adversidades do ambiente familiar, através dos mesmos instrumentos empregados por Marturano (1999).

Na análise dos resultados, o grupo de crianças sem problemas de comportamento se mostrou favorecido por um ambiente mais apoiador e supridor, que disponibiliza mais recursos promotores do desenvolvimento. Os recursos que diferenciam este grupo estão tipicamente presentes nas interações familiares envolvendo diretamente a criança, expressas em oportunidades de convivência entre a criança e seus pais, no suporte para enfrentamento dos problemas cotidianos e no envolvimento dos pais em atividades facilitadoras do desenvolvimento. Na organização das rotinas domésticas, há sinais de que as necessidades da criança são levadas mais em conta no grupo sem problemas, onde há maior monitoramento do uso do tempo livre e supervisão do estudo.

A desvantagem do grupo com problemas de conduta parece estar presente em diferentes setores da vida familiar. Incidindo diretamente sobre a criança, foi detectado um acúmulo de condições adversas, com probabilidade de estabelecer mecanismos de vulnerabilidade pessoal, como hospitalizações recorrentes. O número de hospitalizações ou doenças graves da criança e também dos irmãos, maior no grupo com problemas de comportamento, sugere que este evento seria conseqüência de condições de vida adversas incidindo sobre toda a prole. Essa interpretação é fortalecida pelos resultados relativos à vida familiar, pois o grupo com problemas apresentou maior índice de adversidade nas relações parentais, com mais indicadores de instabilidade familiar, uma condição que vem sendo apontada como particularmente prejudicial ao desenvolvimento da criança (Ackerman e colaboradores, 1999).

Os resultados relativos a práticas educativas, indicando maior uso de ameaça no grupo com problemas e mais proteção no grupo sem problemas de comportamento, são sintomáticos de estilos parentais distintos. Nas famílias de crianças com problemas o que sobressai são as interações negativas, provavelmente associadas às manifestações externalizantes da criança, sinalizando um estilo parental reativo. Já os pais de crianças sem problemas de comportamento parecem ter uma abordagem proativa: eles organizam e planejam mais o cotidiano das crianças, estão mais disponíveis para ajuda e se ocupam mais com providências relativas ao estudo e ao lazer, parecendo mais preocupados com a segurança dos filhos. Esse perfil tem diversos ingredientes da chamada abordagem apoiadora nos cuidados parentais, cujos efeitos benéficos sobre o ajustamento da criança foram demonstrados, tanto através de ação direta como de mecanismos protetores frente à adversidade familiar (Pettit e cols., 1997).

Quanto ao contexto, os grupos diferem no indicador sócio-econômico, apontando menos recursos no grupo com problemas de comportamento.

Processos transacionais são evidenciados em resultados que mostram diferenças entre os grupos em situações envolvendo a participação ativa da criança, como o relacionamento com os pais e problemas nas relações interpessoais. As crianças com problemas de comportamento sofrem mais agressão física por parte dos pais, seu relacionamento com os pais é descrito mais freqüentemente como distante ou envolvendo conflitos, e elas recebem mais suspensão na escola. As relações com os companheiros também estão prejudicadas.

Implicações para Práticas de Saúde Mental

Os estudos que traçaram o perfil cognitivo e sócio-emocional da população clínica constituída de crianças com desempenho escolar pobre mostraram, em primeiro lugar, um desempenho aquém das reais potencialidades das crianças. Em segundo lugar, revelaram uma população heterogênea quanto ao perfil sócio-emocional, onde três grupos se diferenciam: um grupo sem dificuldades aparentes, um outro com problemas transitórios e um terceiro com dificuldades persistentes. Como compreender esse quadro à luz da perspectiva da competência na resolução de tarefas de desenvolvimento, e tendo por base os dados empíricos sobre o ambiente familiar que acabamos de expor?

Segundo essa perspectiva, as crianças mais prejudicadas seriam aquelas que já no momento da transição para o ensino fundamental se apresentam mais vulneráveis, tendo resolvido pouco satisfatoriamente tarefas da fase pré-escolar relacionadas à auto-regulação e ao controle dos impulsos. Nesse grupo, pressupõe-se que o insucesso escolar decorre em grande parte das dificuldades da criança para se adaptar às demandas novas. Como a condição de vulnerabilidade em geral decorre de transações entre características de temperamento do indivíduo e propriedades dos contextos de desenvolvimento, é plausível supor um papel do contexto familiar na origem das dificuldades, engendrando condições adversas de desenvolvimento que persistem da fase pré-escolar à escolar. As dificuldades interpessoais se generalizariam para o contexto escolar e o grupo de pares, configurando um processo cumulativo de transações adversas. Essa interpretação tem apoio empírico indireto nos estudos que demonstraram um início precoce para os problemas sócio-emocionais, antecedendo o ingresso no ensino fundamental, bem como na investigação de Ferreira e Marturano (2002), que sugeriu efeitos adversos, cumulativos e transacionais, no grupo de crianças com problemas de comportamento externalizantes. Os resultados de diferentes investigações mostraram uma clara associação entre processos da vida familiar e manifestações sócio-emocionais da criança.

Para um segundo grupo de crianças, os problemas sócio- emocionais no momento da crise do insucesso escolar supostamente seriam manifestações reativas, decorrentes da própria crise configurada pelo fracasso escolar, provavelmente agravada por dificuldades da família em lidar com essa situação específica. As estatísticas que mostram 70% de crianças com níveis clínicos de problemas sócio-emocionais no momento da admissão e menos de 30% com problemas no seguimento pós-alta fortalecem a interpretação de manifestações emocionais transitórias, em resposta à crise. Dificuldades da família para implementar um apoio efetivo podem ser inferidas dos resultados, não só a partir da relativa escassez de recursos que a família pode mobilizar, mas também do padrão de práticas educativas e das expectativas pouco animadoras a respeito do potencial da criança. Para esse grupo, o suporte externo pontual teria um papel protetor no processo de retomada do curso de desenvolvimento.

Finalmente, para as crianças que apresentam a dificuldade escolar como problema isolado, sem concomitante comprometimento sócio-emocional, esse evento de vida negativo não parece ter o impacto de uma crise. Parece tratar-se de crianças competentes nas demais tarefas relevantes da fase escolar, e que recebem suporte parental para o enfrentamento dos desafios da fase. Em outras palavras, supõe-se, de acordo com a teoria, que: a) o indivíduo equipado para o enfrentamento bem-sucedido de uma ampla gama de tarefas da fase escolar não se sentiria ameaçado por um comprometimento momentâneo em uma dessas tarefas; b) as crianças que se mostram mais competentes frente à crise do insucesso escolar seriam as mais protegidas pelo suporte familiar. Em apoio a essa interpretação, o estudo de Ferreira e Marturano (2002) mostrou que crianças sem sintomas clínicos procedem de ambientes apoiadores e supridores, que oferecem tanto o suporte afetivo como o monitoramento da vida diária e recursos de enriquecimento cognitivo. As investigações sobre ambiente familiar e desempenho escolar, expostas no capítulo, sugerem que esse padrão de apoio familiar estabelece um diferencial entre as crianças, favorecendo o desempenho e a motivação.

As características desse grupo colocam em realce a insuficiência da instituição escolar no cumprimento da função que lhe cabe. Crianças com potencial para aprendizagem, socialmente competentes e apoiadas por famílias que estão suprindo suas necessidades emocionais e cognitivas, não estão recebendo da instituição os recursos compatíveis com as exigências da tarefa evolutiva que ela deve promover. Ao falhar no seu papel, a escola, que em princípio deveria ser um agente de promoção do desenvolvimento, torna-se, para muitas crianças, uma fonte de angústias cotidianas. Esse é o quadro com que se depara, freqüentemente, o profissional que acolhe a família no serviço de saúde.

Cabe perguntar em que medida as informações arroladas neste capítulo podem ser úteis a esse profissional, no cumprimento de suas funções de promoção da saúde e prevenção de distúrbios. Diversas implicações dos resultados podem ser mencionadas. Uma primeira diz respeito à necessidade de uma avaliação cuidadosa caso a caso, a fim de determinar o nível de complexidade das ações requeridas; por exemplo, problemas sócio-emocionais em nível clínico, quando presentes, representam uma condição de vulnerablidade para transtornos psicossociais na adolescência, demandando cuidados preventivos.

Uma segunda implicação a ser assinalada diz respeito ao enfrentamento das circunstâncias de vida adversas, quando a família está sob estresse. Sendo a mãe a principal mediadora do processo de ajuda, é preciso cuidar de seu bem-estar psicológico, oferecendo escuta para alívio das tensões e suporte para enfrentamento dos problemas.

Uma terceira implicação diz respeito à possibilidade de assessorar a família em seus esforços de apoio ao desenvolvimento dos filhos. Uma vez identificados, podem-se ativar e potencializar os recursos do ambiente familiar que facilitam a aprendizagem escolar e o desenvolvimento global da criança.

Nesse sentido, um programa de apoio informativo aos pais vem sendo conduzido no Ambulatório de Psicologia Infantil do Hospital das Clínicas de Ribeirão Preto. O programa tem por meta melhorar a adaptação e o desempenho escolar da criança, por meio da ativação e da potencialização de recursos já existentes no ambiente familiar. Foi desenvolvido por Parreira e Marturano (1999), tendo como base teórica as proposições de Kellaghan e cols. (1993) e como base empírica os levantamentos de recursos potenciais promotores do desenvolvimento, em famílias de baixa renda com crianças em diferentes níveis de desempenho escolar (Marturano, Alves e Santa Maria, 1998; Marturano, 1999).

Kellaghan e cols. (1993) relatam que é possível obter modificação em certas variáveis do ambiente familiar, com intervenção de tempo limitado. Segundo esses autores, os pais aceitam pequenas alterações na rotina relacionada à escola quando se demonstra o benefício de tais mudanças; eles podem ser assessorados no relacionamento com a escola de seus filhos; e, mesmo que não possam oferecer materiais de aprendizagem, livros, revistas ou brinquedos promotores do desenvolvimento, eles são capazes de oferecer oportunidades para pensar e imaginar. Programas informativos em forma de encontros, cursos e vivências podem ser disponibilizados para os pais, atendendo a alguns requisitos como a participação ativa, a oportunidade de compartilhar experiências com outras famílias e o respeito aos seus valores e crenças.

O programa denominado "Como ajudar seu filho na escola" (Parreira e Marturano, 1999) foi formulado com a preocupação de atender aos requisitos de forma e conteúdo indicados por Kellaghan e cols. (1993). Procura informar os pais sobre o que eles podem fazer para facilitar o aprendizado e a adaptação escolar de seus filhos. Para atender a esse objetivo, são empregadas técnicas de ensino participativo que promovem o engajamento dos pais nas atividades propostas e o compartilhamento de experiências entre as famílias. Os temas focalizados são: A organização e a rotina na família; Apoio à criança nas atividades escolares; Relacionamento entre a família e a escola; Compartilhamento de experiências enriquecedoras no dia-a-dia; comunicação e relacionamento familiar; Práticas educativas. Esses temas são tratados em seis encontros semanais, cada qual combinando uma exposição audio-visual inicial e dinâmicas de grupo. O programa vem sendo oferecido desde 1999 às famílias que buscam atendimento no Ambulatório de Psicologia Infantil do HC – Ribeirão Preto.

Avaliado recentemente quanto ao valor informativo e à satisfação dos participantes, verificou-se que o programa contribui para a efetiva melhora no nível de informação dos pais e os influencia positivamente para o desenvolvimento de atitudes e condutas que facilitam o aprendizado da criança na escola (Martins, 2001).

Essa experiência é uma ilustração da viabilidade do suporte informativo às famílias de crianças com queixas escolares, no âmbito dos serviços de saúde. Possibilitar o acesso dos pais a informações que os ajudem a reformular expectativas e prover um suporte mais efetivo, mobilizando recursos já existentes no lar, pode contribuir para atenuar as tensões em torno das questões escolares, com diminuição da ansiedade dos pais e da criança. Informações podem ser prestadas em diferentes níveis de aprofundamento e através dos mais variados veículos. Este é um campo onde, independente da especialidade, todo profissional de saúde pode atuar, mediante adequada capacitação.

Referências Bibliográficas

Ackerman, B. P.; Kogos, J.; Youngstrom, E.; Schoff, K. e IZARD, C. E. (1999). Family instability and the problem behaviors of children from economically disadvantaged families. *Developmental Psychology*, *35*, 258-268.

Barbosa, J. I. e Silvares, E. F. M. (1994). Uma caracterização preliminar das clínicas-escola de Fortaleza. *Estudos de Psicologia*, *11*, 50-56.

Benzoni, S. A. G.; Marturano, E. M.; Loureiro, S. R.; Linhares, M. B. M. e Machado, V. L. S. (1998). Avaliação de crianças com baixo rendimento escolar, diferenciadas quanto ao nível cognitivo. Em: A. W. Zuardi, E. M. Marturano, M. A. C. Figueiredo e S. R. Loureiro (Orgs.). *Estudos em Saúde Mental – 1998*. (pp. 130-149). Ribeirão Preto, CPG em Saúde Mental – FMRP/USP.

Berden, G. F. M. G.; Althaus, M. e Verhulst, F. C. (1990). Major life events and changes in the behavioural functioning of children. *Journal of Child Psychology and Psychiatry*, *11*, 949-959.

Bradley, R. H.; Caldwell, B. M. e Rock, S. L. (1988). Home environment and school performance: a ten-year follow-up and examination of three models of environmental action. *Child Development*, *59*, 852-867.

Brito, P. R. M.; Kreniski, D. C.; Medeiros, P. C.; Motta, A. M. A.; Degani, I. C.; Parreira, V. L. C.; Linhares, M. B. M. e Marturano, E. M. (1997). Associação entre características da criança e da família e o tipo de desligamento em um ambulatório de psicologia infantil. *5º Ciclo de Estudos em Saúde Mental – Resumos*, FMRP / USP, 16.

Campos, M. A. S. (2002). *Recursos de sociabilidade em crianças com dificuldade de aprendizagem: um estudo de seguimento*. Dissertação de Mestrado, Universidade de São Paulo, Ribeirão Preto.

Christensen, S. L. (1990). Differences in students' home environments: the need to work with families. *School Psychology Review*, *19*, 505-517.

Denham, S. A.; Workman, E.; Cole, P. M.; Weissbrod, C.; Kendziora, K. T. e Zahn-Waxler, C. (2000). Prediction of externalizing behavior problems from early to middle childhood: The role of parental socialization and emotion expression. *Developmental Psychopathology*, *12*, 23-45.

Dubois, D.; Felner, R. D.; Brand, S.; Adan, A. M. e Evans, E. G. (1992). A prospective study of life stress, social support, and adaptation in early adolescence. *Child Development*, *63*, 542-557.

Dubow, E. F. e Tisak, J. (1989). The relation between stressful life events and adjustment in elementary school children: problem-solving skills. *Child Development, 60*, 1412-1423.

Egeland, B.; Kalkoske, M.; Gottesman, N.; e Erickson, M. F. (1990). Preschool behavior problems: stability and factors accounting for change. *J. Child Psychol. Psychiat., 31*, 891-909.

Elias, L. C. S. (2002). *Solução de problemas interpessoais em crianças com baixo rendimento escolar.* Texto aprovado no Exame de Qualificação ao Doutorado, Programa de Pós-graduação em Psicologia, Faculdade de Filosofia, Ciências e Letras de Ribeirão Preto – USP.

Ferreira, M. C. T. e Marturano, E. M. (2002). Ambiente familiar e os problemas de comportamento apresentados por crianças com baixo desempenho escolar. *Psicologia: Reflexão e Crítica, 15*, 35-44.

Graminha, S. S. V. (1992). Problemas emocionais/comportamentais e nível de escolaridade da criança. Em Sociedade Brasileira de Psicologia (Org.). Resumos de Comunicações Científicas. *XXII Reunião Anual de Psicologia. Resumos* (p. 22). Ribeirão Preto: SBP.

Grolnick, W. S. e Ryan, R. M. (1992). Parental Resources and the developing child in school. Em: M. E. Procidiano & C. B. Fisher (Orgs.), *Contemporary families: a handbook for school professionals* (pp. 275-291). New York, Teachers College Press.

Hinshaw, S. P. (1992). Externalizing behavior problems and academic underachievement in chidhood and adolescence: causal relationships and underlying mechanisms. *Psychological Bulletin, 111*, 127-155.

Johnson, V.; Cowan, P. A. e Cowan, C. P. (1999). Children's classroom behavior- The unique contribution of family organization. *Journal of Family Psychology, 13*, 355-371.

Kellaghan, T.; Sloane, K; Alvarez, B. e Bloom, B. S. (1993). *The home environment and chool learning: promoting parental involvement in the education of children.* San Francisco, Jossey-Bass.

Magna, J. M. (1997). *Condições de desenvolvimento antecedentes à entrada na 1ª série, em crianças com atraso escolar.* Dissertação de Mestrado, Universidade de São Paulo, Ribeirão Preto.

Magna, J. M. e Marturano, E. M. (1998). Atraso Escolar: Um levantamento de condições de desenvolvimento antecedentes à entrada na primeira série. Em: A. W. Zuardi, E. M. Marturano, M. A. C. Figueiredo e S. R. Loureiro (Orgs.) *Estudos em Saúde Mental – 1998.* (pp. 9-47). Ribeirão Preto, CPG em Saúde Mental – FMRP/USP.

Martini, M. (1995). Features of home environments associated with children's school success. *Early Child Development and Care, 111*, 49-68.

Martins, N. A. R. (2001). *Análise de um trabalho de orientação a famílias de crianças com queixa de dificuldade escolar.* Dissertação de Mestrado, Unicamp, Campinas.

Marturano, E. M. (1997). A criança, o insucesso escolar precoce e a família: condições de resiliência e vulnerabilidade. Em: E. M. Marturano, S. R. Loureiro e A. W. Zuardi (Org.) – *Estudos em Saúde Mental – 1997* (p. 130-149). Ribeirão Preto, CPG em Saúde Mental – FMRP/USP.

Marturano, E. M. (1998). Ambiente familiar e aprendizagem escolar. Em C. A. Funayama (org.). *Problemas de Aprendizagem: enfoque multidisciplinar* (p. 73-90). Ribeirão Preto: Legis Summa.

Marturano, E. M. (1999). Recursos no ambiente familiar e dificuldades de aprendizagem na escola. *Psicologia: Teoria e Pesquisa, 15*, 135-142.

Marturano, E. M.; Alves, M. V. e Santa Maria, M. R. (1996). Crianças com dificuldades escolares: recursos e adversidades na família. Em Sociedade Brasileira de Psicologia (Org.). Resumos de Comunicações Científicas. *XXVI Reunião Anual de Psicologia, Resumos* (p. 117). Ribeirão Preto: SBP.

Marturano, E. M., Alves, M. A. e Santa Maria, M. R. (1998). Recursos do ambiente familiar e desempenho na escola. Em A. W. Zuardi, E. M. Marturano, M. A. C. Figueiredo e S. R. Loureiro (Orgs.). *Estudos em Saúde Mental – 1998.* (pp. 48-77). Ribeirão Preto: CPG em Saúde Mental – FMRP/USP.

Marturano, E. M.; Linhares, M. B. M.; Loureiro, S. R. e Machado, V. L. (1997). Crianças referidas para atendimento psicológico em virtude de baixo rendimento escolar: comparação com alunos não referidos. *Revista Interamericana de Psicologia, 31*, 223-241.

Marturano, E. M.; Linhares, M. B. M. e Parreira, V. L. C. (1993). Problemas emocionais e comportamentais associados a dificuldades na aprendizagem escolar. *Medicina, 26*, 161-175.

Marturano, E. M.; Magna, J. M. e Murtha, P. C. (1992). Contribuições ao diagnóstico das dificuldades de aprendizagem escolar. *Psicopedagogia, 11*, 7-15.

Marturano, E. M.; Magna, J. M. e Murtha, P. C. (1993). Procura de atendimento psicológico para crianças com dificuldades escolares: um perfil da clientela. *Psicologia: Teoria e Pesquisa, 9*, 207-226.

Marturano, E. M.; Parreira, V. L. C. e Benzoni, S. A. G. (1997). Crianças com queixas de dificuldade escolar. Avaliação das mães através da Escala Comportamental Infantil A2 de Rutter. *Estudos de Psicologia*, *14*, 3-15.

Marturano, E. M.; Santos, L. C.; Dela Coleta, I. S. e Matos, E. F. (1997). Recursos no ambiente familiar de crianças com dificuldades escolares. *5º Ciclo de Estudos em Saúde Mental – Resumos*. FMRP/USP, 15.

Masten, A. S. e Coatsworth, J. D. (1998). The developmental of competence in favorable and unfavorable environments – Lessons from research on successful children. *American Psychologist*, *53*, 205-220.

Masten, A. S.; Garmezy, N.; Tellegen, A.; Pellegrini, D. S.; Larkin, K. e Larsen, A. (1988). Competence and stress in school children: moderating effects of individual and family qualities. *Journal of Child Psychology and Psychiatry*, *29*, 745-764.

Masterpasqua, F. (1989). A competence paradigm for psychological practice. *American Psychologist*, *44*, 1366-1371.

McGee, R.; Willians, S.; Share, D. L.; Anderson, J. E. e Silva, P. A. (1986). The relationship between specific reading retardation, general reading backwardness and behavioural problems in a large sample of Dunedin boys: a longitudinal study from five to eleven years. *Journal of Child Psychology and Psychiatry*, *27*, 597-610

Parreira, V. L. C. (1995). *Problemas de comportamento em crianças com dificuldades de aprendizagem escolar, segundo o relato das mães*. Dissertação de Mestrado, FMRP/USP, Ribeirão Preto, SP.

Parreira, V. L. C. e Marturano, E. M. (1998). Problemas de comportamento em crianças com dificuldade de aprendizagem escolar, segundo o relato das mães. *Psico*, *29*, 89-108.

Parreira, V. L. C. e Marturano, E. M. (1999). *Como ajudar seu filho na escola*. 2. ed., São Paulo: Ave Maria.

Pettit, G. S.; Bates, J. E. e Dodge, K. A. (1997). Supportive parenting, ecological context, and children's adjustment: a seven-year longitudinal study. *Child Development*, *68*, 908-923.

Rende, R. D. e Plomin, R. (1991). Child and parent perceptions of the upsettingness of major life events. *Journal of Child Psychology and Psychiatry.*, *32*, 627-633.

Sales, J. R. (1989). Estudo sobre a clientela da área de saúde mental em Varginha. Psicologia – Ciência e Profissão, *9*, 22-26.

Santos, L. C. (1999). *Crianças com dificuldade de aprendizagem: estudo de seguimento*. Dissertação de Mestrado, Universidade de São Paulo, Ribeirão Preto.

Santos, M. A. (1990). Caracterização da clientela de uma clínica psicológica da Prefeitura de São Paulo. *Arquivos Brasileiros de Psicologia*, *42*, 79-94.

Stevenson, D. J. e Baker, D. P. (1987). The family-school relation and the child's school performance. *Child Developement*, *58*, 1348-1357.

Thompson, J. R. J.; Lampron, L. B.; Johanson, D. F., e Eckstein, T. L. (1990). Behavior problems in children with the presenting problem of poor school performance. *Journal of Pediatric Psychology, 15*, 3-29.

World Health Organization (1994). *Life skills education in schools*. Geneva.

ANEXO: NOTA TÉCNICA SOBRE OS INSTRUMENTOS

Os instrumentos descritos nesta seção foram elaborados ou sistematizados pela primeira autora. Podem ser encontrados na íntegra em:

Santos, L. C. (1999) *Crianças com dificuldade de aprendizagem: estudo de seguimento*. Dissertação de Mestrado, Faculdade de Medicina de Riberião Preto, USP.

Guia para análise dos relatos da entrevista de admissão

A entrevista de admissão é composta por um roteiro de questões abertas. A análise dos relatos é baseada em um guia para classificação de competências e vulnerabilidades da criança, bem como recursos e adversidades do ambiente. A pontuação atribuída a cada classe de situação corresponde ao número de diferentes situações identificadas naquela classe. Santos (1999) refere um índice de concordância bruta igual a 82% para a análise de entrevistas feitas por dois juizes independentes, e índice de estabilidade de 84% para duas aplicações consecutivas do roteiro, com intervalo de 20 dias.

Roteiro para Sondagem de Recursos no Ambiente Familiar – RAF

Foi elaborado com o objetivo de rastrear informações sobre condições relevantes para o desempenho acadêmico. Aplica-se o roteiro sob forma de entrevista semi-estruturada, em que cada tópico é apresentado à mãe oralmente, tendo o examinador liberdade para parafrasear o conteúdo da questão caso haja dificuldade de compreensão por parte da entrevistada. Em cada tópico, o entrevistador inicia fazendo uma pergunta aberta. Em seguida, apresenta os itens de questões fechadas.

O RAF é constituído de 14 tópicos, com um número variado de itens. Treze tópicos são reunidos em três módulos: <u>supervisão e organização das rotinas</u>, <u>oportunidades de interação com os pais</u> e <u>pre-</u>

sença de recursos no ambiente físico. O módulo Supervisão e organização das rotinas inclui os tópicos: O que a criança faz quando não está na escola, Ajuda e responsabilidade em tarefas domésticas, Arranjo espaço-temporal para lição de casa, Supervisão para a escola, Atividades diárias com horário definido. O módulo Oportunidades de interação com os pais inclui: Passeios proporcionados/compartilhados, Atividades compartilhadas pela criança e os pais no lar, Ocasiões em que a família está reunida, Pessoas a quem a criança recorre para pedir ajuda ou conselho. O módulo Presença de recursos no ambiente físico inclui: Atividades programadas que a criança realiza regularmente, Disponibilidade de livros, Disponibilidade de jornais/revistas, Oferta de brinquedos e outros materiais promotores do desenvolvimento. O instrumento fornece o escore de cada módulo e um escore total. Inclui ainda um indicador socioeconômico, dado pelo tópico Presença de eletrodomésticos e outras comodidades.

Para construção do instrumento, foi feito inicialmente um levantamento de recursos em prontuários da clínica, com base em indicações de Kellaghan e cols. (1993), Bradley e cols. (1988) e Christensen (1990). As descrições de recursos contidas nos prontuários foram usadas para formulação dos itens. Uma primeira versão do roteiro foi organizada em módulos, conforme a listagem elaborada por Kellaghan e cols. (1993). O roteiro foi pré-testado em amostra de 20 famílias, por três psicólogos com experiência em condução de entrevista. Após 15 entrevistas, os psicólogos, reunidos com a pesquisadora, apresentaram sugestões de mudança que foram incorporadas. Uma nova reunião feita depois de cinco aplicações do roteiro modificado não acrescentou mudanças, encerrando-se então a fase de pré-teste. Um estudo de fidedignidade através do procedimento teste-reteste com três mães forneceu índices de 100%, 99% e 92% de concordância entre aplicações feitas com 20 dias de intervalo (Santos, 1999).

Escala de Eventos Adversos

Neste formulário, eventos adversos ocorridos nos últimos 12 meses ou anteriormente na vida da criança são investigados por meio de uma lista de 36 situações que podem ocorrer na vida escolar (cinco itens), familiar (26 itens) ou pessoal (cinco itens). A lista foi elaborada a partir dos estudos de Rende e Plomin (1991) e Berden, Althaus e Verhulst (1990), e pré-testada juntamente com o RAF. Para aplicação, o entrevistador diz à mãe que vai ler uma lista de situações que podem acontecer na vida das crianças, para que ela informe se alguma delas ocorreu com seu filho/sua filha. Em seguida, lê cada item do formulário e pede à mãe que diga se o evento ocorreu nos últimos 12 meses ou anteriormente na vida da criança. Preenche-se cada item com X na coluna apropriada. Se o evento ocorreu tanto nos últimos 12 meses como anteriormente, marca-se X nas duas colunas. Atribui-se a cada item o escore zero, um ou dois, e o escore total é a soma dos escores individuais, podendo variar de zero a 72.

Lista de Adversidade Crônica

Foi construída a partir de informações dadas espontaneamente pelas mães nas entrevistas de pré-teste da Escala de Eventos Adversos. Trata-se de uma lista de 14 condições adversas crônicas, definidas como adversidade prolongada (com duração de mais de 12 meses) ou recorrente (ocorrência repetida durante um ano ou mais), cujo escore é a simples contagem de incidência.

Capítulo 10

O Percurso entre a Meninice e a Adolescência: Mecanismos de Vulnerabilidade e Proteção

Edna Maria Marturano
Luciana Carla dos Santos Elias
Marli Aparecida Silva Campos

Nas sociedades ocidentais, o início da adolescência tem sido associado com a puberdade, ao redor dos 12 anos, e pode se prolongar para além da segunda década da vida. Essa longa transição entre a meninice e a idade adulta freqüentemente é vista como um período inerentemente difícil, durante o qual o desenvolvimento saudável está mais relacionado à evitação de problemas que ao crescimento de competências. A crença de que desenvolvimento do adolescente normal é tumultuoso constitui um dos vários mitos a respeito dessa fase (Offer e Schonert-Reichl, 1992).

Essa noção tem apoio limitado em evidências de pesquisas. Com efeito, há particularidades na adolescência que aumentam a probabilidade de comportamentos de risco (Mrazek e Haggerty, 1994). Achados epidemiológicos sugerem uma elevação na taxa de distúrbio entre a meninice e a adolescência, situando em aproximadamente 20% a parcela de adolescentes que têm problemas de saúde mental e necessitam de ajuda (Offer e Schonert-Reichl, 1992). Entretanto, é preciso lembrar que a maior parte dos jovens – cerca de 80% deles – passa através deste período do desenvolvimento sem maiores problemas.

Segundo Steinberg e Morris (2001), a crença de que a adolescência constitui por si só uma fase de risco para o aparecimento de problemas de saúde mental tem permeado a investigação empírica sobre esse período evolutivo. Como resultado, sabe-se hoje muito mais a respeito dos comportamentos problemáticos do adolescente que sobre o desenvolvimento normativo durante essa etapa do ciclo da vida. Por outro lado, a ênfase dada ao comportamento problema resultou em achados que contribuem hoje para relativizar a antiga concepção da adolescência como um período tormentoso. Três argumentos são apresentados pelos autores, contrapondo-se a uma visão pessimista da adolescência.

Primeiro, é preciso distinguir entre comportamento exploratório ocasional e padrões persistentes de comportamento desadaptado. Segundo, é necessário distinguir entre os problemas que têm sua origem e início durante a adolescência e aqueles que têm suas raízes em períodos anteriores. Terceiro, é importante lembrar que muitos dos problemas vivenciados por adolescentes são relativamente transitórios e se resolvem no início da idade adulta, com poucas repercussões de longo prazo. Curiosamente, ao buscar distinguir entre os problemas que são circunscritos à adolescência e aqueles que persistem na vida adulta, os pesquisadores têm verificado que problemas persistentes muitas vezes *precedem* a adolescência. Desse modo, eles não podem ser debitados a esse período do desenvolvimento. Um exemplo disso são os problemas de conduta iniciados na pré-escola. (Fergusson e cols., 1996).

A argumentação de Steinberg e Morris relembra que os padrões adaptativos na adolescência não podem ser compreendidos sem considerar o desenvolvimento prévio do indivíduo, já que problemas que eclodem na adolescência freqüentemente têm sua origem em fases anteriores. Como um período de transição no desenvolvimento, é essencial ver a adolescência em uma perspectiva de curso da vida. Nesse sentido, é fundamental atentar para os caminhos do desenvolvimento que emergiram anteriormente, e que podem resultar em sucesso ou insucesso no enfrentamento dos desafios da fase. Tanto os processos de risco e proteção presentes, como a história de suas transações e como eles influenciaram o indivíduo no curso do desenvolvimento anterior precisam ser examinados (Cichetti e Rogosch, 2002).

Neste capítulo, aspectos da adaptação do adolescente são examinados, sobretudo no período inicial da fase, compreendido entre 11 e 15 anos. O ponto de vista adotado é o de que o grau de competência do adolescente para lidar com os desafios inerentes à fase atual resulta, em parte, do grau de sucesso na resolução dos desafios de etapas anteriores, combinado com os recursos e condições limitantes com que ele se defronta nessa travessia. O capítulo está organizado em duas partes. Na primeira, o tema é tratado a partir de uma perspectiva teórica e discussão de temas relevantes para a adaptação adolescente. Na segunda, são apresentados dois estudos que investigaram processos de adaptação em adolescentes com vivência de insucesso escolar precoce, a partir de características pessoais e familiares avaliadas no momento da dificuldade escolar, considerando-se diferentes percursos entre a meninice e a adolescência.

I – Desenvolvimento e Adaptação na Adolescência

Nesta primeira parte, apresenta-se uma breve elaboração da perspectiva teórica delineada nos parágrafos precedentes, bem como de suas implicações para a compreensão dos processos de adaptação do adolescente às demandas da fase. Em seguida, são examinados alguns dos temas relevantes da adaptação adolescente – as relações interpessoais na família e no grupo de pares, a escola e as auto-concepções.

Desenvolvimento como processo organizador da experiência individual e a adaptação durante a adolescência

A perspectiva teórica adotada neste e em outros capítulos do volume concebe o desenvolvimento como um processo contínuo de reorganização e integração ativa, pelo indivíduo, das diversas competências adquiridas ao longo da vida. O processo de desenvolvimento é caracterizado por uma integração hierárquica de sistemas de comportamento, através da qual as estruturas mais antigas são incorporadas a estruturas mais recentes, sob formas cada vez mais complexas. O indivíduo participa ativamente deste processo, trazendo para as novas experiências as atitudes, expectativas e sentimentos derivados de uma história de interações que, por seu lado, influenciam a maneira como as pistas e os estímulos ambientais são interpretados e organizados (Egeland, Carlson e Sroufe, 1993).

Dentro desse paradigma, a competência é vista como a habilidade de usar com sucesso recursos internos e externos para resolver questões que são proeminentes no estágio de desenvolvimento em que o indivíduo se encontra. A competência para resolver questões em um período de desenvolvimento não prediz necessariamente a competência posterior; em vez disso, pensa-se que a competência em um período torna o indivíduo, em sentido amplo, adaptado ao ambiente e preparado para desenvolver competência no período seguinte (Sroufe e Rutter, 1984).

O desenvolvimento compreende um conjunto de tarefas relevantes para cada estágio no ciclo da vida, definidas de acordo com os contextos culturais em que o indivíduo se desenvolve. Entretanto, uma vez cumpridas, as tarefas não perdem importância. Embora a saliência desses tarefas possa declinar, diminuir em relação a questões que vão emergindo, as tarefas permanecem importantes para a adaptação ao longo do tempo. A resolução bem-sucedida de uma questão saliente em um estágio precoce do desenvolvimento aumenta a probabilidade de ajustamento bem-sucedido em etapas posteriores (Sroufe e Rutter, 1984).

À medida que cada nova tarefa relevante para o desenvolvimento em um determinado estágio assume posição central, surgem oportunidades para crescimento e consolidação, tanto quanto desafios associados com novas vulnerabilidades. Durante a adolescência, são vistas como tarefas cruciais salientes do estágio em nossa cultura: transições bem-sucedidas entre níveis de ensino[1], desempenho acadêmico (apren-

[1] No sistema educacional brasileiro, há pelo menos duas transições: da 4ª para a 5ª série e do ensino fundamental para o médio.

dizagem das habilidades necessárias para educação superior ou trabalho), autonomia psicológica, formação de relações próximas com pares do mesmo sexo e do sexo oposto, e formação de um senso coeso de auto-identidade (Masten e Coastworth, 1998).

Uma tarefa central da adolescência é desenvolver um senso de si como um indivíduo autônomo. O impulso para tal autonomia deriva dos processos internos, biológicos que fazem a transição para um papel mais adulto (puberdade e maturidade cognitiva crescente) e das mudanças nos papéis e expectativas sociais que acompanham essas transformações fisiológicas e cognitivas (Eccles, 1999).

Os recursos internos de que o adolescente dispõe para resolver as tarefas de desenvolvimento relevantes dessa fase vão depender significativamente da qualidade da resolução das tarefas relevantes da meninice (Masten e Coastworth, 1998). Para o adolescente inicial que foi capaz de alcançar resoluções competentes frente às tarefas dos estágios anteriores, a organização interna dos domínios de desenvolvimento será mais flexível e integrada, e haverá maior capacidade adaptativa disponível para o esforço de resolver os desafios do período. Em contraste, um indivíduo que resolveu sem competência as tarefas relevantes de estágios anteriores vai entrar no período adolescente com fragilidades importantes em termos de recursos internos com os quais negociar os desafios da fase. Entre esses extremos, os indivíduos vão variar quanto à adaptabilidade de sua organização interna, que compreende as competências evolutivas construídas no curso do desenvolvimento anterior. Dadas as muitas transições biológicas, psicológicas e sociais – contextuais que ocorrem durante a adolescência, muitas oportunidades de reorganização se apresentam nessa fase.

Alguns temas do desenvolvimento adolescente: amizades, família, auto-concepções e escolaridade

Sistemas biológicos, psicológicos e sociais passam por acentuadas mudanças evolutivas durante a adolescência. As relações interpessoais na família, no grupo de amigos e na escola constituem importantes laboratórios de experimentação das competências emergentes do adolescente, não somente para aperfeiçoamento das próprias habilidades interpessoais, mas também para o exercício das capacidades cognitivas e a definição de um senso de si mesmo.

Adolescentes e seus pares

A conformidade da criança aos seus pares chega a um pico durante a adolescência inicial, refletindo a importância da aceitação social para jovens desta idade (Eccles, 1999). Competências sociais como iniciar interações, auto-revelação e provisão de suporte aumentam conforme os pré-adolescentes amadurecem, e estão relacionadas à qualidade da amizade. Em geral, durante a adolescência inicial os amigos começam a valorizar mais a lealdade e a intimidade, tornando-se mais confiantes e auto-reveladores.

Há diversos modos de influência dos pares sobre o desenvolvimento do adolescente. Primeiro, essa influência pode acontecer tanto em sentido positivo como em sentido negativo. Os companheiros influenciam o desempenho acadêmico e comportamentos pró-sociais, tanto quanto comportamentos-problema, como uso de álcool e droga, uso de cigarro e delinqüência. Segundo, os pares não se influenciam uns aos outros durante a adolescência somente através de pressões coercitivas; ao contrário, a maior parte dos adolescentes é influenciada pelos pares porque os admira e respeita suas opiniões. Terceiro, adolescentes e seus amigos são semelhantes, mas não simplesmente porque eles se influenciam mutuamente. Os adolescentes escolhem amigos com comportamentos, atitudes e identidades similares. Finalmente, a susceptibilidade à influência dos pares não é uniforme entre adolescentes. Fatores como idade, personalidade, história de socialização e percepções dos outros são importantes. Por exemplo, há indícios de que o contato com pares apenas prediz comportamento-problema entre adolescentes que têm uma história prévia de problemas externalizantes (Steinberg e Morris, 2001).

Influências parentais e amizades

Apesar das imagens populares da adolescência, não é exata a afirmação de que os pais perdem influência à medida que se ampliam os contatos com outros adolescentes. Em pesquisa recente, Wagner e Féres-Carneiro (2000) obtiveram indícios de que, "nessa fase do ciclo vital, os pais ainda assumem a posição de liderança e poder frente aos adolescentes, principalmente devido ao vínculo de dependência que os jovens possuem em relação a eles" (p. 18). No que se refere aos relacionamentos interpessoais, pesquisas indicam que as relações dos adolescentes com seus pais influenciam suas interações com os companheiros. Os adolescentes levam para suas relações com os pares muitas qualidades que se desenvolvem cedo na vida como resultado de experiências de socialização na família. Adolescentes de famílias afetuosas e apoiadoras são mais competentes socialmente e relatam amizades mais positivas. Além disso, há evidência de que o estilo parental com autoridade atenua os efeitos de influências negativas dos pares. Adolescentes sem amigos íntimos são mais influenciados pelas famílias que pelos pares, e adolescentes em famílias menos coesas e menos adaptativas são mais influenciados pelos pares que por seus pais (Steinberg e Morris, 2001).

Freqüentemente, os adolescentes no início da fase concordam com a visão de seus pais sobre questões importantes como moralidade, objetivos acadêmicos, política e religião, ao passo que os companheiros têm mais influência em coisas como estilo de se vestir, música, e escolha de atividades. Além disso, os adolescentes usualmente procuram amigos que são similares a eles (atletas ou bons alunos, por exemplo). Assim, é provável que eles escolham amigos cuja visão sobre questões importantes se pareça com aquelas que são esposadas em casa. Desse modo, a visão popular da influência das "más companhias" deve ser relativizada. Parece que são os cuidados parentais pobres que usualmente levam as crianças a entrarem em um "mau" grupo de pares, e não o grupo de pares que empurra uma "boa" criança para situações de dificuldade. Em geral, o grupo de pares age mais para reforçar capacidades e dificuldades existentes que para mudar as características dos adolescentes (Eccles, 1999).

Relacionamento entre o adolescente e os pais

Os pais e os adolescentes têm menos interações e fazem menos coisas juntos fora de casa do que eles faziam anteriormente. Esse distanciamento nas relações com os pais tem um valor funcional para os adolescentes, no sentido de que ele promove sua independência, prepara-os para tentar mais coisas por si mesmos, e desenvolve seu senso de eficácia (Eccles, 1999).

Pensando nos relacionamentos entre os pais e seu filho na adolescência inicial, é útil relembrar que uma tarefa chave confrontando o adolescente é desenvolver um senso de si como um indivíduo autônomo. Embora o adolescente se esforce para adquirir independência e a obtenção das recompensas percebidas da idade adulta, os pais e as instituições sociais, reconhecendo a relativa falta de preparo do adolescente para assumir plenamente as responsabilidades do adulto, resistem em abandonar suas percepções do adolescente como uma criança. Conseqüentemente, a necessidade de renegociação inerente a este período do desenvolvimento aumenta o potencial para conflito (Cicchetti e Rogosch, 2002).

Assim, há um genuíno aumento de querelas entre pais e adolescentes no início do período. Esse aumento de conflito moderado é acompanhado por um declínio na proximidade, e especialmente, conforme comentado em parágrafo precedente, na quantidade de tempo que adolescentes e pais gastam juntos. As transformações que têm lugar nas relações pais–adolescentes têm implicações para a saúde mental dos pais, tanto quanto para o desenvolvimento psicológico dos jovens. Não é raro encontrarem-se pais relatando dificuldades para se ajustarem à individuação a à busca de autonomia do filho adolescente. Entretanto, o conflito adequadamente negociado leva ao crescimento. Negociando com sucesso as respostas a questões como as exigências do adolescente por maior autonomia, as relações pais–adolescente se reestruturam para permitir o crescimento do jovem ao mesmo tempo que se mantêm estreitos laços familiares. Desse modo, gradualmente, o processo de desequilíbrio na adolescência inicial é tipicamente seguido pelo estabelecimento de uma relação menos litigiosa e mais igualitária com os pais.

Como se processam essas transformações? Ao buscar mais independência e autonomia, o adolescente pode vir a questionar as regras e papéis familiares, provocando conflitos sobre questões como roupas e aparência, tarefas domésticas, horários para voltar para casa e namoro. O esforço acelerado dos jovens para controlar suas próprias vidas é acompanhado por pressão da família para renegociar o equilíbrio de poder entre pais e filhos. É o ajuste entre o ambiente familiar do adolescente e suas necessidades evolutivas que é crítico para uma adaptação bem-sucedida dos pais e do adolescente nesse período de transição (Eccles, 1999).

Para alcançar um bom ajuste, os pais devem ser capazes de adequar-se às necessidades mutantes de seus filhos com relativamente poucos conflitos, equilibrando a supervisão de que o adolescente ainda necessita com a concessão de independência que ele busca. Estudos mostram que ambientes familiares que oferecem oportunidades seguras para autonomia pessoal e encorajam a participação do adolescente inicial nas tomadas de decisão da família favorecem importantes conquistas do jovem, como auto-estima, auto-confiança, satisfação com a escola e com as relações aluno–professor, ajustamento escolar positivo, e raciocínio moral avançado. Inversamente, um estilo parental que é coercitivo, e não sintonizado com a necessidade de autonomia e participação do adolescente, está associado com excessiva auto-consciência e auto-estima rebaixada (Eccles, 1999).

De acordo com revisão recente da literatura (Steinberg e Morris, 2001), o estudo da socialização do adolescente no contexto da família foi um tópico muito popular de pesquisa durante a última década. A maior parte do trabalho na área derivou dos estudos de Baumrind sobre influências parentais no desenvolvimento de competência na meninice; esses estudos demonstraram que crianças cujos pais eram afetuosos e firmes mostravam níveis mais altos de competência e maturidade psicossocial que seus companheiros que haviam sido criados por pais que eram permissivos, coercitivos ou indiferentes.

Hoje se encontra bem estabelecido que uma combinação de afeto positivo, responsividade e monitoramento parental está consistentemente relacionada ao ajustamento, desempenho escolar e maturidade psicossocial do adolescente.

O clima das relações interpessoais na família também é importante. Segundo Rueter e Conger (1995), uma atmosfera familiar de afeto positivo e apoio promove negociação bem-sucedida dos desacordos entre os pais e o filho adolescente e os ajuda a manter o conflito em níveis baixos a moderados. Sob condições hostis e coercitivas, entretanto, provavelmente os pais e os adolescentes não resolverão os desacordos, e o conflito irá recrudescer, atingindo níveis disfuncionais.

O desenvolvimento das autopercepções

A adolescência tem sido caracterizada como um período em que os indivíduos começam a explorar e examinar suas próprias características psicológicas de modo a descobrir quem realmente eles são, e como eles se ajustam ao mundo social em que vivem. Com base na teoria de Erikson sobre a crise de identidade do adolescente, especialistas têm visto a adolescência como um período de auto-exploração. Em geral, a pesquisa empírica tem dado apoio ao modelo de Erikson, porém, como assinalam Steinberg e Morris (2001), o período de elaboração mais intensa das questões relativas à identidade ocorre tarde na adolescência, e talvez nem se conclua até o início da idade adulta. Presentemente, a pesquisa passou a focalizar menos a identidade no sentido eriksoniano, e mais o desenvolvimento das auto-concepções.

Na transição da meninice para a adolescência, os indivíduos começam a desenvolver caracterizações mais abstratas de si mesmos, e os auto-conceitos se tornam mais diferenciados e melhor organizados. Os adolescentes começam a ver a si próprios em termos de padrões e crenças pessoais, e menos em termos de comparações sociais. Eles se avaliam tanto globalmente como ao longo de diversas dimensões distintas – acadêmica, esportiva, aparência, relações interpessoais e conduta moral – e a ligação entre dimensões específicas do auto-conceito e a auto-valorização global varia entre domínios. Por exemplo, há evidência de que as auto-concepções dos adolescentes diferem entre contextos e que os jovens se vêem diferentemente quando eles estão com os companheiros, em comparação com pais e professores. A aparência é a mais importante para a auto-estima global, especialmente entre meninas (Steinberg e Morris, 2001). Há indícios de que a confiança dos adolescentes iniciais em sua aparência física e aceitação social muitas vezes é um preditor mais importante de sua auto-estima que a confiança em sua competência cognitiva/acadêmica (Eccles, 1999). Por outro lado, segundo Steinberg e Morris (2001), a auto-estima elevada está relacionada não apenas ao apoio dos companheiros, mas também à aprovação parental e ao sucesso na escola.

O adolescente e a escola

Papalia e Olds (2000) afirmam que a escola é a experiência organizadora central na vida de muitos adolescentes. Em nosso país, essa afirmação tem validade circunscrita, porém tem havido, nos últimos anos, um acelerado aumento no percentual de crianças que concluem o ensino fundamental e ingressam no ensino médio, permanecendo, portanto, dentro do sistema escolar pelo menos até os anos intermediários da adolescência.

A realidade é que a escola faz diferença. O estudo de Freitag (1986) em escolas públicas paulistas demonstrou com clareza o impacto da permanência na escola sobre o desenvolvimento do pensamento lógico, da moralidade e da capacidade comunicativa de adolescentes de 13 a 16 anos, independentemente da classe social. Segundo aquela autora,

> *"crianças que têm a oportunidade de viver uma experiência escolar regular vêem-se confrontadas com seus pares de outras*

classes sociais, outros bairros, outras idades, outros sexos, sendo constantemente questionadas, provocadas, obrigadas a partilhar da perspectiva distinta dos seus companheiros de brinquedo e estudo. A heterogeneidade dos alunos que compõem o corpo discente de uma escola pode, por isso mesmo, ser considerada um dos fatores fundamentais responsáveis pela descentração da criança escolarizada." (p. 204-205)

A escola oferece oportunidades para adquirir informações, desenvolver habilidades e fazer amizades. A permanência do adolescente na escola pode contribuir para melhores perspectivas ocupacionais e pode também atuar como fator de proteção em vizinhanças de risco, ao preencher parte do tempo do jovem com atividades programadas e supervisionadas. Por outro lado, a experiência escolar pode ser difícil para alguns adolescentes. As transições escolares têm sido apontadas como momentos particularmente sensíveis, onde dificuldades podem surgir ou problemas pré-existentes podem recrudescer.

No sistema educacional brasileiro, a transição entre a meninice e a adolescência coincide com, ou é precedida por, uma transição entre o primeiro e o segundo ciclo do ensino fundamental, uma passagem que inclui, entre outras, a mudança de uma estrutura centrada em um único professor por classe para um sistema com vários professores se revezando na classe a cada dia de aula. Como conseqüência, os relacionamentos com os professores se tornam mais impessoais, com menos chance de formação de vínculos entre os adolescentes e seus professores, em um momento em que aqueles têm necessidade de orientação e apoio de adultos fora da família (Eccles, 1999).

Práticas de sala de aula também podem contribuir para a redução da motivação escolar do aluno nessa transição. O nível de exigência dos professores é mais alto que no ensino fundamental, e o apoio ao aluno em suas dificuldades é menor. Com menos tempo para observar o progresso de cada aluno, nem sempre o professor pode perceber em tempo as dificuldades individuais com os conteúdos, e mesmo que as perceba, nem sempre os recursos para sua superação estão disponíveis. As notas baixas, como resultado, vão afetar negativamente as auto-percepções e a motivação do adolescente. Dificuldades disciplinares, práticas coercitivas e oportunidades limitadas para participação do estudante nas decisões são outros fatores que podem contribuir para um ajuste pobre entre o ambiente da sala de aula e as necessidades emergentes da criança que está entrando na adolescência, aumentando o risco para problemas de motivação e desempenho, especialmente para os alunos que tiveram dificuldades escolares prévias à transição. Como enfatiza Eccles (1999), nesse momento os adolescentes estão começando a pensar em si mesmos como jovens adultos, que estão se tornando mais responsáveis. Desse modo, seria desejável que, no ambiente escolar, seu impulso por autonomia encontrasse algum apoio para ser exercido, através de atividades programadas que pudessem combinar a segurança da supervisão do adulto com a oportunidade de tomar iniciativas com alguma independência.

Dificuldades Escolares e o Percurso da Meninice à Adolescência

Nesta segunda parte, são apresentados dois estudos que investigaram trajetórias de desenvolvimento da meninice à adolescência, em crianças com vivência de insucesso escolar precoce. Os estudos se apoiam no pressuposto de que o grau de competência do adolescente para lidar com os desafios inerentes à fase atual resulta, em parte, do grau de sucesso na resolução dos desafios de etapas anteriores. Sob esse enfoque, o desempenho escolar pobre na meninice pode contribuir tanto para a vulnerabilidade como para a competência do adolescente. Por um lado, a criança que não progride na escola pode desenvolver sentimentos de baixa auto-estima e inferioridade (Erikson, 1971), com repercussões desfavoráveis no desenvolvimento. Por outro lado, se a crise escolar é superada com sucesso, o indivíduo pode sair fortalecido para o enfrentamento de novos desafios no curso do desenvolvimento.

As crianças que foram acompanhadas

Os participantes dos estudos, 56 meninos e 33 meninas, foram vistos em dois momentos – por ocasião do primeiro atendimento em uma clínica de psicologia vinculada ao SUS e pelo menos um ano após seu desligamento da clínica. No contato de seguimento, suas idades variavam entre 10 e 17 anos, mas apenas seis tinham mais de 15 anos, o que situa a amostra na fase inicial da adolescência.

A população de origem dos participantes era constituída por alunos do ensino fundamental referidos para atendimento psicológico em razão do desempenho escolar pobre. Trata-se de uma população clínica com altas taxas de problemas sócio-emocionais. Entretanto, as crianças acompanhadas nos estudos de seguimento apresentam uma particularidade importante: todas concluíram um processo de suporte psicopedagógico na clínica, tendo recebido alta. Essa particularidade estabelece um diferencial entre os participantes dos estudos de seguimento e os demais membros da população clínica constituída de crianças com dificuldades escolares. Esse diferencial tem implicações na caracterização da amostra.

A persistência no atendimento até a alta não é uma conduta comum entre clientes de clínicas psicológicas. Estudos indicam que abandonos e desistências são a regra e que, entre clientes infantis, a taxa de desistência antes mesmo do tratamento pode chegar a 68% (Arcaro, 1991; Sirles, 1990). Na clínica onde foram realizados os estudos de seguimento, o fenômeno é menos acentuado; ainda assim, a taxa de desistência na fila de espera é 33% e a de abandono do tratamento 13% (Marturano e cols., 1993).

A persistência no tratamento está associada a características da família e da criança. Famílias que abandonam precocemente o suporte psicopedagógico têm crianças com maior número de queixas e estão enfrentando maior acúmulo de situações adversas, quando comparadas a famílias que persistem até a alta (Brito e cols., 1997). Além disso, a persistência denota empenho da família em fazer uso de um recurso da comunidade para dar apoio à criança na superação das dificuldades pelas quais está passando. Em famílias que enfrentam situações adversas como pressão financeira, a capacidade de buscar e utilizar o suporte disponível na comunidade é um fator de proteção que promove o desenvolvimento saudável da criança, mesmo em condições adversas (Leventhal e Brooks-Gunn, 2000). Desse modo, nossa amostra, além de ter contado com um suporte pontual para superação da dificuldade escolar, provavelmente se apresenta com vantagens pessoais e ambientais em relação ao percentual estimado de 46% de crianças cujas famílias desistem do tratamento ou o interrompem precocemente (Marturano e cols., 1993). Pode-se supor, então, que os participantes dos estudos de seguimento relatados neste capítulo constituem, na população clínica com queixas escolares, um grupo diferenciado, com índices mais baixos de dificuldades adptativas, menor exposição à adversidade ambiental e maior suporte familiar.

A marca da persistência parece estar presente na trajetória escolar desses meninos e meninas: quando seguidos na adolescência, apenas três haviam abandonado os estudos, embora 11 apresentassem desempenho sugestivo de déficit cognitivo em teste de inteligência. A maior parte – 62 em 89 – estava cursando o segundo ciclo do ensino fundamental, com maior concentração na 5ª e na 6ª série. Esses números de certo modo confirmam a suposição feita no parágrafo anterior, quanto aos recursos a que essas crianças têm tido acesso. Por outro lado, sinalizam que muitos dos adolescentes da amostra estão enfrentando um dos grandes desafios do início da adolescência, que é a transição escolar característica da passagem para a 5ª série. Essa passagem de um modelo centralizado em um único professor para um regime mais impessoalizado freqüentemente é acompanhada de outras mudanças, como a separação de antigos colegas e o convívio com pessoas desconhecidas, colegas e professores. Portanto, pode-se dizer que as crianças tiveram suporte da família para prosseguir seus estudos e estão enfrentando os desafios da transição entre o 1° e o 2° ciclo do ensino fundamental. O quadro relativo à escolaridade dos adolescentes denota valorização do estudo por parte dos pais, cuja escolaridade, em muitos casos, não ultrapassou o 1° ciclo do ensino fundamental.

Ambiente familiar e trajetórias de desenvolvimento da meninice à adolescência

O estudo longitudinal conduzido por Santos e Marturano (Santos, 1999; Santos e Marturano, 1999) avaliou 41 crianças com dificuldades escolares, em dois momentos: na entrevista de admissão e dois a quatro anos após terem recebido alta clínica no Ambulatório de Psicologia Infantil do HCFMRP. O objetivo do estudo era detectar associações entre características do ambiente familiar, nos dois momentos, e indicadores de adaptação do adolescente nos domínios acadêmico, interpessoal e comportamental.

A definição de características ambientais se inspirou tanto em dados da literatura como em levantamentos anteriores sobre condições de vida e desenvolvimento de crianças referidas com queixas escolares (Marturano, Magna e Murtha, 1993; Marturano, Alves e Santa Maria, 1998). Foram considerados tanto recursos de suporte como obstáculos ao desenvolvimento, conforme a lista apresentada no Anexo 1. A maior parte das variáveis ambientais foi investigada através de entrevista individual com a mãe, nos dois momentos. O monitoramento foi avaliado somente no segundo momento da pesquisa, por meio do Questionário de Monitoramento Parental, aplicado ao adolescente. Este instrumento é apresentado no Anexo 3.

Condições adaptativas do adolescente nos domínios acadêmico e interpessoal foram investigadas através de indicadores de competência e de vulnerabilidade. Precursores de desempenho e ajustamento interpessoal na meninice foram incluídos nas análises. As variáveis da criança são apresentadas no Anexo 2.

Os dados obtidos por meio de entrevistas foram quantificados através de um guia para classificação de competências e vulnerabilidades da criança, bem como recursos e adversidades do ambiente (Santos, 1999), e posteriormente convertidos em escores z. A análise estatística compreendeu cálculos de correlação, análises de regressão passo a passo e testes de comparação entre grupos. Nas análises de regressão sempre foram incluídas a escolaridade do pai e da mãe como preditores. No relato que segue, os resultados que expressam relações significativas entre variáveis pessoais do adolescente e do ambiente próximo são aqueles que se mantêm mesmo em presença dessas duas variáveis distais.

O ambiente familiar: da meninice à adolescência

As correlações entre indicadores ambientais obtidos na meninice sugerem que o acúmulo de circunstâncias adversas prolongadas ou recorrentes parece ter impacto na qualidade dos cuidados dispensados à criança, pois se associa a problemas no relacionamento pais – filho e a falhas no suporte à escolaridade. Recursos de apoio à criança nas questões escolares estão associados a práticas educativas, tanto as proativas (por exemplo, estabelecimento de regras claras) como as coercitivas ou inconsistentes (por exemplo, uso de ameaça, práticas discordantes entre pai e mãe). Esse conjunto de correlações entre variáveis ambientais na meninice configura um padrão notavelmente semelhante ao relatado no Capítulo 10.

Correlações entre variáveis ambientais da meninice e da adolescência sugerem histórias de adversidade familiar persistente em algumas famílias. A adversidade crônica na meninice é o mais forte preditor de falhas no monitoramento da mãe na adolescência, predizendo também, em menor grau, falhas no monitoramento do pai. Circunstâncias adversas na meninice, particularmente problemas no relacionamento pais–criança e adversidade familiar crônica, predizem falhas no apoio à vida escolar do adolescente.

Na adolescência, o acúmulo de adversidade crônica está inversamente associado a um clima emocional positivo na família e este, por sua vez, tem forte associação direta com um bom relacionamento pais–adolescente.

Tipicamente, mães de famílias com mais recursos em ambas as fases monitoram seus filhos adolescentes mais de perto, ao passo que, em ambientes com maior adversidade, tanto o pai como a mãe vão monitorar menos o adolescente, e haverá menor oportunidade de este receber explicações da mãe e participar de conversas com os pais em conjunto. Menor monitoramento do pai está associado ao acúmulo de eventos adversos na adolescência, e menor monitoramento da mãe a falhas no suporte à escolaridade e dificuldades no relacionamento com o filho adolescente.

O ambiente social mais amplo, configurado por uma vizinhança de risco, passa a ter influência no ambiente familiar do adolescente. Está fortemente associado a falhas no suporte à vida escolar do filho, bem como ao menor monitoramento da mãe, do pai e de ambos em conjunto. Tem correlação negativa com o indicador de relacionamento afetuoso entre pais e adolescente.

Esses resultados suscitam alguns comentários. Primeiro, parece que a adversidade ambiental crônica na meninice, caracterizada pelo acúmulo de circunstâncias adversas severas como conflitos recorrentes entre os pais e dificuldade econômica, afeta processos da vida familiar relevantes para o ajustamento do adolescente, tanto aqueles relacionados ao envolvimento direto dos pais na vida diária do filho como os que podem favorecer a manutenção de um relacionamento afetuoso entre o adolescente e seus pais. Segundo, o monitoramento parental, de acordo com a percepção do próprio adolescente, parece ser um recurso extremamente sensível à adversidade ambiental. Os resultados sugerem efeitos tanto da história familiar como de condições do contexto atual. Terceiro, o ambiente da vizinhança emerge na adolescência como um complicador nas relações entre pais e filhos, aparentemente contribuindo para um distanciamento tanto afetivo como de supervisão.

Preditores pessoais e ambientais no domínio acadêmico

Foram encontradas associações apenas com preditores ambientais. Os recursos do adolescente no domínio acadêmico, segundo o relato da mãe, estão associados negativamente a problemas no relacionamento entre os pais e a criança na meninice. Ou seja, quanto mais problemas nas relações pais–filho a mãe relatou na entrevista de admissão, menos recursos do adolescente no domínio acadêmico ela mencionou posteriormente, dois a quatro anos após a alta. A compatibilidade entre a idade e a série foi predita por práticas proativas na meninice, um resultado sugestivo de que tais práticas seriam protetoras contra incidentes na trajetória escolar dos filhos, prevenindo o atraso escolar.

Ao passo que medidas globais no domínio acadêmico foram preditas por variáveis da meninice, os preditores da qualidade ortográfica da escrita do adolescente, um indicador específico, incluem recursos ambientais atuais. Os melhores preditores desta variável foram o monitoramento das notas escolares do adolescente pela mãe e um relacionamento afetuoso entre os pais e o adolescente, um padrão compatível com o estilo parental ao mesmo tempo afetuoso e exigente que, segundo Steinberg e Morris (2001), está consistentemente relacionado ao desempenho escolar do adolescente.

Parece que as medidas globais, combinando aspectos de desempenho e também de ajustamento, refletem melhor a trajetória escolar prévia do adolescente, sendo, pois, mais sensíveis a efeitos cumulativos, enquanto o indicador específico de desempenho está mais relacionado com circunstâncias presentes.

De todo modo, os resultados relativos ao domínio acadêmico ressaltam a importância dos pais na vida escolar do adolescente; o adequado envolvimento parental parece ser crucial para o enfrentamento bem-sucedido dos desafios da escola. Esses resultados de certa forma se confirmam quando o próprio adolescente avalia sua situação escolar. A percepção do adolescente, de que está tendo dificuldades de aprendizagem no contexto escolar, está negativamente associada ao indicador de um clima emocional positivo no ambiente familiar contemporâneo.

Esses resultados estão coerentes com achados anteriores indicando que, ao longo da adolescência, torna-se cada vez mais importante o diálogo em casa, entre pais e filhos, sobre atividades relacionadas com a escola (Sui-chu e Wilms, 1996), ao passo que manifestações de afeto hostil dos pais dirigidas ao adolescente contribuem para rebaixar seu desempenho na escola (Melby e Conger, 1996). Eles têm apoio em uma vasta literatura demonstrando que os relacionamento pais–filhos são um contexto crucial para o desenvolvimento de competência, e que práticas parentais proativas, combinando afeto positivo e exigências claras, favorecem o bom desempenho desde a meninice inicial até a adolescência (Masten e Coastworth, 1998; Steinberg e Morris, 2001).

Preditores no domínio interpessoal

O indicador de competência interpessoal do adolescente, derivado do relato materno, mostrou-se associado a condições ambientais tanto da meninice como da adolescência. Maior competência interpessoal do adolescente foi encontrada em ambientes com menos problemas no relacionamento pais–filho na meninice e, na adolescência, maior monitoramento conjunto dos pais, mais ajuda do pai nas tarefas escolares e maior incentivo do pai à independência. Já as dificuldades interpessoais do adolescente estão relacionadas, por ordem de intensidade da associação, a: falhas no suporte para desenvolvimento e aprendizagem na adolescência; dificuldades interpessoais da criança na meninice; indicadores de monitoramento parental na adolescência (menor monitoramento total da mãe, menos explicações da mãe, menor incentivo do pai e da mãe para ser independente, menor monitoramento total do pai, menos ajuda do pai nas tarefas escolares, menor conhecimento do pai sobre seus amigos).

Esses resultados têm diversas implicações. Em primeiro lugar, indicam que os adolescentes mais competentes nas relações interpessoais percebem em casa um ambiente de maior coesão familiar, sinalizado pelo monitoramento conjunto dos pais. Em particular, o pai está mais presente na percepção desses jovens, dando assistência nas tarefas escolares e ao mesmo tempo estimulando a independência do filho, em uma combinação de práticas que corresponde às necessidades de autonomia e apoio características desta fase (Eccles, 1999). Confirmando esses resultados, Steinberg e Morris (2001) apontam que adolescentes de famílias afetuosas e apoiadoras são mais competentes nas relações interpessoais e relatam amizades mais positivas.

Em segundo lugar, eles sugerem que um relacionamento difícil com os pais na meninice é um obstáculo ao desenvolvimento da competência interpessoal posterior. Em conexão com isso, parece que dificuldades interpessoais precoces da criança são mantidos na adolescência; é provável que nesse percurso entrem em ação processos transacionais, expressos nos problemas de relacionamento entre os pais e a criança, já na meninice. Esse relacionamento anterior caracterizado por conflitos, agressão ou distanciamento reflete processos de trocas contínuas entre características da criança e dos cuidadores nas interações sociais (Olson e cols. 2000). Parece assim estabelecer-se um sistema disfuncional de interações, que torna a criança mais vulnerável frente aos desafios emergentes da adolescência.

A vulnerabilidade interpessoal na adolescência, por sua vez, expressa em dificuldades de relacionamento, oposição, agressividade ou conduta anti-social, está associada a múltiplos indicadores de distanciamento entre os pais e o filho, em uma configuração de falhas no monitoramento e no suporte sugestiva de que o adolescente está entregue a si mesmo.

Indicadores de saúde mental

Problemas de comportamento na adolescência, avaliados pela mãe na ECI, mostraram-se associados a eventos adversos na meninice, menor incentivo do pai à independência do filho adolescente e problemas no relacionamento pais–adolescente.

Dificuldades atuais de comportamento no contexto escolar, identificadas pelo próprio adolescente durante a entrevista de seguimento, têm relação com indicadores da fase adolescente relativos a eventos de vida adversos, menor monitoramento do pai e da mãe, práticas educativas mais coercitivas e inconsistentes; elas também se associam a problemas no relacionamento pais–criança na fase anterior da meninice.

Dos 41 adolescentes entrevistados, onze foram encaminhados a serviços de psicologia ou psiquiatria, por apresentarem problemas adaptativos severos no seguimento. Mediante a análise dos relatos das entrevistas de seguimento, uma psicóloga clínica que não participou da pesquisa classificou os adolescentes em três grupos, segundo o grau de adaptação escolar e social. Desse procedimento resultou um grupo de nove, em que houve concordância quanto ao comprometimento em nível clínico, e um segundo grupo de 10 participantes, considerados os mais bem adaptados.

O grupo mais prejudicado apresentou as seguintes características distintivas, em relação ao grupo mais bem adaptado, quanto a condições de vida na meninice (pela ordem de magnitude da diferença entre os grupos): maior acúmulo total de adversidades, mais condições estressantes vivenciadas pela mãe, mais adversidade crônica e mais problemas no relacionamento pais–criança. Ainda na meninice, aquele grupo apresentou mais indicadores de vulnerabilidade pessoal, particularmente mais dificuldades nas relações interpessoais, quando comparado ao grupo de adolescentes bem ajustados.

Na adolescência, o grupo prejudicado apresenta mais problemas no domínio acadêmico, bem como maiores dificuldades no domínio interpessoal. Na ECI, mostra nível significativamente mais elevado de problemas de comportamento. Há mais problemas no relacionamento pais–adolescente e no suporte parental à vida escolar, bem como maior acúmulo de adversidade crônica. O ambiente do bairro apresenta maior risco que o dos adolescentes mais bem adaptados.

O grupo considerado mais bem ajustado na adolescência tem maiores escores de competência no domínio interpessoal na meninice e no domínio acadêmico na fase atual. De acordo com as percepções do próprio adolescente, tanto o pai como a mãe incentivam mais sua independência e costumam conversar em conjunto com o filho adolescente, com maior freqüência que os pais dos adolescentes com problemas.

O conjunto dos resultados relativos aos indicadores de saúde mental do adolescente apresenta um quadro bastante coerente com o da seção anterior, fortalecendo a interpretação da situação atual como resultante de transações entre características do indivíduo e de seus cuidadores. Os adolescentes identificados clinicamente como um grupo de risco, necessitando de encaminhamento para atendimento psicológico ou psiquiátrico, estão mais vulneráveis nos domínios acadêmico, interpessoal e comportamental. O exame das trajetórias de desenvolvimento revela nesse grupo precursores de maior vulnerabilidade interpessoal na meninice, sugerindo que as dificuldades interpessoais precoces, e não as acadêmicas, são um fator crítico para trajetórias desfavoráveis da meninice à adolescência. Os resultados sugerem fortemente uma história de processos transacionais na família, em contexto de adversidade ambiental crônica. Conflitos no relacionamento com os pais na meninice já prenunciavam dificuldades maiores na adolescência, tipicamente marcada por discordância entre pais e filhos. Parece que essas famílias estão enfrentando um agravamento dos problemas com o filho adolescente: os relatos maternos nesse grupo demonstram dificuldades em monitorar a vida diária do filho e ajudá-lo nas questões escolares, bem como uma preocupação com o ambiente do bairro.

Esse quadro é compatível com achados da literatura. Segundo Rueter e Conger (1995), as famílias provavelmente estabelecem seus modos típicos de interação durante a meninice e os mantêm no tempo. Assim, indivíduos que apresentam maior estabilidade da agressividade entre a meninice e a adolescência pertencem a famílias que empregam práticas educativas mais autoritárias, não promovendo o auto-controle em seus filhos. (Tremblay e Haapasalo, 1994). Estilos de interação mais coercitivos são mais comuns em famílias mais expostas à adversidade (Feldman e Weinberger, 1994), visto que circunstâncias adversas como transições familiares, conflito conjugal e pobreza afetam as práticas e o envolvimento parental (Patterson, DeBaryshe e Ramsey, 1989). A preocupação com uma vizinhança de risco se justifica entre as mães, já que adolescentes em famílias menos coesas e menos adaptativas são mais influenciados pelos companheiros que por seus pais (Steinberg e Morris, 2001).

Ao passo que dificuldades interpessoais e problemas nos relacionamentos com os pais na meninice prenunciam maiores dificuldades na adolescência, indicadores de competência interpessoal na meninice estão associados a melhores avaliações de saúde mental. Embora os resultados relativos à competência não sejam tão pormenorizados quanto aqueles relativos à vulnerabilidade, eles sugerem que os adolescentes mais competentes na avaliação global procedem de famílias mais coesas, cujos pais abrem espaço ao diálogo com o filho e incentivam sua independência. De acordo com Eccles (1999), essa configuração de ambiente familiar estaria associada com uma gama de resultados positivos para o adolescente, como por exemplo auto-estima, auto-confiança e bom ajustamento escolar. Embora a contribuição do adolescente não apareça nesses resultados, é plausível supor efeitos transacionais, pelo menos na fase atual, considerando que os pais de um adolescente bem ajustado se sentirão mais seguros para incentivar sua autonomia; analogamente, os pais de um adolescente de fácil contato, sem dificuldades de relacionamento, provavelmente se sentem mais à vontade para encorajar a participação do filho nas conversas familiares.

No conjunto, os resultados relativos a saúde mental sugerem estilos diversos de relacionamentos na família, persistindo no tempo e propiciando trajetórias divergentes entre a meninice e a adolescência. A esse respeito, Rueter e Conger (1995) demonstraram que dificuldades em famílias hostis e coercitivas tendem a piorar no percurso da adolescência inicial para a adolescência intermediária, ao passo que relações pais–adolescente em famílias afetuosas e apoiadoras tendem a melhorar.

Competência interpessoal na meninice e indicadores de ajustamento na adolescência

No estudo relatado nos parágrafos precedentes, dificuldades interpessoais na meninice foram preditoras de dificuldades interpessoais e problemas de saúde mental na adolescência, ao passo que a competência interpessoal mostrou associação positiva com um bom ajustamento global posterior em crianças com queixas escolares. Este último resultado tem implicações importantes para a prática clínica, dado que alguns aspectos da competência interpessoal, como habilidades sociais e de solução de problemas interpessoais, podem ser desenvolvidos através de programas específicos. Campos e Marturano (Campos, 2002; Campos e Marturano, 2002) conduziram um estudo de seguimento com 48 crianças, um a dois anos após a alta clínica no Ambulatório de Psicologia Infantil, com o objetivo de verificar se recursos no domínio interpessoal, relatados pela mãe na entrevista de admissão ao serviço, poderiam atuar como fator de promoção do desenvolvimento, propiciando melhor ajustamento na adolescência inicial. Para isso, indicadores de competência ou vulnerabilidade interpessoal obtidos na meninice foram associados a indicadores de desempenho acadêmico, auto-conceito, auto-eficácia e problemas de comportamento na adolescência. Foram incluídas medidas de auto-percepções devido à importância destas no desenvolvimento adolescente. Os instrumentos utilizados foram o Teste de Desempenho Escolar (Stein, 1994), a Escala Infantil Piers – Harris de Auto Conceito (Jacob, 2001), o Roteiro de Auto-eficácia (Medeiros, 2000) e o CBCL – Inventário de Comportamentos da Infância e Adolescência de Achenbach (Bordin, Mari e Caeiro, 1995).

Mediante a leitura dos relatos das entrevistas de admissão feitas com as mães, as informações sobre características de cada participante nos relacionamentos com adultos e crianças foram classificadas de acordo com os seguintes indicadores: a) recursos – fácil relacionamento com adultos, fácil relacionamento com crianças, respeito a regras e normas; b) dificuldades – problemas nos relacionamentos, agressividade, desrespeito a regras e normas. Com base na combinação de critérios relativos a recursos e a dificuldades, foram formados três grupos: G1, crianças competentes (n = 17), que apresentavam, segundo o relato da mãe, os três indicadores de recursos e nenhum indicador de dificuldade; G2, crianças vulneráveis (n = 15), com os três indicadores de dificuldade e nenhum indicador de recurso no domínio interpessoal; G3, grupo de referência (n = 16) constituído de crianças que apresentavam tanto recursos como dificuldades, porém em menor número que os participantes dos demais grupos. Os grupos não diferiram quanto a idade, gênero e nível cognitivo dos participantes.

Características dos três grupos no seguimento foram comparadas através de ANOVAs[2] ou testes não paramétricos, a fim de verificar diferenças nos indicadores de desempenho escolar, auto-percepções e problemas de comportamento.

Tendo como padrão de comparação o grupo de referência, as crianças competentes no domínio interpessoal mostraram melhores resultados posteriormente, na adolescência inicial, em indicadores globais de desempenho escolar, auto-conceito, senso de auto-eficácia e problemas de comportamento. Suas auto-concepções relativas a felicidade e aparência são mais elevadas. No CBCL, o grupo competente tem um escore significativamente inferior ao do grupo de referência no eixo ansiedade/depressão.

O grupo de crianças vulneráveis não se diferenciou significativamente do grupo de referência nos escores totais dos instrumentos, mas se mostrou mais prejudicado que este em relação ao grupo competente, em todos os indicadores globais. Entre o grupo de referência e o grupo vulnerável, diferenças significativas foram encontradas apenas nos escores de problema de comportamento: as crianças vulneráveis têm mais problemas sociais (não ser querido, agir de modo infantil, etc.) e tendem a ser mais agressivas e a apresentar mais queixas somáticas.

Entre o grupo competente e o grupo vulnerável foram encontradas diversas diferenças, além daquelas nos escores totais, já mencionadas. O grupo competente apresenta auto-conceito mais elevado com relação a *status* intelectual e acadêmico, comportamento e felicidade; melhor classificação do desempenho em aritmética e leitura; menos problemas sociais, de atenção e agressividade no CBCL; e uma menor tendência a ansiedade/depressão.

---

[2] Dada a diferença de gênero no escore total da Escala Piers-Harris, o gênero foi incluído como fator nas ANOVAs realizadas sobre as medidas de auto-conceito.

As diferenças encontradas entre os grupos, indicando níveis mais elevados de funcionamento no grupo previamente identificado como socialmente competente, vão ao encontro dos resultados da investigação precedente que relacionaram competência interpessoal na meninice com melhor ajustamento global e escolar na adolescência. Embora os resultados de ambas as pesquisas sejam apenas sugestivos e não conclusivos, devido a limites metodológicos, eles apoiam a interpretação de mecanismos promotores do desenvolvimento, relacionados à competência interpessoal, propiciando trajetórias mais positivas na transição entre a meninice e a adolescência. A investigação de Campos e Marturano trouxe algumas contribuições adicionais ao estudo anterior. A primeira foi que, replicando os achados relativos ao domínio acadêmico através de avaliação direta do desempenho escolar da criança, deu-se maior confiabilidade a estes resultados. A segunda foi que, empregando um inventário de diagnóstico de problemas de comportamento, foi possível identificar a natureza dos problemas que diferenciam os grupos. A terceira foi que, tendo focalizado também auto-percepções do adolescente, estenderam-se as previsões para esse importante domínio de ajustamento. A quarta e talvez mais importante contribuição do estudo foi ter estabelecido diferenças associadas à competência, mais que à vulnerabilidade.

Algumas palavras sobre competência e vulnerabilidade em crianças com experiência precoce de insucesso escolar

Dentro dos limites metodológicos das investigações relatadas neste capítulo, o modelo de análise adotado, com foco não só na vulnerabilidade, mas também na competência, mostrou-se produtivo ao fornecer indícios de processos diferentes envolvidos em uma e outra condição.

Nesse sentido, os resultados foram coerentes com o ponto de vista teórico que guiou as investigações. Tanto no caso dos adolescentes competentes, como no caso daqueles que se encontram fragilizados, foi possível estabelecer precursores de enfrentamento na meninice, tendo continuidade nas características do funcionamento atual. Entretanto, diversamente do que se esperava, não se encontraram preditores de ajustamento no domínio acadêmico, mas somente no interpessoal. Os resultados são compatíveis com a visão corrente das relações interpessoais como contextos cruciais tanto para o desenvolvimento sadio como para a formação de distúrbios e a prevenção destes (Sroufe e cols., 2000).

A ausência de preditores no domínio acadêmico pode ser compreendida na perspectiva do ajuste entre contextos evolutivamente relevantes e a capacidade de enfrentamento do indivíduo. Em cada fase da vida, os fatores individuais que são importantes parecem ser aqueles que são postos em evidência pelos contextos sociais proeminentes nessa fase. Fatores constitucionais, como temperamento, são importantes para interações familiares – o contexto primário para o desenvolvimento inicial. Durante a meninice, à medida que as crianças começam a ir à escola, a capacidade de alcançar um bom desempenho acadêmico se torna crítica. Na adolescência, quando o grupo de pares assume papel proeminente e se intensifica o trabalho de elaboração da auto-identidade, passam a ser dominantes as habilidades para desenvolver e manter relações interpessoais, tanto quanto para sentir-se bem consigo mesmo.

Conforme assinalam Ebata, Petersen e Conger (1990), fatores contextuais são cruciais durante a infância e a meninice, influenciando o modo como os indivíduos organizam suas capacidades cognitivas, afetivas, motivacionais e comportamentais para se adaptarem ao contexto social. Entretanto, à medida que uma criança se aproxima da adolescência, as capacidades e limites individuais se tornam mais e mais importantes na seleção de contextos e experiências que podem influenciar o desenvolvimento futuro. Em todas as fases, o relacionamento com os pais é relevante. O estudo de Santos e Marturano apreendeu com clareza relações sugestivas da importância do contexto relacional da família na construção das capacidades e limites individuais, que passam a operar de modo cada vez mais saliente da adolescência em diante.

Como grupo, as crianças acompanhadas nos dois estudos de seguimento parecem ter chegado à adolescência sem maiores dificuldades. A proporção de adolescentes encaminhados para atendimento de saúde mental no estudo de Santos e Marturano não difere muito das estatísticas de transtorno nessa fase – 0,26 na amostra do estudo contra 0,20 na população adolescente em países desenvolvidos (Offer e Schonert-Reichl, 1992). Dado o pequeno tamanho da amostra e considerando que famílias que persistem no atendimento psicopedagógico até receberem alta constituem um segmento diferenciado na população que busca atendimento clínico para seus filhos com queixas escolares, esse resultado, a rigor, não pode ser generalizado. Por outro lado, o conjunto dos dados obtidos permite uma projeção otimista da trajetória de vida da maioria dos adolescentes seguidos. Os desafios da meninice parecem ter sido superados e os da adolescência estão sendo enfrentados com recursos pessoais e apoio da família. Da parte da família, o monitoramento parental e a participação de ambos os pais nas questões do dia-a-dia do adolescente, no contexto de relações afetuosas entre pais e filhos, parecem ser ingredientes essenciais nesse apoio. Pelo lado do adolescente, uma orientação social positiva pode ser crucial para procurar, eliciar, perceber e aceitar o suporte dos pais. Provavelmente, a capacidade para estabelecer e manter boas relações interpessoais garante o suporte não apenas dos pais, mas também de professores, colegas e outros membros da comunidade, estando no cerne do funcionamento adaptativo e do bem estar psicológico desses indivíduos.

Referências Bibliográficas

Arcaro, N. T. (1991). Investigação de aspectos da clientela e sistema de atendimento de um ambulatório de saúde mental. *Psicologia – USP*, *2*, 49-63.

Bordin, I. A. S.; Mari, J. J.; Caeiro, M. F. (1995). Validação da versão brasileira do "Child Behavior Checklist" (CBCL) – Inventário de comportamentos da infância e adolescência: dados preliminares. *Revista ABP – APAL*, *17*, 55-66.

Brito, P. R. M., Kreniski, D. C. Medeiros, P. C., Motta, A. M. A., Degani, I. C., Parreira, V. L. C., Linhares, M. B. M. e Marturano, E. M. (1997). Associação entre características da criança e da família e o tipo de desligamento em um ambulatório de psicologia infantil. *5º Ciclo de Estudos em Saúde Mental – Resumos*, FMRP/ USP, 16.

Campos, M. A. S. (2002). *Recursos de sociabilidade em crianças com dificuldade de aprendizagem: um estudo de seguimento*. Dissertação de Mestrado, Universidade de São Paulo, Ribeirão Preto.

Campos. M. A. S. e Marturano, E. M. (2002). Recursos de sociabilidade em crianças com dificuldade de aprendizagem: um estudo de seguimento. *Livro de Resumos do V Seminário de Pesquisa.* Programa de Pós-graduação em Psicologia, FFCLRP, Tomo I, p. 116.

Cichetti, D. e Rogosch, F. A. (2002). A Developmental Psychopathology Perspective on Adolescence. *Journal of Consulting and Clinical Psychology*, *70*, 6-20.

Ebata, A. T. Petersen, A. C. e Conger, J. J. (1990). The development of psychopathology in adolescence. Em: J. Rolf, A. S. Masten, D. Ciccetti, K. H. Nuechterlein e S. Weintraub (Orgs.). *Risk and protective factors in the development of psychopathology* (pp. 53-97). Cambridge: Cambridge University Press.

Eccles, J. S. (1999). The development of children ages 6 to 14. *The Future of Children*, *9*, 30-44.

Egeland, B., Carlson. E., e Sroufe, L. A. (1993). Resilience as process. *Development and Psychopathology*, *5*, 517-528.

Erikson, E. (1971). *Infância e sociedade.* (G. Amado, Trad.) Rio de Janeiro: Zahar.

Feldman S. S. e Weinberger, D. A. (1994). Self-restraint as a mediator of family influences on boy's delinquent behavior: a longitudinal study. *Child Development*, *65*, 195-211.

Fergusson, D. M., Lynskey, M. T. e Horwood, L. J. (1996). Factors associated with continuity and changes in disruptive behavior patterns between childhood and adolescence. *Journal of Abnormal Child Psychology*, *24*, 533-553.

Freitag, B. (1986). *Sociedade e consciência: um estudo piagetiano na favela e na escola*. São Paulo: Cortez.

Jacob, A. (2001). *O desempenho escolar e suas relações com autoconceito e auto-eficácia*. Tese de Doutorado, Universidade de São Paulo, Ribeirão Preto.

Leventhal, T. e Brooks-Gunn, J. (2000). The neighborhoods they live in: the effects of neighborhood residence on child and adolescent outcomes. *Psychological Bulletin, 126*, 309-337.

Marturano, E. M., Degani, I. C. C., Alves, C. X. e Miranda, C. C. (1993). Abandono do atendimento psicopedagógico em um ambulatório de psicologia infantil ligado à universidade. *Medicina*, 26, 114-127.

Marturano, E. M.; Alves, M. C. V. e Santa Maria, M. R. (1998). Recursos do ambiente familiar e desempenho na escola. Em: A. W. Zuardi, E. M. Marturano, M. A. C. Figueiredo e S. R. Loureiro (Orgs.). *Estudos em Saúde Mental – 1998*. (pp. 130-149). Ribeirão Preto, CPG em Saúde Mental – FMRP/USP.

Marturano, E. M., Magna, J. M. e Murtha, P. C. (1993). Procura de atendimento psicológico para crianças com dificuldades escolares: um perfil da clientela. *Psicologia: Teoria e Pesquisa, 9*, 207-226

Masten, A. S. e Coatsworth, J. D. (1998). The developmental of competence in favorable and unfavorable environments – Lessons from research on successful children. *American Psychologist, 53*, 205-220.

Medeiros, P. C. (2000). *Auto-eficácia e aspectos comportamentais de crianças com dificuldade de aprendizagem*. Dissertação de Mestrado apresentada ao Programa de Pós-graduação em Saúde Mental da Faculdade de Medicina de Ribeirão Preto da Universidade de São Paulo.

Melby, J. N. e Conger, R. D. (1996). Parental behaviors and adolescent academic performance: a longitudinal analysis. *Journal of Research on Adolescence, 6*, 113-137.

Mrazek, P. J. e Haggerty, R. J. (Org.) (1994). *Reducing risks for mental disorders: frontiers for preventive intervention research*. Committee on Prevention of Mental Disorders, Division of Biobehavioral Sciences and Mental Disorders, Institute of Medicine. Washington, National Academy Press.

Offer, D. e K. A. Schonert-Reichl (1992). Debunking the myths of adolescence: findings from recent research. *Journal of the American Academy of Child and Adolescent Psychiatry, 31*, 1003-1014.

Olson, S. L., Bates, J. E., Sandy, J. M. e Lanthier, R. (2000). Early developmental precursors of externalizing behavior in middle childhood and adolescence. *Journal of Abonormal Child Psychology*, 119-133.

Papalia, D. E. e Olds, S. W. (2000). Desenvolvimento Humano (D. Bueno, Trad.). 7ª ed., Porto Alegre: Artes Médicas (Trabalho original publicado em 1998).

Patterson, G. R., DeBaryshe, B. D. e Ramsey, E. (1989). A developmental perspective on antisocial behavior. *American Psychologist*, 44, 329-335.

Rueter, M. A. e Conger, R. D. e Conger (1995). Antecedents of parent-adolescent disagreements. *Journal of Marriage and the Family*, *57*, 435-448.

Santos, L. C. e Marturano, E. M. (1999). Crianças com dificuldade de aprendizagem: Estudo de seguimento. *Psicologia: Reflexão e Crítica*, *12*, 377-394.

Santos, L. C. (1999). *Crianças com dificuldade de aprendizagem: estudo de seguimento.* Dissertação de Mestrado não publicada, Universidade de São Paulo, Ribeirão Preto, SP.

Sirles, E. A. (1990). Dopout from intake, diagnostics, and treatment. *Community Mental Health*, *26*, 345-360.

Sroufe, L. A. e Rutter, M. R. (1984). The domain of developmental psychopathology. *Child Development*, *55*, 17-29.

Sroufe, L. A., Duggal, S., Weinfield, N. e Carlson, E. (2000). Relationships, development, and psychopathology. Em: A. J. Sameroff, M. Lewis e S. M. Miller (Orgs.). *Handbook of developmental psychopathology* (pp. 75-91). 2· ed., New York: Kluwer Academic/ Plenum.

Stein, L. M. (1994). *TDE – Teste de desempenho escolar – manual para aplicação e interpretação.* São Paulo: Casa do Psicólogo.

Steinberg, L. e Morris, A. S. (2001). Adolescent Development. *Annual Review of Psychology*, *52*, 83-110

Sui-Chu, E. H. e Wilms, J. D. (1996). Effects of parental involvement on eight-grade achievement. *Sociology of Education*, 69, 126-141.

Tremblay, R. E. e Haapasalo, J. (1994). Physically agressive boys from ages 6 to 12: family background, parenting behavior, and prediction of delinquency. *Journal of Consulting and Clinical Psychology*, *62*, 1044-1052.

Wagner, A. e Féres-Carneiro, T. (2000). O recasamento e a representação gráfica da família. *Temas em Psicologia da SBP*, *8*, 11-19.

Anexo 1 – Variáveis do ambiente familiar incluídas na investigação

Natureza, segundo o efeito suposto no desenvolvimento	Variável	Instrumento de coleta de dados e informante
Recursos de suporte ao desenvolvimento	Clima emocional positivo estável. Relacionamento afetuoso entre os pais e a criança. Práticas educativas proativas, caracterizadas por supervisão, estabelecimento de regras e suporte à autonomia. Suporte parental à escolaridade.	Entrevista de admissão e entrevista de seguimento com a mãe.
	Monitoramento parental da vida diária.	Questionário de Monitoramento Parental com o adolescente.
Obstáculos ao desenvolvimento	Adversidade crônica (como conflitos recorrentes no casal parental, dificuldade econômica, transtorno psiquiátrico/dependência química de um dos pais). Eventos de vida adversos (como perda de um dos pais por morte, separação ou abandono). Relacionamento difícil entre os pais e a criança, caracterizado por agressão, tratamento rude, indiferença ou conflitos. Práticas educativas coercitivas, permissivas, inconsistentes ou superprotetoras. Falhas no suporte parental à escolaridade. Circunstâncias adversas incidindo sobre a mãe. Adversidade no ambiente social mais amplo; vizinhança de risco.	Entrevista de admissão e entrevista de seguimento com a mãe.

Anexo 2 – Variáveis da criança na meninice e na adolescência

Domínio	Natureza	Indicadores	Instrumento e informante
Acadêmico	Competência	Recursos de aprendizado, motivação e esforço.	Entrevista de admissão e de seguimento com mãe .
		Qualidade ortográfica da escrita.	Ficha de identificação preenchida pelo adolescente.
	Vulnerabilidade	Dificuldades de aprendizado, desinteresse, problemas disciplinares.	Entrevista de admissão e de seguimento com mãe .
		Atraso escolar.	Entrevista de seguimento com mãe.
		Auto-percepção de dificuldade no aprendizado escolar.	Entrevista de seguimento com adolescente.
Interpessoal	Competência	Fácil relacionamento, amizades, conduta pró-social, cooperação, respeito a regras e normas.	Entrevista de admissão e de seguimento com mãe.
	Vulnerabilidade	Dificuldades de relacionamento, oposição, agressividade, conduta anti-social.	Entrevista de admissão e de seguimento com mãe.
Comportamental	Vulnerabilidade	Problema de comportamento em nível clínico.	Escala Comportamental Infantil A2 com mãe no seguimento
		Auto-percepção de problema de comportamento na escola.	Entrevista de seguimento com adolescente.
Global		Avaliação compreensiva de saúde mental.	Avaliação clínica, por duas psicólogas, dos informes obtidos no seguimento.

Anexo 3

QUESTIONÁRIO DE MONITORAMENTO PARENTAL

O Questionário de Monitoramento Parental, que focaliza a supervisão fornecida pelos pais aos filhos, segundo a percepção dos filhos, foi elaborado por Santos (1999), a partir dos estudos de Goodyer, Wright e Altham (1990) e McNally, Einsenberg e Harris (1991). Compreende 12 itens relativos ao monitoramento do pai, 12 relativos ao monitoramento da mãe e 4 relativos ao monitoramento conjunto por ambos os genitores. Em cada item há três opções de resposta. Sua consistência interna, verificada com os dados dos 41 participantes da pesquisa através da estatística alfa de Cronbach, foi igual a 0,91 na escala do monitoramento do pai, 0,72 na da mãe e 0,56 na de monitoramento conjunto. O baixo índice de consistência interna desta última tem relação com o pequeno número de itens que a compõem.

Aplicação

O entrevistador realiza a leitura de cada item ao entrevistado, assinalando a resposta fornecida na folha do questionário. Em caso de dúvida por parte do entrevistado o entrevistador repete a questão quantas vezes forem necessárias. Cabe ao entrevistador respeitar o tempo de latência do entrevistado frente a algumas questões.

Instrução:

"Gostaria de saber um pouco sobre como seus pais participam ou sabem das atividades que você faz no dia-a-dia. Para isso vou fazer para você algumas questões que são relacionadas ao tipo de participação e conhecimento que seu pai tem no seu dia-a-dia, outras que somente a sua mãe (responsável) tem e outras dos seus pais em conjunto. Para cada questão você irá responder SIM, NÃO ou ÀS VEZES. Alguma dúvida?"

Observações: (1) substituir os termos "pai" e "mãe" de acordo com a composição familiar do entrevistado; (2) em caso de dúvida, a tarefa é explicada novamente de maneira que o entrevistado esteja seguro em relação a ela.

Pontuação:

Pontuação de cada item:

2 (dois) quando a resposta for SIM.

1 (um) quando a resposta for ÀS VEZES.

0 (zero) – quando a resposta for NÃO.

São pontuados e somados separadamente os itens relacionados ao monitoramento do pai, da mãe e dos pais em conjunto. Às vezes haverá um escore relacionado ao monitoramento do pai, um relacionado ao monitoramento da mãe e um ao dos pais em conjunto.

O máximo de pontuação que pode ser obtido é:

Monitoramento do Pai = 28 pontos

Monitoramento da Mãe = 28 pontos

Monitoramento dos Pais em conjunto = 16 pontos

Quanto maior for a somatória de pontos em cada escala maior o monitoramento fornecido ao filho.

QUESTIONÁRIO DE MONITORAMENTO PARENTAL

Nome: Data de aplicação:

Data de Nascimento: Idade: Série:

PAI	**sim**	**não**	**às vezes**
Quando tem algum problema fora de casa você conta para seu pai?	( )	( )	( )
Você pode contar com a ajuda de seu pai quando tem algum problema?	( )	( )	( )
Seu pai incentiva você a fazer sempre o melhor nas coisas que faz?	( )	( )	( )
Seu pai incentiva você a ser independente?	( )	( )	( )
Seu pai ajuda você nos trabalhos escolares?	( )	( )	( )
Quando você tira uma boa nota na escola seu pai fica sabendo?	( )	( )	( )
Fala alguma coisa?	( )	( )	( )
Quando você tira uma nota ruim seu pai fica sabendo?	( )	( )	( )
Fala alguma coisa?	( )	( )	( )
Quando seu pai quer que você faça algo para ele explica o por quê?	( )	( )	( )
Seu pai conhece seus amigos?	( )	( )	( )
Seu pai sabe onde você está quando não está em casa?	( )	( )	( )
Subtotal			
Total			

MÃE	**sim**	**não**	**às vezes**
Quando tem algum problema fora de casa você conta para sua mãe?	( )	( )	( )
Você pode contar com a ajuda de sua mãe quando tem algum problema?	( )	( )	( )
Sua mãe incentiva você a fazer sempre o melhor nas coisas que faz?	( )	( )	( )

Sua mãe incentiva você a ser independente?	( )	( )	( )
Sua mãe ajuda você nos trabalhos escolares?	( )	( )	( )
Quando você tira uma boa nota na escola sua mãe fica sabendo?	( )	( )	( )
Fala alguma coisa?	( )	( )	( )
Quando você tira uma nota ruim sua mãe fica sabendo?	( )	( )	( )
Fala alguma coisa?	( )	( )	( )
Quando sua mãe quer que você faça algo para ela explica o por quê?	( )	( )	( )
Sua mãe conhece seus amigos?	( )	( )	( )
Sua mãe sabe onde você está quando não está em casa?	( )	( )	( )
Subtotal			
Total			

PAIS em conjunto:	**sim**	**não**	**às vezes**
Você tem hora para chegar em casa durante a semana?	( )	( )	( )
Você tem hora para chegar em casa nos finais de semana?	( )	( )	( )
A família costuma fazer alguma atividade junta?	( )	( )	( )
Seus pais costumam conversar com você?	( )	( )	( )
Subtotal			
Total			

Sobre os Autores

Organizadoras:

Edna Maria Marturano – Psicóloga, mestre em Psicologia Experimental e doutora em Ciências – Psicologia pela Universidade de São Paulo. Professora Titular da Faculdade de Medicina de Ribeirão Preto, USP.

Maria Beatriz Martins Linhares – Psicóloga, mestre em Educação Especial pela Universidade Federal de São Carlos e doutora em Ciências – Psicologia pela Universidade de São Paulo. Professora Doutora da Faculdade de Medicina de Ribeirão Preto, USP.

Sonia Regina Loureiro – Psicóloga, mestre e doutora em Psicologia Clínica pela Universidade de São Paulo. Professora Doutora da Faculdade de Medicina de Ribeirão Preto, USP.

Colaboradores:

Adriana Vilela Jacob – Psicóloga, mestre em Saúde Mental e doutora em Psicologia pela Universidade de São Paulo. Docente na UNAERP em Ribeirão Preto.

Ana Emília Vita Carvalho – Psicóloga, mestre em Saúde Mental e doutoranda em Psicologia pela Universidade de São Paulo. Atua como psicóloga no setor de neonatologia do HCFMRP, em Ribeirão Preto.

Cynthia Barroso Okano – Psicóloga, mestre em Psicologia e doutoranda em Saúde Mental pela Universidade de São Paulo. Atua como psicóloga junto à prefeitura municipal de Uberaba.

Flávia Helena Pereira Padovani – Psicóloga, doutoranda em Psicologia pela Universidade de São Paulo.

Francisco Eulógio Martinez – Médico, doutor em Pediatria pela Universidade de São Paulo. Professor Titular da Faculdade de Medicina de Ribeirão Preto, USP.

Iralúcia Maria Bertini Martins– Psicóloga, mestre em Psicologia pela Universidade de São Paulo. Atua como psicóloga escolar.

Luciana Carla dos Santos Elias – Psicóloga, mestre em Saúde Mental e doutora em Psicologia pela Universidade de São Paulo. Docente em instituições de ensino superior.

Maria Beatriz Machado Bordin – Psicóloga, mestre em Saúde Mental e doutoranda em Psicologia pela Universidade de São Paulo.

Marlene de Cássia Trivellato Ferreira – Psicóloga, mestre e doutoranda em Psicologia pela Universidade de São Paulo.

Marli Aparecida Silva Campos – Psicóloga, mestre em Psicologia pela Universidade de São Paulo. Docente em instituições de ensino médio e superior.

Paula Cristina Medeiros – Psicóloga, mestre em Saúde Mental e doutoranda em Psicologia pela Universidade de São Paulo. Docente em instituições de ensino superior.

Vivian Caroline Klein – Psicóloga, mestranda em Saúde Mental pela Universidade de São Paulo.

Impresso por :

Graphium
gráfica e editora

Tel.:11 2769-9056